JESÚS CINTORA

NO QUIEREN QUE LO SEPAS

ESPASA

Espasa es un sello editorial de Editorial Planeta, S. A.
Avda. Diagonal, 662-664
08034 Barcelona

Preimpresión: Safekat, S. L.

Depósito legal: B. 5.072-2022
ISBN: 978-84-670-6550-3

Espasa, en su deseo de mejorar sus publicaciones, agradecerá cualquier sugerencia que los lectores hagan al departamento editorial por correo electrónico: sugerencias@espasa.es

www.espasa.com
www.planetadelibros.com

Impreso en España/*Printed in Spain*
Impresión: Huertas, S. A.

El papel utilizado para la impresión de este libro está calificado como **papel ecológico** y procede de bosques gestionados de manera **sostenible.**

Para Rocío.

¡desperta!,
prontamente que xa a aurora,
que xa aurora o monte aluma...

Rosalía de Castro

Índice

Aire fresco

Los hay tan cegados por el poder que cometen viles actos por ello. Lo vemos en la política, en los medios de comunicación, en la empresa, en la sociedad, en la vida. Los hay obsesionados por seguir en el machito, por tener más, porque nadie les haga sombra. Hay muchas personas buenas en este mundo que viven sus vidas o lo intentan, pero basta la maldad de unos cuantos que estén rigiendo los designios de este mundo para intentar estropearlo y manchar lo bonito con injusticias. Son esos mismos seres despreciables, capaces de imponer, de traicionar y de eliminar obstáculos en su camino, los que quisieran que la verdad fuera solo la suya, pero nuestro deber como seres humanos es reivindicar nuestra libertad y no renunciar a ella. Y, como personas libres, somos testigos. Este libro es, simplemente, una mirada al mundo que vivimos. Digo una mirada porque en el mundo hay muchas. Esta es la mía, que mientras se mantenga despierta estará dispuesta a observar, honestamente, lo bueno, lo malo y lo regular que nos rodea. Eso no lo pueden evitar. Estar despierto es estar vivo y si, además, es con salud, ya es mucho.

Escribir las páginas de este libro es un acto feliz y saludable que comparto. La belleza está también en compartir y en tratar de mejorar cada día. Quizá la primera etapa para mejorar lo presente es siempre analizar la realidad con sinceridad y con propósito de enmienda. Yo deseo lo mejor para este mundo, hoy y mañana. Por eso lo comento con sentido crítico. Solo los cínicos, los egoístas o los estómagos agradecidos suelen decir que todo está bien y que llueve cuando les mean. Que este libro sea lluvia fina para ellos. Y, para nosotros, que sea frescura contra la sequía, que falta hace.

Solo por un día

El mundo podría ser más tranquilo, pero va tan deprisa y puede ser tan convulso que, solo en un día, en apenas veinticuatro horas de un miércoles de marzo de 2022, teníamos un cóctel tan agitado que nos mostraba la atormentada realidad de un plumazo. Una pandemia de coronavirus superaba, tras algo más de dos años, los 100.000 muertos en España, según las cifras oficiales. Se hablaba de «tercera guerra mundial» mirando al conflicto de Rusia y Ucrania. El presidente español, Pedro Sánchez, rectificaba anunciando que enviaba «armas ofensivas» para los ucranianos. En Unidas Podemos y sus confluencias mostraban sus desavenencias internas porque Yolanda Díaz, presumible candidata electoral, apoyaba este envío, mientras que Ione Belarra, líder de la formación morada, lo rechazaba. La Fiscalía General del Estado, quién sabe si aprovechando que muchos miraban hacia la guerra, daba carpetazo a las investigaciones de corrupción sobre el rey emérito, aun reconociendo que había irregularidades. En el PP, Feijóo anunciaba sus aspiraciones de liderazgo, después de que el breve Pablo Casado osara denunciar posible corrupción de Ayuso y ella, con la colaboración inestimable de no pocos medios, dejara para el arrastre a su líder y al secretario general, de nombre Teodoro. El Gobierno celebraba los datos el paro que salían ese día y reflejaban más contratación fija, después de que la ministra de Empleo asegurara semanas antes que la reforma laboral «pasaba página a la precariedad en España». Demasiados españoles continuaban viviendo en precario y hacían cuentas para afrontar el encarecimiento de los costes de la vida. Seguía sin llover apenas, lo que iba constatando la preocupación de quienes alertan del cambio climático. El mundo se comunicaba, cada vez más, a través de las redes sociales, comentando estas y otras cosas. Quizá más polarizados, con más palmeros, con más faltones que destilan odio desde el anonimato, pero también con un amplio espacio para tomarte bastantes noticias preocupantes con mucho sentido del humor. La sociedad seguía encontrando momentos para intentar echar unas risas. Unos ríen, otros lloran y otros hacen las dos cosas o ninguna. De todo hay, como en botica.

Un solo día puede mostrarnos que la humanidad no aprende y sigue emprendiendo guerras, encabezadas por tipos que arrastran a pueblos al conflicto y a la destrucción. Al mismo tiempo, florecen los expertos en todo, que comentan la jugada simplificando lo que ocurre con cuatro ideas, mientras los mandamases se afanan en eliminar, si puede ser cuanto antes, a determinados medios de comunicación, que cada uno considera de intoxicación. Muertos, heridos, refugiados, personas aterrorizadas, comercio de armas, recuento de víctimas y la evidencia de que el mundo puede ser maravilloso, pero también corre el peligro de adentrarse en una especie de infierno simplemente con que algunos hombres decidan dar la orden de la guerra nuclear. Los seres humanos han inventado cosas fantásticas y también terriblemente autodestructivas con las que, incluso, algunos se enriquecen. Toca hablar de ello en este libro.

La humanidad es vulnerable y la combinación de guerra y una pandemia lo demuestra. Por más que nos creyéremos partícipes de un plácido mundo, si estábamos en el lado bueno de la balanza entre ricos y pobres, el virus COVID-19 cambió nuestras vidas, al menos por un tiempo y quién sabe hasta cuándo. Probablemente no imaginábamos que nos meterían en nuestras casas, que seríamos confinados, que moriríamos por miles, que andaríamos por la calle con mascarilla y que una pandemia, en vez de unirnos, polarizaría a amplios sectores de la sociedad, deliberando si la culpa fue de un partido o de otro. Al poco tiempo, los trabajadores de la Sanidad seguían enfrentándose a demasiados contagios, muertos diarios y saturación en los centros de salud, pero los habíamos sacado del debate público porque ya no contaban como prioridad aquellos a los que aplaudimos por unas semanas. ¿Salimos mejores?, ¿quién ganó, quién perdía y qué es lo que seguía igual o parecido? Responderemos en este libro.

España, con la decisiva influencia de los límites a la libertad de expresión en sus grandes medios de comunicación de masas, vivía con parsimonia el carpetazo judicial a los escándalos de su rey reconocido como emérito. Fortunas en el extranjero, uso de paraísos fiscales, fraude a Hacienda y consentimiento por parte de los poderes del Estado han hecho posible un periplo de Juan Carlos de Borbón solo explicable por su impunidad y porque los que dicen que hay que protegerlo por la estabilidad de España son los mismos que han mirado y miran hacia otro lado. Entre otras cosas, porque también ellos obtienen o aspiran a obtener sus compensaciones. Por cierto, de la relación de la Jefatura del Estado con fundaciones opacas tuvimos noticia cuando declaraban el estado de alarma de una pandemia. Del archivo de la Fiscalía de las andanzas del emérito nos informaron cuando estábamos pendientes de una guerra en Ucrania. Del papel de la justicia, de Hacienda, de la Policía, de los viejos círculos de poder o de los medios hablaré en este libro. ¿Está todo atado y bien atado?

Si vamos a lo más básico, la política es un «invento» de la humanidad para lograr algo tan razonable como gestionar nuestras necesidades. Administrar lo común requiere de la actuación de políticos a los que elige el pueblo. Las políticas se debaten, porque somos seres inteligentes con distintos criterios, y se aplican para poder vivir en comunidad. La gestión es la esencia y buscar el mayor equilibrio posible entre los más poderosos y los más débiles debiera ser lo que guiara a toda persona de bien. Lo que pasa es que vivimos tiempos en los que los resultados de gestionar parece que importan menos que el relato político, que se trabaja más por lo que uno dice que ha hecho que por lo que realmente hace, que el *marketing* supera las acciones. No es tanto lo que hacen como lo que dicen que han hecho. El papel de los medios, claro, aquí juega un papel determinante. Tenemos también unas cuantas derivadas. Se puede debatir la preparación de nuestros políticos. Si son los más aptos para el cargo, si les exigimos demasiado para lo que realmente pueden hacer frente a otros poderes, como los económicos. Si los partidos están demasiado influidos por intrigas internas, las luchas de poder y las redes clientelares.

Estamos viviendo un tiempo en el que la exposición mediática es mucha, la duración de las carreras de los líderes de la llamada «nueva política» es corta, y sí permanece un viejo dilema, digno de tener en cuenta, entre lo prometido y lo cumplido. Que para eso se les debiera elegir. Al mismo tiempo, hay políticos que se queman, pero hay grandes poderes empresariales que no solo se mantienen intactos, sino que hacen constantes demostraciones de fuerza exhibiéndose como intocables e incluso ganando más. Muchos ciudadanos parecen vivir con resignación o indiferencia este *statu quo* en un mundo donde realidades como las desigualdades, la revolución tecnológica y el cambio climático pueden ser mayores desafíos para los poderosos que para los gobernantes que intentan aplicar algunas políticas orientadas a conseguir un mundo algo más equilibrado. Si algo ha resultado evidente en los últimos tiempos es que quienes ostentan el verdadero poder se han mostrado como un auténtico muro, capaz de abrir la cabeza a aquel que ose abrirles alguna grieta. Y si tienen que comprarse al que controla el tráfico, se lo compran, pero por ahí no pasas. Aunque ellos se salten las normas dc circulación.

En este libro hablaremos de poderosos, de relaciones con el poder y de hechos de los que no se habla o se habla poco, precisamente por el poder que tienen los poderosos. El fin es intentar poner algo de luz en ámbitos oscuros, que creo que están necesitados de más claridad y de regeneración. Hablaré de hechos que ocurren por detrás, mientras nos dicen que miremos hacia otro lado. Esos puntos de sombra, esas terminaciones nerviosas que tocas ponen en guardia a muchos

Quiero contarlo para que el lector tenga el mensaje, lo lea y lo conozca, no para que eliminen al mensajero.

And the shame was on the other side
Oh, we can beat them, for ever and ever
Then we could be heroes, just for one day.

David Bowie

Traigo noticias

Soy periodista para contar lo que pasa. Y simplemente contarlo puede ser revolucionario. Porque hay cosas que no quieren que se cuenten. Con el tiempo he aprendido que puede ser considerado inconveniente o rebelde aquel que se atreva a contar todo lo que ocurre, si eso incluye tocar a los considerados intocables. Contar lo que pasa es contar la verdad, aunque duela, pero si duele a quienes tienen poder o están acostumbrados a comprar y torcer voluntades, pueden reaccionar intentando eliminar al mensajero. Y lo eliminan ellos o quienes medran cuidando a esos poderosos pensando en un intercambio de favores: yo le obedezco y él no me toca e incluso puede echarme una mano para ascender o protegerme. ¿Así funciona el tinglado? No siempre, pero en lamentables ocasiones, que son demasiadas, sí.

Por eso cabe pensar en la digna función del periodismo como el oficio que le cuenta a la sociedad lo que pasa, como servidor de informaciones, aunque también existen filtros que corrompen la profesión y anteponen espurios intereses propios, alejándose del fin social de contarle a la población las noticias. Por supuesto, hay límites éticos, justos, que hacen que no se cuente todo lo que ocurre. Hay un margen para la deontología que es muy necesario. Igual que hay líneas editoriales en los medios de comunicación, decisiones de responsabilidad en momentos determinados y otras circunstancias a tener en cuenta. Ahora bien, son principios que quedan corrompidos si lo que prima es un interés particular que altera el derecho a la información que debe tener una sociedad libre y avanzada.

Informar, traer noticias, contarlas... Me parece el origen de este oficio. Aún más: comunicarlas, ponerlas en común, hacer que lleguen, que sean recibidas, que se conozcan. Y no solo las informaciones, porque comunicar es también contar historias. Relatarlas, desvelarlas, compartirlas. Está en el origen de la humanidad. Y a la sociedad esos relatos le pueden llevar a tomar decisiones, a ser prevenidos, a actuar, a emocionarse, a divertirse, a preocuparse o, incluso, quién sabe, a no hacer nada. A que sea un simple pasatiempos. Por cierto, ven que insisto en el concepto de «oficio» porque la profesionalidad es la diferencia entre la experiencia de contrastar, de saber separar el polvo de la paja, la antítesis entre el bulo y la verdad, saber lo que es noticia y lo que no lo es.

El simple hecho de traer historias, de hacerlas llegar, de comunicarlas, despertó mi curiosidad desde que era un enano. ¿Por qué decidí ser periodista? Como en tantas cosas de la vida, no creo que haya una sola razón. Sí recuerdo, en los orígenes, que mi madre tenía la radio puesta en casa toda la mañana y durante parte de la tarde. Mi padre me subió muy pronto al camión, donde pasé muchas horas, y también había siempre una emisora sonando. Es más, diré que tuve unos primeros encargos «de prensa» casuales que me emocionaban siendo incluso un párvulo. Pasaré a contarlos. Diré, de entrada, que yo no tenía ni idea de lo que era el periodismo, por supuesto, pero aquel recado que me encomendaba el cura del pueblo en verano hacía que me picara en cierta forma el gusanillo. Eran las primeras «misiones periodísticas», y hasta me ganaba un duro, valga esta ironía de la vida para el caso que nos ocupa.

Era yo un mocoso que andaba siempre por la Plaza Mayor de Ágreda, donde me crie, y el párroco solía aparecer a media mañana paseando con su sotana negra y su alzacuellos. De los de entonces. Me acercaba cual zagal sonriente, él me apretaba un moflete, sacaba una moneda, me la daba y salía yo tan pancho en búsqueda de las noticias como alma que lleva el diablo (perdóneme el sacerdote por lo de Satanás). Mi primera misión de «corresponsal» fue como enviado a la tienda de los periódicos en el pueblo.

—¡Buenos días! ¡El *Ya* para don Saturio!

Por supuesto, el «don» o la «doña» iban por delante para hablar del cura, del alcalde, del sargento de la Guardia Civil, del médico, de la maestra o del casero del piso donde crecí, que era también el director de la caja de ahorros. El caso es que agarraba yo aquel periódico en blanco y negro que me vendían por encargo, que no sabía ni leer, y volvía raudo cargado de información para acercársela al párroco. Allí seguía el sacerdote paseando por la plaza, ávido de titulares. A veces, incluso, cuando me encomendaba la misión me decía que estaría después en otro destino. Me citaba en la iglesia, que estaba a escasos metros de la plaza, y allí llegaba yo a llevarle el diario. Si Enrique IV dijo que «París bien vale una misa», entregarle la información a ese hombre bien que me ponía a mí todo orgulloso al entrar al templo con las buenas nuevas y llegar hasta la sacristía.

—¡Tome, don Saturio!

Y el cura me daba cinco pesetas. Eran las vueltas del dinero que el sacerdote me entregaba para ir a comprar el periódico.

Iba yo a la tienda, me daban el *Ya* y un duro que me devolvían y que me había ganado. La vuelta se la llevaba al párroco junto al diario, claro, pero siempre me daba esa propina. Jamás tuve la tentación de escaparme con las perras antes de terminar el encargo, ni de sisarle una parte como comisión, ni de enviarla a Suiza. Sinceramente, entonces uno ni valoraba el dinero, más allá de que alguna vez servía para comprarme alguna golosina. Además, yo ahorraba. Mi madre dice que yo era de los que guardaba y mi hermano mayor de los que iba a escondidas a abrir el cajón y quitarle algo de la cartera. Luego, a misa, porque obligaban, íbamos los dos.

Mi primera misión «periodística», que recuerde, solo ocurría algunos días. Los menos. No vayan a creerse ustedes que lo de las cinco pesetas del cura era a diario. Unas mañanas don Saturio me lo encargaba y otras, no. Imagino que sería porque algunas veces iría él para darse un paseo, porque yo no habría salido esa mañana de casa o andaría en otra parte, o porque me habría salido competencia. Doy fe de no haberme forrado, de que era ocasional, pero sí un buen recuerdo por lo contento que me ponía yo al llevarle a alguien las noticias. Me sentía como una especie de mensajero. Casi como cuando aparecía alguna vez por la plaza el pregonero, que todavía llegué a verlo en esos tiempos de finales de los setenta y comienzos de los ochenta en España. O igual que cuando la Aurelia atravesaba las calles tocando la campana y le iban preguntando: «¿Quién se ha muerto?». Y la vieja respondía con el nombre del difunto, pero siempre añadiendo el mote correspondiente que tenía el finado. Eso era informar con precisión. Claro, conciso y con los datos justos para que se entendiera. A ella la llamaban «la Enterradora». Y eso que la Aurelia no enterraba al muerto, pero era la que daba la noticia. Y eso ya era enterrar. Nombre que daba la Aurelia, iba al hoyo, seguro.

De eso no lo salvaba ni la Virgen del pueblo. Por mucho que la Virgen fuera la de los Milagros.

Perdonen ustedes estas alusiones eclesiales, pero es que uno se crio junto a la parroquia, en esos años, y eso marca. Casi tanto como el salseo en la plaza. No pensemos que fue por estas cosas por las que dije algo así como «a Dios pongo por testigo que llegaré a ser periodista». Va a ser que no. Lógicamente. Aunque sí quería destacar esa sencillez de contar lo que pasa de forma clara y natural, sin darse importancia, como en los pueblos. Para que se entienda. Aunque no sea siempre. En mi lugar de origen, por estar en la frontera, hay una mezcla de castellano con aragonés, navarro y riojano que tampoco es lo más fino que uno puede llevarse a las orejas. Pero de allí venimos. Con nuestras cosas. Y uno iba a por el diario *Ya* igual que si don Saturio me hubiera encargado llevarle unas llaves al «Chaquetón», que era el alguacil, o pedirle cita al tío Bonilla, que era el peluquero. Eran recados típicos de los pueblos de entonces. Para los chiquillos que andábamos tanto tiempo por la calle. De hecho, recuerdo que yo primero dije que quería ser carpintero, luego veterinario y, finalmente, periodista, donde me las veo con otro tipo de animales. Buenos, malos y regulares. Como en toda fauna que se precie.

Eso sí, para completar esta historia originaria, les contaré algo que pasó bastantes años después, cuando terminé en Madrid, y que no me negarán que tiene su guasa. Vaya por delante que, con esto que contaré y cuatro datos más, algunos se montaban un programa de ovnis. Porque el caso es que yo terminé trabajando en la SER en la capital, ya como periodista y, a eso de los veinte años, vivía en un pequeño apartamento junto a un edificio que era una agencia de publicidad. Con sus grandes ventanales, las mesas de oficina que se adivinaban tras los cristales y su valla de seguridad. Por allí, por mi nuevo barrio, pasaba un servidor a diario y solía pedir que parara el taxi de madrugada para ir a trabajar por la noche al centro, a la radio. Allí preparábamos el programa de Iñaki Gabilondo.

—¡Taxi! Buenas noches. A Gran Vía 32, por favor.

Arrancó el coche un día y paró a escasos metros de mi casa en un semáforo. Yo llevaba poco tiempo viviendo en la zona y el taxista se quedó mirando al edificio de oficinas cercano a mi piso de alquiler.

—¿Vive usted por aquí? —me preguntó el conductor.

—Sí —le respondí medio dormido.

—Es que estaba pensando de qué me sonaba esto —continuó el taxista—, y vive usted al lado de lo que fue la sede del diario *Ya*, del periódico, ¿no? —siguió interrogándome.

Me quedé flipando un poco, claro. No supe qué decirle. Al rato casi me saltó una lagrimilla y todo. Fue como una especie de círculo que se cerraba allí en Madrid, con el *flashblack* del niño de pueblo hecho periodista. Me acordé de aquellos años con esas noticias del *Ya* entre mis manos, de esa España en blanco y negro, del cura, del duro y del pueblo.

—Pues no lo sé, la verdad —le respondí al taxista—. Llevo poco tiempo aquí, perdone. Pero podría contarle yo una historia...

Se abrió el semáforo y salimos hacia la Gran Vía atravesando la noche de Madrid. De fondo, en el vehículo, sonaba la radio. Como en aquellas horas de niño subido al camión. Llegué a la SER y no estaba el cura para darme un duro por llevarle las buenas nuevas, pero allí se encontraba un servidor, años después, para preparar las noticias del programa de Gabilondo intentando ganarse la vida dignamente.

¿De dónde vienes?

Me parece muy importante reivindicar la cultura del esfuerzo. Vivimos tiempos en los que, probablemente, demasiada gente ocupa puestos que le vienen grandes, mientras que otras personas han trabajado duro y no han podido alcanzar la meta para la que estaban preparados. Esto es un lastre tremendo para un país. Y no digo que sea exclusivo de España, ni que todo sea siempre así, pero ocurre mucho y hay que denunciarlo. Demasiadas veces el enchufismo o, incluso, ser el perfil que no hará sombra al que elige es más valorado que el currículum a la hora de decantarse por el elegido. Seguro que todos estamos pensando en unos cuantos casos que vivimos o hemos vivido y que nos tocan muy de cerca. Se dan en distintos estamentos, desde la política a la justicia o al mundo de la empresa.

—Yo quiero hacer la carpintería de esta casa.

Pues, a ver, ¿qué experiencia tiene usted como carpintero?

Debiera ser así. Simplificando, parece tan sencillo como esto. Teniendo en cuenta que uno tiene derecho a aprender, pero lo justo es pasar primero por la etapa de «aprendiz». Es tan viejo como el mundo de los oficios, pero frecuentemente se incumple: personas que no están preparadas para puestos donde las colocan. Es más, a veces se aprovecha en dos polos opuestos: explotar al aprendiz sin pagarle o con sueldos de miseria, cuando está más preparado que el oficial, o justo lo contrario, se encumbra a quien no ha aprendido, por algún tipo de favor, sin haber pasado por las etapas previas de aprendizaje o sin haberlas superado con solvencia. Hay algo ahí que va mal, pero seguro que usted no encargaría las puertas de su casa a alguien que no coge bien ni el martillo.

Me gusta contar que hago programas de televisión, de radio o periodismo, en general, porque tuve vocación y es para lo que estudié y trabajé desde abajo. No solo por haberme sacado la carrera, que creo que es muy importante, o al menos en mi caso lo fue, sino por haber «jugado» o «trabajado» con esto desde muy jovencito, por haber sacado buenas notas y haber buscado prácticas para intentar llegar al lugar que quería. Eso me permitió ir creciendo en la profesión o acceder a medios de comunicación importantes: los inicios en el periodismo local, los casi quince años en la Cadena SER o haber dirigido y presentado programas de radio y tele. Las notas y las prácticas me permitieron los aciertos y errores junto a algunos de los mejores profesionales. De eso creo que se aprende.

Con mis pasos al frente y muchos tropezones fui forjando una trayectoria. Nadie me regaló nada. Soy hijo de un ama de casa y de un ganadero de un pueblo de Soria. No cabía el enchufe. Mi vocación por el periodismo, la curiosidad, estudiar y trabajar mucho fueron mi pasaporte. También tuve suerte, sin duda. Conozco a gente que se esforzó y no tuvo oportunidades, pero sin el esfuerzo el camino no es igual o, al menos, creo que no te resta autoridad moral. Me gusta reivindicar la cultura del esfuerzo, entre otras cosas, porque con ella me crie. Me marcó de por vida. Recuerdo perfectamente el día en el que mi padre me subió al camión con tres años y, por razones que contaré, no lo he olvidado nunca. El trabajo, viéndolo o participando, ha sido una constante. Unas veces más de «miranda», porque era pequeño, pero siempre observando de cerca que había que currar. Y que había momentos para el trabajo y otros para el disfrute. Observar, no perder el contacto con la realidad, pisar la calle, creo que es decisivo. No olvidar los orígenes, tener los pies en el suelo, pienso que es determinante.

Nací en 1977 y mi madre dice que ya con ganas de vencer las resistencias. Desde el principio hubo que superar curvas, baches y, en general, ciertas dificultades. Yo quería ver la luz, pero en aquel invierno soriano había que llegar al hospital y quedaban cincuenta kilómetros por una carretera de las de entonces entre mi pueblo, a las faldas del Moncayo, y el hospital de Soria. Desde Ágreda hasta la ciudad el viaje fue un suplicio. Me lo cuenta ella. La llevaron todo lo rápido que se podía. Dice que cuando el vehículo atravesó el puente del Duero ya no podía aguantarse más. Por esa zona en la que se inspiró don Antonio Machado para escribir «río Duero, río Duero, nadie a acompañarte baja», mi madre, la Mari Luz, aún tenía que subir. Le quedaba toda la cuesta hasta llegar al paritorio y dice que esa distancia se le hizo eterna. Al final, llegamos. Ancha es Castilla, y bien ancha que se quedó mi madre. Era 27 de enero y los medios hablaban de la matanza de la ultraderecha en el despacho de los abogados laboralistas de Atocha. Había sido tres días antes.

Poco después del parto, vuelta a casa. La Mari Luz, «la Carrasca», había tenido otro, el segundo hijo. Esta vez fue posible que yo naciera en el hospital. Mi hermano mayor nació en casa menos de dos años antes con bastante más dolor. Aún hubo más partos, hasta ser cuatro hermanos. Yo recuerdo a mi madre pasando unas cuantas calamidades en esos años, pero casi siempre risueña. Con fuerza, riendo, hablando mucho con la gente por la calle. Como en los pueblos hay motes, era «la Carrasca», porque, según me contaron, mi bisabuelo Ceferino era alto y fuerte, como esos árboles, las carrascas, que son más conocidos como las encinas. Mi abuela Milagros me contaba estas historias, que me gustaban. Ella sí tenía un punto milagrero, porque pronto aprendí que, si yo la liaba, porque me había roto el pantalón o me había «puesto perdido» jugando en la calle, lo más prudente era pasar antes por la casa de mi abuela, que intentaba arreglar el asunto o, al menos, aliviar el primer impacto. Si iba directo a casa, podían caerme un par de hostias, que, por entonces, se arreaban.

«Ponerse perdido» era mancharse, romper la ropa, jugar llegando al punto de llenarse las piernas de heridas. Que tuvieran que coserte, y no solo la ropa, sino la piel. Allí ibas tú al médico, en tiempos de don Ricardo, porque te habías hecho alguna «cachera», que era una pupa seria, si tocaba la zona de la cabeza. Yo con cuatro o cinco años ya llevaba tres cicatrices por «cacheras». Una que aún se me ve en la ceja, otra en la barbilla y otra en el cogote. Jugar era hacer cosas como cabañas en el monte, que no sé por qué los críos teníamos un punto de emprendedores de la construcción; o coger fruta de los huertos, por no decir mangar, porque el dueño podía pillarte y correr detrás de ti; o entrar en la oscuridad del túnel del tren, y cosas que, vistas ahora, eran casi suicidas. Aunque me metía donde me llevaban. En el pueblo yo iba donde iba mi hermano mayor, que tenía dos años más que yo; a su vez él iba con los que tenían dos años o tres más que él, y así sucesivamente. No miento si les digo que tengo recuerdos corriendo con el triciclo porque venía alguien detrás para cogernos. A mí, que era un mocoso, y a otros más mayores que yo, que llevaban la voz cantante. Alguna barrabasada habríamos hecho.

Fumábamos a escondidas en el campo porque así nos creíamos mayores, importantes o no sé qué, y luego jamás fumé siendo adulto porque no lo encontré interesante. Solíamos echar a sorteo quién iba a comprar el paquete de cigarrillos al estanco diciendo que era para su padre. Bebíamos agua de los ríos, y esto lo recuerdo especialmente. Te tumbabas en el suelo para beber en la orilla. Alguna mente privilegiada nos había metido en la cabeza que, si antes hacías la señal de la cruz sobre el líquido elemento, el agua no podía hacerte daño, aunque igual bajara llena de mierda, quién sabe. Y seguías jugando al fútbol hasta que se hacía de noche. Jugábamos poniendo dos o tres piedras grandes amontonadas como postes, que delimitaban las porterías. Como terreno de juego valía el cemento de una plaza o una era de hierba en la campiña. Las eras eran terrenos que no se habían labrado, donde se trillaba el cereal, se aparcaba alguna maquinaria del campo o, simplemente, se dejaban libres de cultivo por un tiempo.

El que tenía en propiedad un balón era Dios. Un portento. Y si además era «de cuero», para qué queremos más. Ese decíamos que era «de los de reglamento». Eran tiempos en los que tus padres no te compraban lo que querías. Al menos a mí. Igual habías pedido para Reyes la camiseta del Real Madrid y te traían la del Real Zaragoza, porque era «Real» igualmente y también blanca. La del Madrid, que luego supe que era más cara, no llegó porque no quedaban. Con la del Zaragoza podías ir, y tan pichi. A mí me regalaron una amarilla de portero que no la conocía ni su padre, pero me dijeron que era de Arconada, que había llevado una igual un día y yo me quedé tan contento. El portero de la selección no llevó una zamarra así en su vida, pero eso solo puedo imaginármelo ahora. Por entonces, te creías esas cosas y quién sabe si hasta en los pajaritos *preñaos.* Coleccionabas ilusiones, como los cromos del Mundial de España 82, con la mascota de Naranjito, que venían con los yogures. Las estrellas eran Santillana, Juanito, Zamora, Satrústegui o Perico Alonso, el padre de Xabi, que veraneaba en el pueblo, tenía casa en Ágreda y jugó en la Real Sociedad y luego en el Barça. Antes, Alberto Vitoria, otro vecino, llegó a jugar en el Real Madrid, junto a Camacho o mi amigo Vicente del Bosque. Por entonces, muchos niños queríamos llegar a ser futbolistas, aunque pidieras la camiseta del Madrid o el balón «de reglamento» y no te lo trajeran los Reyes.

Por aquellos años yo fui consciente de que no tenías lo que pedías o te hubiera gustado tener, y lo asumías como algo más o menos normal. Que no es lo mismo. Vi pronto que los hombres forjan, establecen o alcanzan distinciones y, a muy temprana edad, fui consciente de lo que hoy algunos llaman las «dos velocidades». También podemos llamarlo desigualdad. Me daba cuenta de que en el pueblo otros niños tenían televisión en color o una cosa que se llamaba frigorífico, y en mi casa no hubo ni frigo, ni lavadora, ni agua caliente, ni calefacción, ni tele de colores hasta 1986, que es cuando nos mudamos. Dicho de otra forma, en Madrid ya tendrían muy avanzada la Movida madrileña y otros símbolos de la modernidad, pero ahí seguíamos nosotros en ese piso de Ágreda con condiciones muy mejorables. El agua se calentaba en el fogón de la cocina con una gran lata de conservas. Así lo hacía mi madre para bañarnos —lo recuerdo especialmente— los sábados por la noche, porque al día siguiente te mandaban ir a la misa «de niños» (así la llamaban, y era a las once de la mañana). También recuerdo haber acompañado a mi abuela a lavar la ropa en el pilón del pueblo, en un capazo que ella subía a un carretillo. Por cierto, justo al lado de ese pilón, unos cuantos años después, ETA colocó un coche bomba, porque está pegado al cuartel de la Guardia Civil.

Que la ropa se lavara en el pilón no era lo habitual. Recuerdo que mi madre solía hacerlo en casa, en una pila donde también fregaba los cacharros después de comer. Entonces cantaba coplas sin parar durante buena parte del día, aunque especialmente cuando hacía las tareas de casa y cuando se enfadaba, que ahí sí que entonaba más fuerte. Yo creo que, cantando, mi madre sacaba más fuerza o liberaba la mala hostia que pudiera acumular. Motivos no le faltaban. Cuando se enfadaba, era una cantante distinta y yo sabía que lo estaba porque nos cambiaba los nombres. A mí ya no me llamaba «Jesu», entonándolo con acento en la «e», sino «Jesusito». Eso era que mi madre estaba cabreada. Y si ya no me llamaba «Jesusito», sino «Jesusito de mi vida, eres lindo como yo», todo seguido, entonces es que estaba muy cabreada. Podía caerme una colleja en cualquier momento.

Si habías roto un pantalón, no te compraban otro, sino que le cosían sobre el agujero unas «rodilleras», que eran unos trozos de tela que hacían la vida de la ropa más duradera. Un apaño. Mi abuela Milagros, que me las cosió bastantes veces, solía decir que, según su madre, se podía ser pobre, pero había que ir siempre muy limpio. Y me miraba a ver cómo llevaba las uñas. A nada que fueran un poco sucias, sacaba las tijeras, me sentaba en su regazo y me las cortaba. Ahora, a esto le llaman hacer la pedicura. Mi abuela lo llamaba «ir como Dios manda y no hecho un Adán».

La madre de mi abuela Milagros era mi bisabuela Rafaela, a la que llegué a conocer. Ojos muy saltones, de espabilada, iba vestida toda de negro o gris, con el pañuelo sobre la cabeza, como las abuelas de antaño en los pueblos de entonces.

Decían que guardaba el luto. Era la segunda mujer de mi bisabuelo Ceferino, «el Carrasca», al que no conocí. Mi abuela me contaba la historia de cuando fueron a buscarlo para llevárselo después de empezar la guerra. No lo encontraron en casa, porque se escondió por las cuadras. Por entonces, lo mismo había cocina que establos o corral en una vivienda así. Mi bisabuelo se libró, pero sí se llevaron al tío Simón, que vivía enfrente. Ya no volvió, porque lo fusilaron. Como también mataron a los que cogieron en Torrellas, el pueblo limítrofe, ya en la parte de Zaragoza, o al alcalde de mi pueblo, Anastasio Vitoria, al que se llevaron hasta Soria para fusilarlo después. Su delito fue ser alcalde en tiempos republicanos, que era el sistema legalmente establecido, abogado, trabajador y persona moderada. Me contaron que pidió que no mataran a nadie, que respetaran también a los jornaleros venidos de fuera que había en el campo. Lo fusilaron y los falangistas saquearon su casa y su despacho. No tuvieron bastante y humillaron a su familia.

Mi abuela me contaba estas y otras cosas, como cuando, siendo niñas, sonaban las campanas y gritaban «que vienen, que vienen los aviones», mientras salían corriendo monte arriba para meterse en la cueva de la viña del tío Cotona. Nunca me lo decía con la intención de inculcarme ninguna ideología política determinada, que jamás me mostró, sino casi como si fueran aventuras y desventuras de la vida. De hecho, lo recuerdo más bien como una muestra de lo que esa gente había vivido en un tiempo no tan lejano. Mi abuelo Vidal, peón de albañil, que después de la guerra se fue a vivir a Francia para traer algo de dinero y sacar a la familia adelante, nunca hablaba de estas cosas. Me acuerdo de él llegando cansado del trabajo en la obra, y también en el campo diciéndome que estudiara. También solía darme las mejores propinas los domingos. Por entonces, igual eran cinco duros en una moneda de veinticinco pesetas.

De esos días recuerdo cosas que creo que fueron decisivas para que yo que quisiera ser periodista. Además de todo lo anterior. Una fue la radio. Me acuerdo perfectamente de cuando unos vecinos le trajeron a mi madre un transistor que habían comprado en un viaje a Canarias. Por entonces, allí en las islas estas cosas estaban más baratas. Mi madre se sorprende de que me acuerde de esto, pero lo tengo grabado a fuego. La radio estaba puesta en casa casi todo el día. El programa *Estudio de guardia,* de Radio Zaragoza, con las llamadas de los oyentes y la participación ciudadana, juraría que sonaba a diario. Por aquello de ser tierra de frontera y la potencia de las emisoras, en el pueblo se cogía mejor la emisora de la capital aragonesa. Además, en la casa de mi abuela, muchos domingos por la tarde nos sentábamos los dos a la mesa, con un transistor puesto a buen volumen, mientras oíamos los goles de la jornada.

Eran domingos en los que, justo antes, yo había vuelto con mi padre y mi hermano mayor en el Renault 12 blanco de ver el partido de fútbol de la Sociedad Deportiva Ágreda en el campo de La Arquilla. Por aquel camino de baches, charcos y barro, donde el asfalto todavía no existía, los vaivenes del vehículo no sonaban tanto como la voz de José María García y demás locutores narrando los partidos mientras intercalaban la publicidad. Era como un chute de adrenalina. Y eso que lo mismo te contaban con enorme pasión la carrera de Juanito por la banda que te «vendían» un paquete de tabaco negro o un copazo de coñac en mitad de la retrasmisión deportiva. Era una mezcla del «gol en las Gaunas…», el cigarrillo «bajo en nicotina y alquitrán» y el trago de alcohol «… y a por todas». Visto desde ahora, menuda mezcla. Por entonces, yo era un canijo y me sonaba todo parecido y alegre.

Por la noche era distinto. La voz de «Supergarcía» con ese tono de denuncia a través de la radio era muy impactante. Lo asocio a la noche y a la carretera. Era todavía un canijo cuando iba con mi padre en el camión y abrí «sin querer» la puerta del copiloto de aquel vehículo en marcha y por poco mi historia se acaba allí mismo. Todo quedó en un frenazo, un agarrarse y un buen susto. Lo cierto es que el camión, de la marca Avia, no iba muy rápido en el momento de los hechos. Su motor diésel Perkins Hispania no rugía quemando ruedas por las carreteras sorianas. Y menos mal. Eso me permitió sobrevivir y comprobar después la mejora familiar con la compra de otro camión de la marca Ebro. Todo muy español, como se ve. En ese vehículo oí yo mucha radio. En la oscuridad y el silencio de la noche rompía la cabecera de *Supergarcía en la hora cero.* Yo iba en el camión y flipaba un poco cuando sonaba esa sintonía rompedora y García entraba repartiendo leches a cascoporro. Tampoco entendía mucho, porque era un niño. No sé si era la época en la que José María empezaba a cargar contra los «lametraserillos» y los «abrazafarolas». Pero sí recuerdo que eran la SER y Antena 3 Radio las emisoras que más tuve que oír en la infancia.

Con la tele era distinto. Ni mejor ni peor. La primera televisión que hubo en casa era en blanco y negro. La había fabricado el marido de una prima de mi madre. «El Santi el Bator» trabajaba en la fábrica de chorizos en Ólvega, territorio de Embutidos Revilla, y en las horas libres construía estas televisiones con piezas de otras y demás ingenios. La tele «se iba y se venía», como decíamos cuando perdía la señal (bastantes veces). Aunque, sinceramente, no importaba tanto. Pasábamos muchas más horas jugando en la calle y eso era lo mejor. Para quedarnos en casa tenía que hacer un tiempo de perros, porque éramos de Soria, del Moncayo, y allí nunca hacía frío, sino «fresco». En el piso no había tampoco muchos juguetes y, si alguna vez tocaba quedarse, nos las apañábamos tirando bastante de imaginación. Recuerdo incluso hacer televisores cortando las bases de las cajas de cartón e inventarme programas de televisión por matar el tiempo. Lo que no había, se inventaba. O se intentaba inventar.

En blanco y negro o de cartón, no cambiaría la infancia en mi pueblo por mil televisiones ultraplanas a todo color con realidad virtual y sonido *surround.* Si había que ver *La bola de cristal* los sábados en blanco y negro, se veía un rato y a las calles: «Si se ríe usted, señor, romperá el televisor. No se ría, no se ría de La Bruja Avería». Oír esta canción de Santiago Auserón o ver a los electroduendes en *La bola* ocurrió más adelante. Mi primer recuerdo televisivo es otro. Puede ser que uno se quede con lo mejor y que por eso *La cometa blanca,* en color, sea lo primero que me viene a la cabeza al echar la vista atrás. ¿En color por qué? Porque, como pasábamos tantas horas en la calle, aprovechaba también para colarme un rato en el bar La Alegría, cerca de casa, y allí «la Oti» o «el Patro» dejaban que vieras un poco la tele de colores. Al otro lado, una *jukebox* pinchaba los discos que se elegían metiendo unas monedas. Miraba con el mismo asombro la tele en color que aquella máquina en la que los más mayores introducían unas pesetas, se movía ese artilugio y sonaba la música. A mí me gustaba especialmente cuando ponían a Miguel Ríos. Creo que le pillaba un punto alegre especial.

Esto, cuando no era el tiempo del colegio. De los días de escuela y de televisión recuerdo que, al volver a casa, poníamos *Barrio Sésamo,* con La Gallina Caponata. Qué tiempos. Hoy, a esa hora, en España se ve *Sálvame.* Nosotros ahí estábamos con la Caponata y el caracol Perezgil. Como soy Cintora Pérez, aún me dijeron alguna vez que el bicho, igual que el ratoncito que venía a por los dientes, era mi primo lejano… Mientras veíamos aquello, comíamos bocadillo de Pralín, que era más barato que la Nocilla, o de mortadela o de salchichón. Mi madre nos mandaba a mi hermano mayor y a mí a comprarlo a la tienda del Isidoro o del Manolo «el Aragonés». Nos apuntaba el encargo en un papel, aunque a veces nos creíamos tan listos que ya pensábamos que controlábamos de kilos, gramos y demás. Recuerdo un día que debimos de confundir doscientos gramos de embutido con dos.

—Manolo, que dice mi madre que nos des dos gramos de salchichón.

«El Aragonés» nos miró fijamente, sonrió y no pudo aguantar la carcajada…

—¿Estáis seguros? —respondió—. Pues vais y le decís a vuestra madre que me habéis pedido dos gramos y que os he dicho yo que bajéis otra vez para chupar el cuchillo. A ver qué os dice.

Al menos yo me puse rojo como un tomate. Salimos corriendo. Eso era haber quedado en evidencia por no tomar nota en condiciones. «El Aragonés» nos pilló el bulo. Hoy lo llamarían *fake news.* Menos mal que mi madre era una santa y nos dio derecho de rectificación. Más escandaloso fue cómo descubrí yo el VHS en el bar de «el Sandalio». Eso merece un capítulo aparte y alguna explicación.

Desde abajo

El periodismo deportivo fue determinante para que quisiera ser periodista. Creo que, sobre todo, por la influencia de mi hermano mayor. Soy de esa generación que veía con fervor *Estudio Estadio, Cerca de las estrellas, Estadio 2, Teledeporte,* el partido de fútbol de los sábados por la tarde-noche, el baloncesto de los domingos por la mañana. Ya he dicho que flipaba con las retransmisiones deportivas de la radio y tenía la carpeta del colegio con fotos de futbolistas o jugadores de básquet que recortaba del *Marca* o del *As color,* que era el suplemento. Todo lo que no fuera en blanco y negro era altamente valorado en esa España un tanto sepia. El deporte era alegría, porque pasábamos muchas horas jugando en la calle y era accesible, barato y silvestre. Por eso pienso que seguir el periodismo deportivo era también una continuación del día a día, de la rutina habitual, además de ser lo que mandaba mi hermano. El balón tiraba mucho. Era como el principal juguete.

No era extraño que, si te mandaban bajar a comprar, ya no volvieras o tardaras horas porque te habías entretenido jugando en la calle. De repente, te encontrabas con un partido de fútbol que empezaba con cuatro abrigos tirados en la plaza que hacían de postes y se te olvidaban hasta las ganas de comer. Seguramente, nada muy consciente. Es lo que se llevaba y tú te unías. Luego, los jugadores de fútbol eran los ídolos de la infancia. En casa, ver los programas deportivos lo recuerdo como lo más solemne delante de la pantalla. En esos años, los domingos te reunías por la noche en torno a la televisión pública para ver los resúmenes de los partidos y la moviola, con las jugadas más polémicas. Ojos como platos delante del televisor, mientras el presentador, Juan Manuel Gozalo, iba hilando entre los resultados, los goles, la repetición de las mejores jugadas, la quiniela... Eso sí, el día que yo aguantaba sin dormirme hasta los partidos de la Segunda División era una proeza. Iban al final de *Estudio Estadio* y uno era un pequeñajo.

Ver la televisión en blanco y negro en casa es lo que había y te conformabas. Verla en color podía ser un acontecimiento. Si además daba fútbol, para qué queremos más. Si el partido era del Mundial de España 82, se convertía en un fenómeno social para la chavalada. Toda esta mezcla podía llevarte a vivir momentos que hoy serían impensables, como los de la siguiente anécdota que voy a contar. Viene a ser la forma en la que yo descubrí que había programas que se grababan y se reproducían en VHS. Menudo avance para la humanidad. Y es que, en la Plaza Mayor del pueblo, en un escaparate de lo que había sido el bar del Sandalio, que ya estaba cerrado porque creo que el hombre se jubiló, la junta directiva de la Sociedad Deportiva Ágreda solía poner la cesta de Navidad que iba a sortear en las próximas fechas navideñas para sacar unas perras. Lo recuerdo como algo grandioso: turrones, mazapanes, embutidos, algún electrodoméstico y, lo que más destacaba, una televisión en color con vídeo, que rifarían con el número del sorteo de Navidad.

En semejante exposición, la tele estaba a veces enchufada y, de vez en cuando, ponían partidos de fútbol por la tarde. Si el VHS que habían elegido era de algún partido de fútbol, los chavales nos amontonábamos para verlo en torno al escaparate del Sandalio. No recuerdo la cantidad de veces que pude quedarme allí para ver la grabación de la final del Mundial de España 82 entre Italia y Alemania. El gol de Paolo Rossi y las carantoñas en el palco entre Sandro Pertini, presidente de la República italiana, y el rey Juan Carlos casi los vi más que la serie *Verano Azul*, con las enésimas repeticiones del «Chanquete ha muerto». Eso no lo ponían en la tele de la cesta de Navidad del Ágreda. Allí era fútbol y más fútbol. Y fue merced a ese VHS, que se convirtió para la muchachada en un acontecimiento en aquellas navidades. En la calle haría frío, pero lo veías en color y no cobraban.

En una tarde de invierno, caída ya la luz del día, un grupo de pequeños estábamos apretujados ante el televisor del bar del Sandalio, junto al que había algún adorno de Navidad de inspiración religiosa. De repente, la señal de vídeo del fútbol se cortó. Aparecieron en pantalla, ante nosotros, mujeres y hombres desnudos y no precisamente jugando a los médicos. Cine porno en la Plaza Mayor de Ágreda para algarabía de los muchachos y escándalo de algunos mayores que pasaban por allí e intentaban echarnos mientras gritaban que había que llamar a la casa del Sandalio para entrar y quitar eso. ¡Disuélvanse! Menudo revuelo para la chavalería viendo tetas, culos y unas vergas impactantes. Parecían más largas que las zancadas de Paolo Rossi y más duras que las patadas del defensa alemán Paul Breitner. Las delanteras también prometían. Y todo porque, imagino, alguno de la junta directiva de la S. D. Ágreda, o vete a saber quién, habría grabado en esa cinta, encima del partido. Ya no jugaban al fútbol, sino a otra cosa.

Hubo disparidad de opiniones. Como en los debates que dirigía Jesús Hermida. Unos nos gritaban que nos fuéramos y otros se quedaban, y yo creo que miraban con el rabillo del ojo. El Sandalio tardaba en bajar. Hasta que cortó la emisión. No recuerdo si el hombre volvió a permitirles exponer la cesta de Navidad en el local. Sí sé que allí no hubo dos rombos, como esos que ponían en la tele por la noche para avisar de las cosas de adultos. Que eso era una película pornográfica lo supe años después, porque entonces yo no sabía ni lo que era el cine X, ni el porno duro, ni nada que se le pareciera. Sí fue impactante lo de aquellas delanteras, pero pensé que era peor habernos quedado sin ver cómo metían todos los goles de España 82, o Pertini en el palco junto al rey Juan Carlos, al que seguro que le habría gustado el cambio de programación. Qué fuerte pasar de la Gallina Caponata a estas cosas.

En casa no hubo vídeo hasta que yo tuve doce o trece años y fue porque tocó en un sorteo, y creo que, dejando la anécdota de la cinta del porno aparte, lo que veíamos de pequeños en la tele fue muy importante para una generación. Solo estaba la pública. No había mucha oferta y creo que siempre es mejor cuanta más variedad haya, pero aquella era una TVE con una programación fresca, atrevida, con ganas de modernidad, crítica, acorde a su tiempo y, sobre todo, a los tiempos que debían venir. Iba por delante sin complejos. Recuerdo programas como *La bola de cristal* y, algo más adelante, hasta me dejaban echar un ojo a lo que hacía Javier Gurruchaga, Fernando García Tola, Iñaki Gabilondo, Ángel Casas, Jesús Hermida, Plastic, Tocata y muchos más. También había «caspilla», sin duda. No todo el monte era orégano, pero, echando la vista atrás, contenidos que se vieron en algunos de estos programas hoy no se harían por miedo, temor al escándalo, al qué dirán, por excesivo control o, simplemente, por incapacidad creativa. Quién sabe. Ahí está lo que se hizo. Insisto en que también hubo momentos que no tendrían un pase, porque hemos avanzado en conceptos que no siempre se respetaban, como la igualdad, pero en otros hemos ido hacia atrás en cultura televisiva. Alguna vez he pensado que, muerto el dictador, estaba todo como en ebullición. No había dado tiempo a que tomaran sus puestos algunos de los que luego se han ido dedicando a controlar en exceso y, a veces, con mucha ignorancia o mirando, ante todo, por el futuro de sus posaderas.

Pienso que esto es algo muy parecido a lo que ha ocurrido con la música. Hay grupos y letras de canciones que hoy serían inviables o perseguidas hasta machacarles. Por entonces, la cultura musical creo que fue decisiva para la evolución de nuestras generaciones. Música callejera, atrevida, crítica, no de diseño. Me abrieron la mente esas bandas de *rock* que los mayores te iban pasando en cinta. Las intercambiábamos, nos las grabábamos, hacíamos de eso una especie de fenómeno social. Aunque, antes de todo, estuvo la música que salía del bar La Alegría, y un personaje peculiar al que llamaban «Paco el loco». En los años ochenta, sentado en un banco de la plaza, el Paco pasaba horas con un tocadiscos pinchando vinilos y cantando algunos de los temas sin parar. Es probable que él pensara que los locos eran los demás: «Me sueltan mañana, saldré a la calle, respiraré libre, me subiré a los árboles. Cuando llegue mañana, voy a sentirme bien, pero sé de algún chivato que va a tener que correr…». La música de los Ilegales era un clásico en su repertorio. O al menos son las canciones que yo más recuerdo en esa Plaza Mayor. Hasta el punto de que, bastantes años después, siendo ya adolescente, me pasó algo curioso: cayó en mis manos ese disco homónimo de los Ilegales y me sabía todas las letras de pé a pá, sin que hubiera tenido ese álbum en mi casa nunca. Oírlo en la calle tantos días había sido suficiente: «Tiempos nuevos, tiempos salvajes. Toma tu parte, nadie regala nada. No hay nada sin lucha, ni aire que respirar. No eres un juguete, levántate y lucha ya…».

Esto queda muy *punk,* pero lo mismo me pasa con algunas de las coplas que cantaba mi madre continuamente en casa. De hecho, siempre he pensado que no tengo mal oído para la música porque la tenía muy cerca desde que mi madre me llevaba dentro. Todo el día cantando estaba la mujer. Hoy podría cantar un buen repertorio de coplas, con su letra entera, simplemente porque las oía continuamente en casa. Eso y las canciones de Antonio Molina que mi padre ponía en el Renault 12 blanco. Desde entonces puedo emocionarme con el «¡Hola, mamoncete!», de los Ilegales, o con las «Dos Cruces», de Molina. Sin llegar a hacer el gorgorito de «Soy minero».

La cultura iba de boca en boca. Lo que más se movía entonces entre los chavales del pueblo eran las cintas de grabar. De Barón Rojo y de otros *heavys* de la época, que estaban bastante de moda, aunque llegaba mucho más lo que etiquetaron como el *rock* radical vasco. Nos pillaba muy cerca del pueblo. Las *cassettes* de Barricada o de La Polla Records estaban en el *top ten.* Las proximidades influían. Siempre me gusta decir que crecí en la comarca del Moncayo, porque no es solo ser de Soria. Las fronteras me importan relativamente poco, me interesan más las conexiones y un ejemplo es mi pueblo, de Castilla y León, pero pegado a Aragón, Navarra y La Rioja. Imagínense, culturas como la castellana, la aragonesa, la riojana o la navarra, todas con sus diferencias, pero ya ven que mucho más cercanas de lo que, a veces, nos intentan hacer creer. Son tierras por las que me llevaron desde pequeño para conocer, educarnos, trabajar o ir de fiesta. Sirva como ejemplo que mi colegio fue castellano, mi instituto aragonés y mi universidad navarra. Nada premeditado ni forzado. Surgió así, y me doy cuenta al echar la vista atrás. Todos son pueblos, culturas y raíces que llevo conmigo y que me influyeron. Me enriquecieron y me ayudaron a ver lazos donde otros tensan la cuerda.

Alguna vez me han preguntado qué actividad recomendaría para intentar comunicar, para ser periodista o, simplemente, para hablar en público desde pequeño. Siempre respondo que el teatro. La calle, la radio, la televisión, la música y... hacer teatro también me ayudó en la vida. Me parece muy importante para alguien que quiera expresarse y romper barreras. Yo era un niño muy tímido que enseguida se ponía rojo como un tomate e incluso lloraba, pero la expresividad del teatro, salir a escena con la gente delante, posiblemente me ayudó mucho. Y fue porque, siendo muy pequeño, en la escuela del pueblo, la maestra de segundo de EGB me puso a hacer una obra que se llamaba «Las tres hachas». La pusimos en escena varios días en el salón de actos del colegio, que se llamaba Sor María de Jesús de Ágreda. Todavía encontré hace unos días el texto de la obra en Internet y recordaba algunos pasajes. Además, en la parroquia alguna vez hice de indio o algo así, aunque aún era más pequeño y salía maquillado, disfrazado, y no hablaba. Era un figurante. Una especie de Villarejo de las tablas, porque iba de incógnito. No fue como protagonizar la obra de teatro del hacha, en la que no era como Jack Nicholson en *El Resplandor,* pero me ayudó a perder la timidez. Casi tanto como tener el grupo de *rock* a los diecisiete o dieciocho años: no lo hacíamos nada mal e incluso llegamos a telonear a Rosendo. En resumen, lo veo todo como formas de expresión no tan distintas.

Dicho todo esto, quiero rendir homenaje a los maestros. Esos que tuvimos de pequeños y nos marcaron de por vida. Pueden ser determinantes para bien y para mal. A los buenos hay que recordarlos. El papel de doña Encarna fue decisivo, y también el de don José Vilda, su marido. Les pongo el «don» porque así les llamábamos entonces y con ello se quedan. En el pueblo era así. Mira que tuve profesores, pero como los de la escuela del pueblo no hubo otros. Y si un maestro te marca con la materia que imparte cuando eres niño, es probable que te decantes por eso en tu trayectoria. A los nueve años yo intervine por primera vez en la radio. Y no fue una de estas en las que te pillan por la calle y te preguntan o llamas para pedir tu canción preferida. Estaba en tercero de EBG y tuve que preparar una primera intervención radiofónica. Controlando los nervios, vocalizando, entonando... Digamos que a esa edad se me apareció un poco la Virgen, dicho de coña, pero lo cierto es que hubo un trabajo en clase y lo gané para hablar en la radio. Iba a venir al colegio un programa que hacía Radio Nacional de España que se llamaba *La radio en el cole.*

Los de la radio venían de Soria y los alumnos teníamos que preparar intervenciones para toda una tarde en la que se grababa el programa. La idea me parece buena. Ocurrió que nuestra maestra, doña Encarna, nos encargó hacer una redacción sobre la leyenda de la aparición de la Virgen de mi pueblo, la Virgen de los Milagros. No sé cómo me las apañaría, pero eligió lo que yo escribí y lo de dos compañeras y luego hizo un sorteo. Me tocó en gracia que tenía que intervenir en RNE y contar la historia sin trabarme y todo eso. Creo que no salió mal, aunque desgraciadamente no he conseguido hacerme con una grabación de aquello, y mira que años después lo intenté. Es lo de menos. Sí queda como algo que me marcó, porque como el programa era grabado, lo oímos luego en clase el día que lo emitían y siempre te queda el gusanillo de haber hablado por la radio, si te gustó, que fue el caso.

Con doña Encarna estuve en tercero, cuarto y quinto de EGB, y después llegó José Vilda, que impartía Lenguaje en sexto, séptimo y octavo. Lo hizo tan bien que hubo temario que no tuve que estudiar en el instituto o en la universidad, porque ya lo traía muy aprendido de la escuela del pueblo. A esto le sumaré que nos enseñó a valorar la cultura, a leer buscando un sentido y a recitar la obra de Antonio Machado. Vilda era también la constancia. El tío entraba en clase, casi no había saludado y ya estábamos de examen: «Buenos días, Ágreda, coma...». Empezaba con un dictado, que siempre encabezaba con el lugar y la fecha. Hoy sería, «Ágreda, 28 de febrero de 2022». Y empezaría a dictar cinco o seis frases. Todos apuntando. La ortografía, la sintaxis y que escribiéramos bien era el objetivo. Luego enunciaba cuatro preguntas del temario del día anterior y también las respondíamos en el cuaderno. Terminábamos y recogía aleatoriamente lo de siete u ocho alumnos. No había número fijo. Esto te mantenía en forma. Era como hacer abdominales cada día, porque te veías obligado a estudiar un poco la materia a diario, que no era mucho, y no dejarlo todo para los últimos días previos a un examen cada dos meses.

A José Vilda le gustaba la literatura, el lenguaje y el periodismo. Por eso escribía en el *Diario de Soria* lo que ocurría en nuestra comarca del Moncayo. Era el corresponsal de la zona. Un día, Vilda decidió enviar al periódico algunas cosas de las que yo escribía. Con motivo de las fiestas del pueblo o cuando un jovencísimo Fermín Cacho ganó la medalla de bronce en el Campeonato de Europa junior de 1.500 metros libres, en 1988, en Sudbury. Yo no estuve allí a mis once años, ya hubiera querido, pero mi maestro me dejó escribir una crónica que envió al periódico. Hubo algunas noticias más y recuerdo que todo empezó una vez que nos encargó una redacción en clase y me dijo que la había copiado. No era así. Fue siguiéndome y luego confió en mí enviando estos artículos, que no tenían gran valor, porque eran los de un chaval de pueblo que vete tú a saber cómo escribía, pero a mí me gustaba y me pareció importante. Lo recuerdo, como la vez que don César, que era nuestro tutor, nos grabó leyendo unas entradillas de informativo de televisión también en alguno de esos cursos de la EGB. Fue en una de esas típicas mesas de aula que todos tuvimos y que, en esta ocasión, sirvió como mobiliario de plató para dar las noticias.

En el último curso, José Vilda fundó en clase un periódico llamado *Octavo al día.* Redactábamos noticias sobre el pueblo y lo que pasaba en la escuela, que luego pegábamos en una cartulina clavada con chinchetas en el tablón de anuncios del aula. Él lo supervisaba. Años más tarde, alguna vez he vivido momentos en distintas redacciones en los que nos quejábamos de que no había temas para contar ese día. Suelo acordarme de que, si conseguíamos llenar ese «Octavo al día» de noticias de Ágreda, siempre hay historias que contar de todo el mundo. En fin, que a José Vilda le debo sentirme periodista por primera vez. Maestros así enseñan la lección y, sobre todo, te ayudan a ser algo, a encontrarle un cierto sentido a la vida. Él dijo más de una vez en clase que alguno de nosotros llegaría a ser periodista y pidió que escribiéramos algo cuando muriera. No hemos podido reírnos con estas cosas, porque hace tiempo que la enfermedad hizo que su cabeza se fuera a espacios más indeterminados, pero en mi mente este hombre siempre tendrá un sitio.

Matar al mensajero

Hacer llegar a los ciudadanos lo que ocurre debería ser la primera función de un informador. Pero algo tan sencillo como esto no siempre se hace. Se puede contar «la verdad» según quién seas y a quién repercuta. Es más, quienes tienen el poder de controlar los medios de información pueden optar por trasladarle al pueblo la realidad propiamente dicha, pero también deformada, conforme a sus intereses, que pueden pasar, incluso, por intentar destruir a quienes han optado por relatar los hechos auténticos. Por eso se puede considerar hasta un acto de rebeldía que alguien decida contar lo que pasa. Asumiendo, además, que pueda haber resistencias, presiones y graves consecuencias.

Ante esto, mi punto de vista es que el periodismo tiene un fin social que pasa por sacar a la luz aquello que algunos quieren que se mantenga en la oscuridad. Lo adecuado es que se sepa la realidad, por sucia que sea; entre otras cosas, porque conociéndola se puede intentar limpiarla. Ocultar lo feo es el primer paso para que se pudra. Y esa podredumbre puede extenderse y contagiar, seguramente, en primer término, a los eslabones más débiles de la cadena. Contar lo que pasa, en cambio, es intentar que una sociedad avance: que conozca sus errores, los debata, los trate e intente mejorar. Esconder la porquería debajo de la alfombra o poner paños calientes solo sirve para que algunos medren con sus trapos sucios.

¿Es de héroes contar lo que pasa? No lo creo. Debería ser lo normal. La anomalía está en quienes intentan que no salga a la luz. Informar, comunicarlo, es la esencia del periodismo, es el primer verbo que se debe conjugar. Ocurre y se cuenta. Tratar de impedirlo, censurarlo, apostar por un periodismo «de salón», al gusto de los poderosos, que en unos casos cuenta y, en otros, calla, es lo contrario a reflejar lo que pasa. Ofrece una realidad incompleta y, por tanto, deformada. Coartar la libertad, establecer barreras entre lo que acontece y lo que se dice, levantadas al albur de intereses espurios, que en unos casos dejan pasar y en otros frenan, es lo contrario a informar. Decíamos que hay filtros éticos, deontológicos y unas cuantas razones nobles más, pero silenciar por el mero hecho de favorecer arbitrariamente a quienes ostentan un determinado poder está en las bases de la desinformación.

Y ojo: contar lo que pasa puede suponer que seas castigado, que te estigmaticen, que te persigan, que te acosen, perder tu trabajo e incluso la vida. Ninguno de estos riesgos debería correrse, pero ocurren en todo el mundo. Sin duda, hay grados. Arriesgar la propia existencia por informar es mucho más peligroso que el hecho de arriesgarse a ser despedido. Hay periodistas que se juegan el tipo hasta ese punto de poner en liza su propia cabellera. Más de una vez hablé de estas cosas con mi amigo y compañero de universidad David Beriain, antes de que lo asesinaran por cumplir su labor de periodista. David sabía a lo que se exponía, pero siempre quiso contarlo. Así lo hizo durante bastantes años, hasta que finalmente lo mataron. Concebía el periodismo como un oficio en el que a veces se debe entrar donde algunos quieren que no se entre. ¿Por qué? Porque los hay que no quieren que se conozca la realidad. ¿Y por qué entrar? Justo por lo contrario. Por destapar lo que ocurre. Por hacerle llegar al pueblo lo que pasa.

Hay quien cree que el mundo ha ido avanzando plácidamente, sin que nadie haya descubierto las injusticias y se las mostrara al resto de los humanos para que estos tomaran conciencia común de lo que pasaba y decidieran actuar para revertir esas situaciones. No siempre han sido los periodistas quienes han trasladado esas realidades, pero sí es cierto que los informadores, aun siendo una pequeña parte de este proceso, deben jugar el papel de levantar velos y comunicar al resto lo que pasa. En esto defenderé siempre la labor del periodista, su oficio, su experiencia y sus principios para saber distinguir el polvo de la paja. Conocer, contrastar, comprender, comunicar. Es todo lo contrario a venderse y callar.

Yendo a un caso práctico, debatía recientemente con un viejo periodista sobre la inconveniencia de contar las malas andanzas del rey emérito. Él era partidario de callar hasta cierto punto. Por aquello de proteger a la Jefatura del Estado, a la Corona, la convivencia entre españoles, garantizar la estabilidad de España y no sé cuántas cosas más. Mi respuesta fue clara y sencilla: precisamente los que más habéis dañado a la monarquía y todo eso que mencionas sois los que durante tantos años conocíais esos malos hábitos del rey y mirasteis hacia otro lado. El problema no es contarlo, lo problemático ha sido ocultarlo durante tanto tiempo. Eso da una sensación de barra libre, de que se puede hacer todo, de que no hay testigos.

La labor del periodismo también es testificar, contribuir a una sociedad avanzada y plenamente democrática que debe saber, conocer. El periodista ha de ser, entre otras cosas, quien ejerza un papel de control del poder a través de algo tan sencillo como transmitir a la sociedad lo que ocurre. Parece simple, pero saben ustedes que siempre hay quienes lo convierten en algo muy complejo. Algo falla, por cierto, cuando quienes callan son premiados y quienes lo cuentan reciben el castigo. Si se incentiva a quienes ocultan la realidad, optan por edulcorarla, pasan de puntillas o miran hacia otro lado, ese mensaje también llega al mensajero. Eso cotiza, recibirás recompensa por ello. Está bien visto. A ti te conviene. Sigue así. Te irá bien. Palmadita en el hombro. Es el camino…

Evidentemente, es imposible contar todo lo que sucede. No daría tiempo. Hablo, pues, de la necesidad de relatar lo más relevante. El periodismo debe decidir lo que considera que es noticia en función de una serie de parámetros, como pueden ser la repercusión social, cómo afecta eso que ocurre a la ciudadanía, el tiempo, el lugar, el momento actual y una serie de aspectos que nos llevarían a una teoría más larga de explicar. Creo, no obstante, que puede entenderse perfectamente el siguiente ejemplo. No tiene la misma importancia en el ámbito nacional el que al principal hortelano de un pueblecito de Murcia le hayan robado cien lechugas que a un importante dirigente de España le hayan pillado robando cien millones de euros que guardaba en Suiza. En ese pequeño pueblo, sin duda, será noticia el robo de esa verdura, independientemente de quién lo haya hecho. Como diría el otro, «no se habla de otra cosa». Pero si el protagonista ha sido un servidor público del Estado y conocemos esas prácticas, la repercusión se amplía drásticamente. Incluso puedo poner otro ejemplo: no es lo mismo, como noticia para toda España, robar cien lechugas que robar cien millones de dólares, con testaferros, ingeniería financiera, ocultarlos en un paraíso fiscal y no declararlos a Hacienda. Creo que se entiende bien el impacto de lo que debe contarse.

Y puestos a contar, explicaré el porqué de este libro. ¿Qué me ha llevado a escribirlo?, ¿por qué enfrascarme en decir lo que pienso? No es tanto esto como compartir algunas de las cosas que llevo tiempo observando. Tengo, sobre todo, la pretensión de que nos anime a reflexionar. Poner negro sobre blanco aspectos que pueden resultar incómodos, pero hacia los que debemos dirigir el foco. Podría escribir sobre lo bonito que es ver amanecer, las florecillas en el campo, el trino de los pájaros, la esencia de los peces de colores y el huidizo gesto de los animales en el bosque. Es, sin duda, maravilloso, y les animo a que lo busquen y lo disfruten, si pueden. Aunque esto lo dejaremos para otra ocasión y nos meteremos en harina a partir de una reflexión incómoda que hacía recientemente con un amigo. Vamos a ella.

Crítica y pensamiento posible: ¿cuánto de lo troncal, de la espina dorsal del país, ha mejorado en los últimos años?, ¿cuánto está por mejorar?, ¿se ha hecho justicia con la corrupción en la Jefatura del Estado?, ¿se ha despolitizado la justicia?, ¿y la Agencia Tributaria?, ¿han pagado por la corrupción todos los altos cargos?, ¿por qué tantos aforamientos?, ¿y tantos cargos a dedo?, ¿a qué se deben las puertas giratorias?, ¿ha mejorado el sistema de partidos con métodos de elección de mayor mérito y transparencia?, ¿se ha reducido la desigualdad económica?, ¿y la precariedad?, ¿han mejorado la Sanidad y la Educación públicas?, ¿existe mayor credibilidad en el periodismo y en el sistema de los medios informativos?

Son preguntas incómodas que un testigo de su tiempo debe hacerse. Y un informador debe dar testimonio de lo que ocurre. Salvo que considere que incomodar le impide medrar o trepar.

No se engañen. Ser incómodo también es bueno. También tiene un público que lo agradece. ¿Es más provechoso hacer la pelota al poder? No es lo más justo ni lo más digno, sin duda, cuando no hay razones para ello. Si los poderosos aciertan, se dice. Si se equivocan y callamos en contra de nuestra conciencia, ahí tenemos un problema. Por eso podríamos decir, más bien, que las preguntas que acabo de plantear son preguntas justas. Uno es periodista para observar y para cuestionarse lo que pasa. Para levantar alfombras, para arrojar luz, para llamar a la reflexión sobre aquello que otros pretenden ocultar.

¿Y cuál puede ser el origen de estas preguntas? Son cuestiones que quizá deberían ayudar a que una sociedad avance. Si la porquería se tapa, se pudre, se corrompe, se extiende. Si se muestra, puede que llame a la reflexión, y eso anima a intentar ser mejores. Y la mejor forma de intentar mejorar para cualquier dirigente, del ámbito que sea, es reconocer los errores. Si lo malo o mejorable se da por bueno, mal vamos. Si la política es eliminar a los testigos, ¿será imposible ponerle tantas puertas al campo?

Un día, por cierto, pensé que, si iba a Madrid, sería para contar lo que pasa. De tal forma que, si algún día volvía al pueblo, lo haría con la conciencia tranquila. Con aciertos y errores, pero con dignidad. Sabiendo, también, que contar lo que ocurre te hace sumar enemigos, pero teniendo claro que, como vino a escribir Jorge Manrique, al final de la vida todos somos como los ríos que vamos a parar al mar. De eso no nos salva nadie. Y allí llegan las aguas limpias y las sucias, claro. Esto último no lo dijo Manrique, pero ya lo añadimos nosotros. Filtremos. Intentemos limpiar los ríos. Distingamos las aguas claras de las turbias. Limpiemos un poco la mierda y no chapoteemos entre la porquería diciendo que está muy buena el agua.

Quien paga manda

Varias veces me han preguntado: «¿Hay periodistas que participan en tertulias de la televisión y hablan al dictado?». Mi respuesta es que claro que los hay. Primero, no se puede generalizar, pero sí hay casos. Por ejemplo, a los partidos políticos les encanta enviar lo que llaman «argumentarios» o «colocar» a sus tertulianos preferidos. También existe lo contrario, es decir, periodistas que tienen sus ideas, su propia información, y dicen en la tele simplemente lo que creen en conciencia. Hay informadores honestos y otros que no lo son. Como en tantos oficios. Claro que hay intereses de ese tipo y la intromisión o los intentos de hacerlo afecta a la profesión periodística. También los hay que reciben esos argumentarios como fuente informativa. Este partido opina esto y el otro aquello. Si bien es cierto que es una clara tentación partidista poner a «los suyos» y quejarse de aquellos que no les gustan. Y hay poderes que se quejan «por abajo» y otros que dan un toque «por arriba», para que actúen con quien participa como colaborador o presentador de un programa. Las «presiones» políticas existen. Hay contrapartidas que los medios pueden obtener de los políticos y es ahí donde entra en juego que se le haga caso a quien presiona o no.

¿Hay una excesiva intromisión de los poderes políticos y los grupos económicos de presión en los medios? Afirmo que sí. Los canales de comunicación de masas son escenarios a los que dirigen su atención millones de personas. El caudal de consumo de noticias para la sociedad fluye en buena medida en los medios. Por eso hay quienes reman en una dirección u otra. Decir que la información es poder no es una frase hecha vacía de contenido. La información es poderosa, entre otras cosas, por su capacidad de influencia sobre la sociedad. Claro que es muy importante que no nos hagan creer que lo blanco es negro o que es menos blanco de lo que es. De hecho, los tiempos en los que vivimos han influido en que el poder político considere que uno de los tableros de juego más importantes está en los medios, si no el que más, para intentar captar a sus votantes potenciales. No todo es malo en esta realidad. Hay aspectos que veo muy peligrosos, como que los políticos puedan estar más preocupados de la puesta en escena que de la gestión. De las palabras más que de los hechos. De la apariencia de verdad que de la realidad en sí. Contar lo que pasa no es malo, es necesario. Matar al mensajero es mediocre y un atentado a la democracia. El deber del poder público es facilitar el acceso de los ciudadanos a la información, no ocultarla o adulterarla.

Del mismo modo que conocer la verdad nos aporta mucho como sociedad, es necesario que haya sensibilidades diversas. Partiendo de algo que me parece importantísimo: hay información y hay opinión. Lo explico mejor con un ejemplo. Si sube la luz, sube la luz. Eso es un dato. Si ha ganado o ha perdido alguien unas elecciones, eso es así. Es el resultado. Eso son informaciones. A partir de este punto se podrán debatir los porqués. Y ahí pueden entrar en juego las opiniones y analizar unas razones y otras. La información es rigor, hechos. Aquí defiendo el oficio, la experiencia, que aporta el olfato necesario para diferenciar lo que es noticia del bulo. Por supuesto que hay posibilidades de error, pero un periodista experimentado, sin ninguna pretensión de engañar ni dejarse engañar, tiene ya mucho ganado al afrontar las informaciones. Su responsabilidad es, además, principalmente con la sociedad a la que se dirige y de la que forma parte. Hay muchos más factores, sin duda, como la línea editorial de un medio, pero la veracidad debe estar por encima. También el manejo de las noticias, a diferencia de la mercancía averiada, de los bulos. Tratar la información de forma ágil y segura es responder a la confianza que una audiencia deposita en el informador, que debe saber lo que tiene entre manos. En esto, la experiencia, el oficio, haber vivido situaciones parecidas, es un plus a la hora de intentar distinguir la verdad de la mentira.

Si pasamos de la información al terreno de la opinión, ya decía antes que los partidos podrán elaborar su lista de argumentos en determinados temas, pero yo soy un firme defensor de que el periodista se lo curre, tenga su propia opinión, lea mucho, pregunte, contraste y piense en la sociedad, no en su estómago. Claro que currárselo cuesta más. Supone más esfuerzo. Lo cómodo, lo tentador para algunos, es estar al servicio de determinadas líneas argumentales que te han pasado, para que además te pongan en otros programas, por ejemplo. Son casos lamentables.

Dicho esto, insisto, quiero dejar bien claro que hay periodistas y profesionales honestos que son auténticos maestros de la investigación y de elaborar sus propias tesis. Y cuando hablo de periodistas me quedo corto, porque también hay personas que pueden opinar en una tertulia dando sus valoraciones con igual o mayor solvencia, y tener otro tipo de perfil profesional.

Insistiendo en lo anterior, también me han preguntado alguna vez si los partidos políticos intentan imponer a «tertulianos de cabecera» en los programas. Lo cierto es que sí he recibido más de una vez llamadas en ese sentido y he de decir que siempre he puesto por encima el perfil que me parecía mejor para el programa, no el que los partidos quisieran. Faltaría más. A mí, desde dentro de sus formaciones, me han llegado a pedir que no vinieran a programas algunos políticos que luego, años después, han llegado a lo más alto de la política. Y de varios partidos. Siguieron viniendo al programa. No acepté esas «peticiones». Y eso también implica un desgaste para el presentador o el director, claro.

Me han llegado quejas de uno y otro signo, pero he intentado mantener siempre a los mejores. Teniendo en cuenta, eso sí, que no mandaba yo, que tenía jefes por encima. Esto quiere decir que la elección de los participantes no siempre la hace uno mismo. Eso sí puedo afirmar, en conciencia, que he defendido con firmeza a aquellos que creía que merecían estar: por lo que aportaban, por su perfil, por la pluralidad, etc. No porque lo quisiera tal o cual partido político. Y el concepto de plural lo remarco, porque es muy constructivo que haya opiniones de uno y otro signo que defiendan posturas distintas, desde el respeto, por supuesto. Lo contrario es indigno y aburrido. Es mucho más fácil formarse una opinión a partir de escuchar puntos de vista diversos. Me aburren soberanamente y no llevan razón quienes dicen que la izquierda, la derecha o el centro siempre están en lo cierto. Va a ser que no.

En el primer programa de televisión que hice, en 2013, quizá por algo de olfato y también de casualidad, invité a Pedro Sánchez, Pablo Casado, Albert Rivera, Pablo Iglesias… Entonces no eran líderes políticos. Sánchez no estaba pasando su mejor momento en el PSOE, porque no contaban mucho con él. Casado era más bien conocido por aquel mitin en el que dijo que «la inmensa mayoría de jóvenes españoles son del PP, pero aún no lo saben». Rivera era conocido por Ciutadans en Cataluña y un año antes me había ofrecido personalmente montar Ciudadanos en Madrid, algo que rechacé. A Iglesias lo había visto en Youtube y en la tele, en un programa de barrio de Vallecas. No vino como representante de Podemos, porque ni existía, sino que participó en la mesa de politólogos y periodistas. Lo cierto es que hubo dirigentes políticos que se quejaron de que estuvieran unos y no otros, incluso de sus propias formaciones políticas, que es donde a veces está la competencia.

Como decía, el PSOE no atravesaba su mejor momento y Sánchez no era precisamente el favorito de la dirección socialista. Respecto a Casado, el Partido Popular prefería que viniera algún otro portavoz. Rivera ya estaba mucho en Intereconomía, según se quejaron desde el PP. Fueron quejas de partidos. Con Pablo Iglesias ningún político se quejó el primer día que apareció, sino que hubo comentarios por «sus pintas». Entonces llevaba pendientes, la coleta... Es, por cierto, muy irrisorio haber leído años después que hubo una especie de plan preconcebido para lanzar la carrera política de Iglesias. Vino como tertuliano. Era un politólogo. Nadie me dijo que lo llevara al programa y lo descubrí navegando por Internet. Es cierto que a todos les vino muy bien dejarse ver en ese espacio televisivo y en otros para avanzar en sus trayectorias políticas. La tele fue fundamental. Lo que yo no sabía, lógicamente, es que iban a llegar tan arriba en la política. Estar en ese y en otros espacios, antes después, fue algo que les ayudó. La exposición mediática es decisiva en el panorama político.

En España y en otros países del mundo, hay dirigentes que han llegado a lo más alto y eran tertulianos. En la tele se dieron a conocer, destacaron, ganaron seguidores o detractores. La tele les ayudó, pero luego hay otro aspecto decisivo: una cosa es dar discursos y otra gestionar. En los medios, la población puede conocer los propósitos de un dirigente o aspirante. Luego hay que valorar la gestión o la capacidad de gestionar. Uno puede haber brillado como contertulio y hacer agua al frente de un gobierno o de un ministerio. ¿El votante mira más el currículum del candidato o lo mucho que le gusta lo que dice?, ¿le avalan más sus intervenciones en la tele o su experiencia como gestor? Un político puede acudir a la tele como tertuliano y si después logra ascender y ser elegido, primero en su partido y después en unas elecciones, es sin duda un plato jugoso. A fin de cuentas, deciden los electores, pero los medios son un espacio de influencia, claro. Por eso saben que el poder también se disputa en ese escaparate mediático.

En mi caso, jamás pedí nada a cambio ni pensé que algunos iban a llegar tan lejos. Por eso lo cuento como ejemplo de la importancia que pueden tener los medios y quienes los mueven. Dando la cara o por detrás. O ambas cosas. Por eso, no es casualidad que, al menos en teoría, la radio o la televisión sean consideradas un servicio público protegido. Alguna vez he leído o escuchado que las empresas privadas pueden hacer lo que quieran por esa condición del interés privado y su inversión. Que pueden contar los contenidos que les venga en gana, quitar, poner, despedir a profesionales, porque es su negocio. A este respecto existe un equilibrio a tener en cuenta con la condición de servicio público. Por ley, los criterios de veracidad, pluralidad y responsabilidad social son sagrados. Legalmente, la radio y la televisión son un servicio público esencial para la comunidad y la cohesión de las sociedades democráticas, que tiene por objeto la producción, edición y difusión con programaciones diversas y equilibradas para todo tipo de público, cubriendo todos los géneros y destinadas a satisfacer necesidades de información, cultura, educación y entretenimiento de la sociedad española. Debe respetarse la participación, la diversidad y el acceso de los grupos sociales y políticos significativos. En definitiva, los valores constitucionales.

La titularidad estatal del servicio público no implica un régimen de exclusividad o de monopolio, sino que la gestión puede ser realizada de forma directa por el propio Estado o, de manera indirecta, por los particulares que obtengan la concesión administrativa. Ojo a esto. Es muy importante, porque los Gobiernos tienen el poder de conceder las licencias. Obviamente, para un grupo empresarial o de comunicación es de vital importancia obtener la licencia de un canal, mantenerla, conseguir otras... Es un negocio. Por ejemplo, por ser un escaparate de publicidad, cuyos espacios se pueden vender a precios muy jugosos. En este terreno los Gobiernos tienen un su mano dar y quitar una licencia, exigir contrapartidas a cambio, negociar... Cuando se abre un concurso de este tipo, hay dinero y poder en juego. También negociaciones no siempre reveladas con la transparencia debida. Supongo que van entendiendo que, de nuevo, está en juego el poder y el dinero.

Con el marco legal, los Gobiernos, ya sean nacionales o autonómicos, pueden dar y quitar licencias. De televisión, de radio. En su correspondiente ámbito territorial. Se ha visto con teles locales, con la gestión de canales regionales en manos de empresas privadas, semiprivadas, canales de ámbito nacional, emisoras radiofónicas para las que no es lo mismo que el poder político les adjudique cuatro postes de emisión que diez... Las empresas acuden a un concurso con una serie de requisitos. Es lógico que los Gobiernos pongan orden en el espectro mediático. Sí, debe administrarse, pero también es interesante analizar los repartos que se han producido en función de los Gobiernos de turno, y el poder de influencia que las administraciones y los medios adquieren con estas transacciones. Lo transparente y lo más oculto. Ha llegado a haber concurso de licencias incluso antes de una convocatoria electoral. ¿Hasta qué punto circunstancias como estas pueden «ablandar» a los grupos de comunicación interesados en los contenidos que emiten? En definitiva, la relación que existe entre las administraciones políticas y los medios no es de alegres pastorcillos con Heidi y Clara.

Los anunciantes pueden invertir su dinero en los medios. Se mueven muchos millones y ese es otro de los aspectos esenciales para que un canal sea viable, y es lícito. También aquí entran en juego, por una parte, la capacidad de influencia de quien pone su dinero en el medio en cuestión y, por otra, que para los grupos de comunicación es muy importante disponer de los mejores escaparates, los más vistos y los más caros. Y cuantos más de estos, mejor. Es decir: los anunciantes pueden invertir más si el grupo de comunicación que emite tiene más canales, si los niveles de audiencia son más altos, por su capacidad de impacto, etc. Por eso, para un grupo es decisivo obtener el mayor número de licencias concedidas por la administración política, porque ello supone tener más o menos escaparates que pueden aumentar su beneficio con la publicidad y su influencia. Asimismo, también es trascendental el número de competidores que tenga el medio y los escaparates que posea la competencia. A más escaparates, más reparto de la tarta publicitaria, y eso puede aminorar el beneficio.

Así pues, detrás de los medios suele haber empresarios o consejos de administración que buscan un beneficio. Cuestión que no tiene por qué ser negativa si se hace con fines loables y sin alterar las pautas de una comunicación diversa, plural, repartida, amplia, veraz, que informe, que entretenga y que cumpla un fin social.

Conviene contar estas cosas para no pensar que el mapa mediático se dibuja sin estos actores y sin estas operaciones dentro de un marco jurídico. Hay un ordenamiento legal, por supuesto, pero esto no impide que, a veces, hecha la ley, hecha la trampa; que se cumpla o no, que sea cándido, reluciente o pasto del intercambio de intereses. Para vigilar que nada de esto último suceda, deben estar atentos los organismos de defensa pertinentes y la propia sociedad.

Como hablábamos de escaparates, a la hora de repartir el pastel publicitario es muy importante que la radio y la televisión públicas puedan emitir anuncios o no. Si no los emiten, más publicidad a repartir entre menos comensales, que pueden obtener más beneficios económicos. Así lo decidió el Gobierno de Zapatero. Entonces, el presidente defendió la supresión de publicidad en TVE como «gran noticia» porque la Corporación iba a tener una financiación «garantizada, fija y segura», sin depender de la publicidad, con el objetivo de fomentar «un carácter más independiente» y «moderno». La publicidad que no iba a la radio y a la televisión pública podía ir a otros medios privados. Si luego la programación es mejor, con más independencia y de más calidad, es algo que puede juzgar el espectador y que ha tenido sus controversias a lo largo de los años.

En este panorama, por cierto, hay también una presidencia y un consejo de administración de RTVE. Su votación en el Parlamento no impide que tengamos también en cuenta que está avalada por los partidos políticos, que previamente han elegido y propuesto. En este sentido, también pueden existir negociaciones no desveladas. Incluso perfiles muy discutibles, que no tienen por qué ser los más idóneos para el puesto, pero que han pasado esos filtros. Como en otras parcelas de la vida, a veces son mejores, peores o regulares para desempeñar el cargo: por experiencia en el sector, preparación para los tiempos que corren, capacidad de gestión de un medio del siglo XXI, independencia... El presidente o los representantes en el consejo pueden determinar mayorías en la toma de decisiones que quizá estén bendecidas previamente por los partidos. Aunque en ocasiones no se reconozca.

Otro aspecto que debe tenerse en cuenta para entender el poder de los medios es la capacidad de inversión de las administraciones públicas en campañas publicitarias o de eventos, por ejemplo. Hay adjudicaciones y partidas económicas más o menos transparentes en ese sentido. Eso también puede influir, presionar, ayudar o asfixiar a un grupo de comunicación. Hay mucho dinero en juego. También las subvenciones que se conceden a los medios. Es dinero de los ciudadanos y no siempre se ha gestionado de la forma más decente. Se puede favorecer a determinados grupos y, con ello, también influir en el mensaje. No tiene por qué ocurrir. No siempre ocurre, pero pasa... Y los contenidos pueden inclinarse en un sentido o en otro con las presiones o «el cariño» de una administración política o de un determinado anunciante privado. Hay grupos empresariales cuya inversión publicitaria es absolutamente determinante para el presupuesto de un canal, que solo da una parte ínfima de noticias negativas sobre dichos grupos.

Con estos rasgos del mapa, podemos concluir que no todo es malo. Simplemente conviene tener en cuenta algunos parámetros al analizar la estructura de los medios de comunicación, sus fundamentos, los agentes que participan, para bien y para mal. Hay inversores que pueden arriesgar su dinero para sacar adelante un medio, como también los hay que pueden intentar tumbarlo. Lo mismo ocurre con el poder político. Puede haber actuaciones éticas y de necesario orden legal, pero también hay capacidad de influencia y presión, que puede determinar la comunicación de contenidos e incluso quiénes deben ser sus comunicadores. No es un mundo de color de rosa, ni tampoco la oscuridad, pero tengan en cuenta algunas de estas líneas por si pueden aportarles más luz. No todo es maligno, pero tampoco seamos ingenuos.

JUSTICIA POLITIZADA

¿Cómo se controla políticamente la justicia en España?, ¿hay reparto?, ¿por qué se mantiene una politización impresentable? Hay instancias judiciales donde esa intromisión no llega, pero arriba, en las decisiones que afectan a los poderosos, hay lazos de control inaceptables. Salvo que queramos mirar hacia otro lado. «Hay que proteger a los que denuncian y luchan contra los corruptos», dice Transparencia Internacional o las autoridades europeas, al mismo tiempo que tiran de las orejas a los gobernantes de España por retrasar normativas de protección a esos denunciantes. Esto sucede mientras corren las noticias de un rey que está fuera de España sin pasar por la justicia, de un Pujol impune que amenaza con «mover las ramas» y tirar de la manta, o de partidos condenados por corrupción. Varios informes internacionales denuncian que en nuestro país los poderosos castigan al que denuncia o al que lo cuenta en los medios. Esto es, al que se atreve a airear y no decide meter la basura debajo de la alfombra. Y aquí distintos organismos señalan la importancia de la libertad de expresión. Queda claro que ni matar al mensajero, ni dejar impune la corrupción está siendo el mejor camino para mejorar en un *ranking* que da vergüenza.

España aparece en puestos muy mejorables en el *ranking* mundial de la persecución de lo corrupto. Transparencia Internacional denuncia falta de ejemplaridad en esta lucha. No hay que ser un lince para saber que así lo percibe la gente, si ve que tanto pez gordo siguen en la calle tantos años después de conocer las andanzas eméritas por los países del Golfo, Gürtel, ERE, Nóos, Púnica, Taula, Lezo y demás. Con datos flagrantes de corrupción, señalados por la Policía o la Guardia Civil, el dirigente político de turno incide en la presunción de inocencia. Perfecto. Es lo que procede, pero también debe proceder que haya intención y medios para juzgar la corrupción en un tiempo razonable. Está calando en la sociedad, cada vez más, que hay una justicia para poderosos y otra para el resto, que no actúa contra quienes dañan el bien común con la misma vara de medir. Pocos peligros desmotivan más a un pueblo y erosionan tanto la credibilidad de una democracia que pensar que quien debe dar ejemplo goza de márgenes de impunidad. Hablamos de estudios de Transparencia Internacional o de GRECO, el grupo de lucha contra la corrupción conformado por expertos, analistas, empresarios, docentes... No son por perroflautas ni radicales que quieren derribar el sistema. La justicia está politizada y tiene dobles raseros.

La actual Ley de Enjuiciamiento Criminal está «pensada para el "robagallinas", no para el gran defraudador». Esta afirmación es de Carlos Lesmes, presidente del Tribunal Supremo y del Consejo General del Poder Judicial. Hablamos de una ley que es del siglo XIX. Le han ido poniendo parches y remiendos, pero está pensada para una sociedad de otra época y no ha habido voluntad política de cambiarla. Promesas sí, hechos no. Las defensas que tengan la voluntad de dilatar procesos con recursos, maniobras dilatorias, de aprovechar los procedimientos farragosos y que podrían simplificarse mucho, lo tienen más fácil. Y estamos solo ante uno de los puntos de la politización de la justicia, de una carencia de medidas para favorecer que vivamos en un país donde hemos visto grandes casos de corrupción, donde los llamados «gerifaltes» se han ido de rositas. Prescripciones, indultos, retrasos o no alcanzar a determinadas esferas, no llegar a lo más alto, está entre los grandes escándalos a la hora de valorar lo ocurrido con varias tramas.

¿Llevaba razón el magistrado Lesmes con eso que decía? Veamos, porque hay noticias curiosas como estas: «Un año de prisión por robar dos gallinas tras asaltar una vivienda» *(La Voz de Galicia,* 2020). Sí, ocurre: «Como autor de un robo con fuerza acaba de ser condenado a un año de prisión el pontevedrés que, el 22 de enero del 2018, sustrajo dos gallinas de una vivienda. Ocurrió todo de madrugada cuando el sospechoso accedió al interior de una vivienda deshabitada tras violentar el cristal de la puerta de entrada. Ya dentro del inmueble, y tal y como acaba de confirmar la sección segunda de la Audiencia de Pontevedra, se hizo con dos gallinas. Se trata de un botín exiguo por el que ni el propietario de las aves quiso reclamar una indemnización, pero que, sin embargo, no le evitó la condena».

Es posible que no haya condena para alguien pillado con cuentas en Suiza no declaradas, testaferros, cientos de millones en el extranjero, comisionistas, ladrones de guante blanco..., pero llega a pasar en la misma España que hay condenas de prisión, incluso por intentar el robo de una gallina sin llegar a consumarlo: «Condenado a nueve meses de cárcel por intentar robar una gallina» *(ABC,* 2016). El periódico destaca también: «Los hechos ocurrieron en Vícar (Almería) y el condenado es de origen senegalés». Han sido condenados senegaleses y españoles. Negros y blancos. Este diario añadía: «El Juzgado de lo Penal número 5 de Almería ha condenado a nueve meses de prisión a un hombre de treinta y siete años y natural de Senegal por un delito de robo con intimidación en grado de tentativa después de que entrara en un corral y matara con una navaja a una gallina, según él, para comérsela. Según indica la sentencia, consultada por Europa Press y sobre la que cabe recurso de reforma ante la Audiencia Provincial, los hechos tuvieron lugar en Vícar el 9 de diciembre, cuando el acusado saltó una valla para acceder al corral donde se encontraban las aves. Una vez dentro, cogió una gallina y la mató con una navaja, si bien fue sorprendido por el hijo del propietario, quien le recriminó su acción. En este sentido, el acusado señaló con la navaja a la víctima, quien esgrimió un palo para defenderse ante un posible ataque del invasor, que solo le dijo "mía". El acusado dejó la gallina ya muerta y se fue. El hombre, que fue arrestado posteriormente por la Policía local de Vícar y estuvo dos días detenido por estos hechos, no compareció en el juicio, aunque sí declaró ante el juez instructor que se introdujo en la finca y mató a la gallina "para comer", a la vez que negó haber amenazado a la víctima con el arma».

En esta información le llaman «el invasor», pero lo que invade el sentido común es ver que pueden llegar a producirse condenas como estas, al mismo tiempo que hemos visto a reyes, presidentes o ministros librarse de casos cuya información al respecto era abundante y escandalosa. ¿Es justa la justicia que tenemos en España?, ¿tiene serias carencias y una politización a la altura de los más poderosos? Sí, lo afirmo. Y lo digo yo e incluso lo dicen juristas de prestigio. ¿Se hace lo suficiente por evitarlo? No. Incluso se ha hecho batalla política con este asunto y luego, una vez en el poder, no se ha evitado. En España hemos visto como PSOE, Podemos o PP votaban juntos para que consiguiera un puesto en el Tribunal Constitucional alguien que presumía de sus tejemanejes con el sistema judicial español. El tal Enrique Arnaldo. Hubo acuerdo entre el Gobierno de coalición y el Partido Popular —que se anunció como «el más progresista de la historia»— para apoyar y votar juntos en el Congreso a Arnaldo, el mismo que prometía a Ignacio González gestiones para poner a un fiscal general «bueno». Las teorías de Enrique Arnaldo pasaban por afirmaciones como estas: «Hay que mover la pieza principal y las de al lado, Fiscalía de la Nacional y Anticorrupción. Esa operación está preparada». González, que es el expresidente de la Comunidad de Madrid, relacionado con varios casos de corrupción, le respondía: «Moviéndote como corresponde. Jaja».

Enrique Arnaldo Alcubilla aparece en un sumario en el «caso Lezo» en conversaciones pinchadas por los investigadores. Por ejemplo, el 11 de noviembre de 2016, en una charla de Arnaldo, también exvocal del Consejo General del Poder Judicial, con Ignacio González. Es días antes del nombramiento de José Manuel Maza como fiscal general del Estado:

ENRIQUE ARNALDO: Hay movimientos de cambios en la Fiscalía General. Esto… ¡Ahora se ponen en marcha las piezas! Desde luego, sí que sé que es voluntad del ministro cambiar la pieza principal.

IGNACIO GONZÁLEZ: ¡Joder, estarás ahí! Je, je. Moviéndote como corresponde, ja, ja, ja.

ARNALDO: Estoy moviéndome, ¿eh? Para que el nuevo que sustituya a esta señora [Consuelo Madrigal] sea bueno.

Tras el nombramiento de José Manuel Maza, Enrique Arnaldo e Ignacio González volvieron a conversar:

ARNALDO: Je, je, je. ¡He acertado!

GONZÁLEZ: Ah, bueno. O sea, que estamos contentos, ¿o no?

ARNALDO: ¡Estamos muy contentos! Sí, sí, sí. Cuando nos veamos, te contaré cómo se actuó en otra etapa anterior, que es la que hay que seguir.

Según estas escuchas del sumario del «caso Lezo», el expresidente madrileño también le preguntaba por la Fiscalía.

GONZÁLEZ: ¡Oye! ¡Y los de abajo!

ARNALDO: ¡Claro! Y que toque todo, claro, efectivamente

GONZÁLEZ: Porque es que si no…

ARNALDO: Hay que mover la pieza principal. Y, luego, las dos que van al lado, que son la Fiscalía de la Nacional y la Fiscalía Anticorrupción. Esa operación, que yo sepa, está preparada.

Contaré enseguida más de estas actuaciones «por detrás» con la justicia, pero conviene señalar por qué nuestro sistema judicial es muy mejorable y no quieren que lo sepamos, comenzando por apreciaciones que hacen los propios juristas. Me gusta contar las cosas para que no queden ocultas, sino que estén negro sobre blanco y, a partir de aquí, a quien corresponda que tome nota y se ponga a ello para cambiarlo. Y, si no lo cambian, al menos que no nos tomen el pelo. Hay problemas claramente detectados que, si no se resuelven, es por falta de voluntad para hacerlo. Por interés para estar protegidos o porque se entra en el juego del reparto de cromos, viciando y haciendo imposibles los avances necesarios para una sociedad decente y democráticamente madura. No estamos hablando de cualquier elemento del sistema. La justicia es el pilar fundamental de la ejemplaridad. Difícilmente se puede pedir a la ciudadanía que cumpla si quienes se lo exigen no lo hacen. Se les podrá aplicar la ley, exigirles cumplimientos, aplicarles la *potestas,* pero la *auctoritas,* la autoridad moral, queda gravemente resentida.

Vamos con la madre del cordero. Atendamos a lo siguiente. La politización del sistema judicial en España pone en duda esos mantras de que «todos somos iguales ante la ley» o que «la justicia es igual para todos». Las negociaciones políticas para elegir a los miembros del Consejo General del Poder Judicial y los vínculos existentes para órganos como el Tribunal Supremo, el Constitucional o los tribunales superiores de justicia de las comunidades autónomas dan buena prueba de que no somos todos iguales. De hecho, el GRECO, el Grupo de Estados contra la corrupción, ha denunciado situaciones como estas que se dan en España. Si cualquier persona normal y corriente comete un delito en nuestro país, lo juzgará el juez del territorio, de la provincia, donde ha ocurrido, pongamos por caso. Tú no puedes elegir el tribunal. Mientras que a los políticos aforados los juzgará el Tribunal Superior de Justicia autonómico, si es político regional, o el Supremo, si es nacional. Con su correa de transmisión con el Consejo General del Poder Judicial (CGPJ). Ojo, tanto un tribunal como el otro, tanto los autonómicos como el Supremo, tienen salas que juzgarán, integradas no por la oposición pura y dura, como el juez que puede jugar a un vecino de Parla, sino que están compuestas por nombramientos discrecionales del CGPJ, formado a su vez por vocales propuestos por los partidos políticos. Ahí no llegan los mejores por un sistema objetivo de mérito y capacidad, sino que es un espacio de discrecionalidad que permite las presiones de los partidos.

En España, sin parangón, tenemos a un rey inviolable y cientos de miles de aforados. Lo son los miembros de la familia real, el presidente del Gobierno y los ministros, que serán juzgados por el Tribunal Supremo; los presidentes autonómicos y los consejeros de los Ejecutivos de las comunidades autónomas, que tienen que ser juzgados por el Tribunal Supremo o los Tribunales Superiores de Justicia, en función de lo que determinen sus Estatutos de Autonomía. También en el ámbito político son aforados los presidentes del Congreso y del Senado, los diputados y senadores, los presidentes de las comunidades autónomas y los parlamentarios regionales. Hay también aforamiento de jueces, fiscales y miembros de distintas instituciones, como el Tribunal de Cuentas, el Consejo de Estado o los defensores del pueblo. También están aforados los miembros de las Fuerzas y Cuerpos de Seguridad del Estado. Tener la condición de aforado implica que, en caso de ser juzgado, esa persona lo será por un tribunal superior distinto al que le correspondería sin ese estatus.

Puede ocurrir que estos organismos no se renueven, incumpliendo el tiempo estipulado, y ocurre también que las renovaciones son una suerte de intercambio de cromos con negociaciones opacas, donde partidos políticos negocian nombres según convenga. Podría abrirse un periodo en el que, con absoluta transparencia, se presentaran candidaturas y conociéramos los méritos de los aspirantes. Cuando hablo de ser transparentes quiero decir que no sea como ocurre para la elección de otros órganos, que tienen un plazo para presentar candidatos, pero por detrás se pacta entre partidos y se reparten los consejos de administración. Se podrían hacer audiencias a los aspirantes en los parlamentos, exponer los méritos, las trayectorias, los currículums, que incluso haya un equipo de expertos que emitan dictámenes… No debiera ser un paripé para elegir la composición de organismos en los que los políticos saben los nombres antes de que se abra el proceso, o no se elige a los mejores, sino a los que creen más dóciles para sus intereses.

Existen cartas de partidos políticos en las que dicen a sus diputados a quién tienen que votar, directrices en las que los parlamentarios, representantes del pueblo, pueden no saber ni a quién están votando, sino que simplemente cumplen el mandato de la dirección del partido. Los parlamentarios pueden ser castigados si no siguen esa orden. Les puede costar una multa o ser apartados de entre los favoritos del jefe. Son lentejas. Organismos que administran la justicia en España negociados en la oscuridad del intercambio de intereses, y de ahí emana luego lo que es más y menos justo. Eso dicen. Puede ocurrir, incluso, que una jueza instructora de una provincia, que ha accedido a su plaza con su oposición, investigue y aprecie indicios de delito. Después, si hay un cargo público como presunto implicado, puede suceder que el caso pasa a un tribunal superior y especial para él, pongamos por caso que el Supremo, y determinar justo lo contrario. Obviamente, choca que las decisiones sean contradictorias, pero más si emana de un juzgado cuyos miembros tienen ese vínculo con el poder político para su elección. La apariencia de que no ha habido imparcialidad puede estar justificada.

El Tribunal Constitucional, el de Cuentas, la Fiscalía… Hablamos de órganos donde también existe previamente la decisión de elegirlos desde la política. En los dos primeros se pactan esas cuotas, y en el caso del fiscal general elige el Gobierno. Por eso, es curioso repasar determinadas escuchas telefónicas de las Fuerzas de Seguridad o mensajes de tapadillo en los que políticos presuntamente corruptos hablaban de que se nombrara a un fiscal anticorrupción u otro y ese fiscal acaba siendo nombrado. Y le nombra un fiscal general que ha sido elegido por el Gobierno del mismo partido que los investigados por corrupción. Pongamos por caso que el expresidente de la Comunidad de Madrid, Ignacio González, cuando ya estaba imputado, hablaba con Eduardo Zaplana, exministro de Aznar y expresidente de la Comunidad Valenciana, grabado por la Guardia Civil en otro sumario de la Operación Lezo. Quería que el PP nombrase a

Manuel Moix fiscal jefe de Anticorrupción, algo que finalmente hizo el fiscal general del Estado. En las conversaciones, interceptadas por la UCO, Ignacio González afirma que el nombramiento de Manuel Moix sería «cojonudo». «Te digo yo a ti que yo ya lo intenté en su día, pero no tenía no sé qué requisito. Él era el jefe fiscal de Madrid, que es un tío… bueno…». Menos de tres meses después se anunció el nombramiento de Moix al frente de esta unidad especial. El fiscal general, José Manuel Maza, le confió el mando. Después, Manuel Moix, el «cojonudo», terminó dimitiendo como fiscal jefe Anticorrupción tras revelarse que tenía el 25 % de una sociedad *offshore* en Panamá. Maza lo defendió. Moix, que venía de ser fiscal superior de Madrid, fue considerado desde el inicio un buen aliado del Gobierno del PP para controlar una Fiscalía que investiga causas que afectan al partido, como los casos Gürtel, Púnica o Lezo.

Fue nombrada presidenta de la Sala de lo Penal de la Audiencia Nacional Concepción Espejel, «querida Concha» para la secretaria general del PP, Dolores de Cospedal, que le entregó antes la Gran Cruz de San Raimundo de Peñafort. Entró como vocal del Consejo General del Poder Judicial a propuesta del Partido Popular y fue recusada y apartada del juicio del «caso Gürtel» por cercanía al partido. Se entendió que Concha comprometía la imagen de imparcialidad, pero después llegó el nombramiento de la magistrada para poder dirigir «la dirección e inspección de todos los asuntos» de la sala, presidir cualquier juicio de la misma y reordenar la composición de las secciones del tribunal. Durante su mandato sucedía a Fernando Grande-Marlaska. Por cierto, es el juez que tiempo después terminó como ministro de Interior del PSOE. Espejel acabó como magistrada del Tribunal Constitucional en el pacto votado a favor por PP, PSOE y Podemos. A la Sala de Apelación de la Audiencia

Nacional accedió Enrique López, que años después fue elegido secretario de Justicia del PP y consejero del Gobierno de Díaz Ayuso. Antes, el partido lo situó como vocal del CGPJ y luego lo aupó al Tribunal Constitucional. Había sido autor de medio centenar de ponencias para la Fundación de Aznar, FAES, y también apartado del «caso Gürtel».

No son los únicos casos. Hablaba antes del perfil de Enrique Arnaldo y sus relaciones con corruptos. El intercambio de intereses o cambio de cromos hizo que la llamada «coalición de gobierno progresista histórica» de PSOE y Podemos aprobara su nombramiento, propuesto por el PP, como magistrado del Tribunal Constitucional. Lo del hito gubernamental progresista histórico lo anunciaron Pedro Sánchez y Pablo Iglesias tras alcanzar su pacto de gobierno. El trágala en el reparto judicial se produjo después, cuando Unidas Podemos votó a favor de Arnaldo, Concepción Espejel («querida Concha»), Inmaculada Montalbán y Ramón Sáez. El Congreso de los Diputados dio su aval a los cuatro candidatos al Constitucional pactados previamente por el Gobierno (PSOE y Unidas Podemos) y el PP. El portavoz de UP, Txema Guijarro, apenas interpeló a Enrique Arnaldo para decirle que se inspire en la «ética» de «hombres buenos», refiriéndose a la participación como jurista que Arnaldo había tenido durante el proceso por los asesinatos de seis jesuitas en El Salvador en 1989. Sea bueno, don Enrique.

Hay más casos vergonzosos en este sentido. Como cuando PSOE y PP pactaron que votarían a Carlos Dívar como presidente del Consejo General del Poder Judicial y del Tribunal Supremo. Hubo un conato de rebelión entre los vocales a propuesta del Gobierno del PSOE y del PP, y fuentes judiciales aseguran que hubo citaciones en la sede socialista de Ferraz y de Génova para decir lo que había que hacer. Fue en tiempos del

Gobierno de Zapatero, con Rajoy como líder de la oposición. Dívar, que terminaría dimitiendo después por un escándalo relacionado con sus viajes, era presidente de la Audiencia Nacional y considerado conservador. Cuando fueron a elegir a Carlos Dívar por el acuerdo PSOE-PP, hubo apoyos públicos como el de Enrique López, entonces portavoz del órgano de gobierno de los jueces y vocal de la mayoría conservadora. También salió en su defensa el vocal progresista Juan Carlos Campo, que años después fue ministro de Justicia con Pedro Sánchez.

En ese *pack* pactado por Zapatero y Rajoy, con el Gobierno socialista, la vicepresidencia del Poder Judicial era para Fernando de Rosa, que telita. Este señor dejaba el cargo de consejero de Justicia con Francisco Camps en la Generalitat valenciana para convertirse en vicepresidente del CGPJ, el órgano de gobierno de los jueces. De Rosa se afilió a Alianza Popular en 1982. Pero no termina aquí la cosa. Tras la dimisión por el escándalo de Carlos Dívar, De Rosa pasó a ocupar nada menos que la presidencia del Consejo General del Poder Judicial en España. De estar con Camps a presidir el órgano de dirección de los jueces. De su antecesor, Dívar, dijo que los vocales del Poder Judicial eran «conscientes» de que su caso había «dañado la imagen de la institución». Al parecer, su perfil no. En 2007, consideró que la aprobación de la Ley de Igualdad era «un ejemplo de la extrema locura del Gobierno». Fernando de Rosa, cuando volvió a la magistratura, se incorporó a la Sección Primera de la Audiencia de Valencia, encargada de asuntos de violencia de género.

Carlos Dívar había dimitido tras estallar el escándalo de sus 32 viajes a Marbella y otros destinos. Primero se conocieron 12 por un importe de casi 13.000 euros y luego hasta 32 por un total de 28.000 euros. Él dijo que eran de «carácter reservado» y que no tenía obligación de dar detalles del motivo y con quién o quiénes había compartido los manteles de sus más de 40 cenas y/o almuerzos en restaurantes de lujo pasados al Consejo. Formularon la solicitud de dimisión en el CGPJ cuatro vocales del Consejo General, entre ellos, Margarita Robles, después ministra con Pedro Sánchez, e Inmaculada Montalbán, a la postre magistrada del Tribunal Constitucional entre los nombres votados por PSOE, Podemos y PP. La portavoz del CGPJ era Gabriela Bravo, que después fue consejera de Justicia del Gobierno socialista valenciano. Hay crónicas, como esta de *El País,* con datos reveladores: «Jueces para la Democracia y la Asociación Profesional de la Magistratura, a través del tándem Margarita Robles-Manuel Almenar, habían gobernado el Consejo del Poder Judicial haciendo gala de un poder omnímodo, sin apenas interferencias, mientras Dívar, aupado a la presidencia del Supremo entre el rechazo generalizado del alto tribunal, contestado la mayoría de los vocales del Consejo y sin apoyos políticos en el Gobierno socialista que le nombró, aparecía siempre descolocado...». Hay organismos donde las conspiraciones están a la orden del día. En muchas parcelas de la vida también. Todos lo sabemos.

En el caso de la justicia en España, estamos de nuevo ante una anomalía. Si hay magistrados que deben su cargo a un partido político, la tendencia puede ser la de satisfacer ese favor devolviendo la moneda. Es más, si el juez quiere seguir escalando y sabe que depende de una elección impulsada por las formaciones políticas, puede intentar agradarles. Esto es una perversión. Está claro que el sistema para proteger la imparcialidad no es el mejor, sin ningún lugar a dudas. Cabe denunciar por qué en nuestro país no se actúa como en otros de nuestro mismo continente, donde existe un sistema al menos mixto, y la mitad son elegidos por los políticos y la otra mitad por los jueces directamente. Nos lleva a un sistema de equilibrios que hace más difícil el mangoneo. Con otra premisa que resulta clave, desde mi punto de vista: debería regularse de manera objetiva un claro baremo para realizar los nombramientos. Pongamos por caso: una puntuación por presencia en determinados tribunales, expediente académico, docencia, experiencia, etc. Una escala de mérito y capacidad, conocida y transparente, iguala los términos de partida. Desde Europa, las instituciones comunitarias o los grupos de lucha contra la corrupción han reprochado a nuestros gobernantes varias veces que este asunto es muy mejorable en España. Aquí puede haber un baremo para acceder a una plaza de bombero o de policía, pero no con la misma transparencia que para llegar a juez del Tribunal Supremo.

Hay consecuencias de sonrojo, de auténtico retrato, como ver que el Supremo de España puede decidir que el impuesto de las hipotecas tiene que pagarlo la banca y a las tres semanas cambiar de criterio como consecuencia de las presiones de la banca y decidir que lo pague el cliente. «Estos son mis principios. Si no le gustan, tengo otros». Es preocupante que esta máxima humorística de Groucho Marx la llegue a aplicar el máximo tribunal en España. La decisión la tomó el pleno de la Sala de lo Contencioso-Administrativo modificando el criterio de apenas semanas antes, y el presidente de la sala, Luis Díez-Picazo, inclinó con su voto la balanza a favor de esta tesis. Tres semanas de caos jurídico a cuenta de a quién correspondía pagar el impuesto de actos jurídicos documentados, y el presidente decantaba la decisión. En su pasado consta, por ejemplo, que, antes de ordenar la revisión de la sentencia de las hipotecas, estuvo contratado durante seis cursos por un centro universitario de la banca.

La elección de Díez-Picazo como presidente de la Sala de lo Contencioso del Supremo fue un escándalo denunciado ante la ONU. Aunque hay más, porque empezábamos con la justicia para «robagallinas» de la que habló el presidente del Tribunal Supremo y del Consejo General del Poder Judicial, Carlos Lesmes. Él fue alto cargo de los Gobiernos de José María Aznar y profesor de los cursos de la fundación del PP, FAES. Después fue aupado por los «conservadores», se ocupó de rodearse de afines en la cúpula judicial y, entre ellos, estaba el tal Luis María Díez-Picazo, otro «conservador». Varias asociaciones judiciales denunciaron que Lesmes presionó para auparle y, por primera vez, el poder judicial no renovó a un presidente de sala del Supremo que aspiraba a la reelección. Caía José Manuel Sieira y llegaba el catedrático Picazo, con el voto de los vocales del CGPJ afines al PP, y tras haber aterrizado años atrás en el Supremo por el turno reservado a «juristas de reconocida competencia que ingresan en el alto tribunal al margen de la carrera judicial».

Fuentes jurídicas también contaron que Carlos Lesmes se cargó a Sieira por su rivalidad en el «caso del kamikaze», el indulto a un condenado a trece años de cárcel por matar a un joven conduciendo en dirección contraria. Lesmes fue el encargado de la ponencia que defendió el indulto otorgado por el Gobierno del PP. Sieira decidió que el dictamen corriera a cargo del pleno de la Sala, que anuló la medida de gracia. Fue un revés para el actual presidente del Supremo, que tiempo después sustituyó a José Manuel Sieira como jefe de la Sala Tercera y colocó a Díez-Picazo, que era afín. Como podemos ver, todo son criterios profesionales…

¿Con estos bueyes hay que arar? Así llegamos a que el Supremo, «el alto tribunal» en España, decida una cosa y la contraria en días. La sala especializada decidió que el impuesto de las hipotecas lo pagaría la banca; Carlos Lesmes y Luis María

Díez-Picazo decidieron revisar esa decisión en un pleno y el propio Picazo se encargó de desempatar a favor de los bancos: Luis María anuló un resultado, convocó otro partido, lo arbitró y marcó el gol de la victoria. Yo diría que fue en propia puerta, por dos motivos: porque dio una patada en la espinilla a la credibilidad de la justicia, y porque, en cambio, el bueno de Díez-Picazo tiene ganadas las puertas del cielo. Del suyo. Todos sabemos que a Luis María no va a faltarle de nada. Aznar dijo que había que «rebobinar» la decisión, frente al «populismo judicial». Si la gente había tragado con el rescate de decenas de miles de millones para la banca, cómo no iban a hacernos tragar con la yenka del Supremo. Hay lazos evidentes entre los poderosos y las decisiones que nos afectan a todos que distan mucho de esa apariencia de independencia. No se vayan todavía, que aún hay más.

Y A TOMAR POR CULO

Como si de distintas castas se tratara, si un ciudadano tiene un problema con la justicia será juzgado en un tribunal de su territorio. No tiene el privilegio del aforamiento. Y le juzgará el magistrado al que le caiga ese caso. Por el contrario, para los casos más delicados del país en materia de corrupción que suceden en más de un territorio tenemos la particularidad de la Audiencia Nacional, sin equivalentes en Europa. Rompe la regla territorial y concentra en un único tribunal, con juzgados de instrucción y unas cuantas salas de justicia, los delitos de mayor gravedad y relevancia social, como son, entre otros, crimen organizado, narcotráfico, delitos contra la Corona o económicos. Tiene su sede en Madrid y jurisdicción nacional. En estas condiciones, es mucho más fácil influir sobre unas pocas decenas de jueces o seis jueces instructores de la Audiencia Nacional que sobre 5.000 jueces en España.

Ocurre, además, que esos pocos magistrados de la Audiencia Nacional pueden tener jueces de refuerzo, por causas concentradas en el tribunal que llegan a ser voluminosas, o ser también sustituidos por jueces provisionales, ser destinados al extranjero... A través del politizado Consejo General del Poder Judicial hay mano para influir directamente en esas decisiones. Se mantiene la correa de transmisión entre la política y la justicia. No esperen que se sigan unos criterios estrictamente reglados, sino que en la elección de esos refuerzos y sustitutos cabe la discrecionalidad del CGPJ. Puede ocurrir que haya jueces con mayor antigüedad, experiencia y méritos, pero son otros los que han logrado la plaza.

En el movimiento de jueces, con sustitutos, refuerzos, provisionales o idas y venidas al extranjero, podemos ver algunos ejemplos llamativos. Pongamos por caso a Manuel García Castellón. Volvió de Italia para llevar casos como Púnica o Lezo, que investigan tramas de corrupción relacionadas con el Partido Popular. Llevaba dieciséis años fuera de la Audiencia Nacional ocupando diferentes plazas en el extranjero. Antes de ser juez de enlace en Italia ocupó la misma plaza en Francia. El magistrado, de tendencia conservadora, terminó llevando casos relacionados con Villarejo o Pablo Iglesias, como el espionaje o la tarjeta de Dina Bousselham. La Comisión Permanente del Consejo General del Poder Judicial acordó el reingreso de García Castellón en su plaza de titular del Juzgado Central de Instrucción número 6. A partir de entonces, seguro que les suena haber oído el nombre de este juez continuamente vinculado en las noticias a Rajoy, Ignacio González, Florentino Pérez, Iberdrola, Iglesias, el comisario Villarejo... Sin duda, el magistrado «estrella» se encarga de casos de gran relevancia. Los que suelen llamarse más «mediáticos».

Insistiendo en el lamentable vínculo que hay en España entre la política y la justicia, no debería extrañarnos que existan conversaciones interceptadas por las Fuerzas de Seguridad del Estado, como esta entre Ignacio González y Eduardo Zaplana de noviembre de 2016. Está en el sumario del «caso Lezo».

IGNACIO GONZÁLEZ: Vamos a ver, Eduardo. Tenemos el Gobierno, el Ministerio de Justicia, no sé qué y tal... Y escucha, tenemos a un juez que está provisional... Tú lo asciendes... Yo le digo, a ver, venga usted *pa' acá*. ¿Cuál es la plaza que le toca? Onteniente, a tomar por culo a Onteniente, y aquí que venga el titular, que ya me las apañaré con el titular, coño...

El juez provisional al que se refería Ignacio González y al que había que mandar «a tomar por culo» era Eloy Velasco, que era juez provisional. Curiosamente, no iba mal encaminado González, porque volvió el juez Manuel García Castellón. Supimos después de esta conversación que García Castellón pidió su regreso al juzgado de Velasco.

IGNACIO GONZÁLEZ: Yo le llamo a este y le digo, oye, ven aquí, el titular aquí, y a este... a tomar por culo. Pero ¿qué te cuesta eso? Y a este tío lo pones a escarbar cebollinos, joder, y ya está...

Volver a España para trabajar más y cobrar menos, ponerse al día tantos años después... Puede ocurrir y ocurre con un juez. Quedó claro que González tenía buena información. En el sumario consta que hablaba con «Rafa» Catalá, el ministro de Justicia; con Enrique López, un clásico entre los vocales del CGPJ a propuesta del PP, que terminó de consejero de Justicia en Madrid y responsable de la materia en el partido a nivel nacional; con Enrique Arnaldo, el ya mítico que incluso logró ser votado años después por Podemos para el Constitucional. En fin, todo muy edificante.

Y ojo cuando oímos estas conversaciones de González, que terminaría encarcelado provisionalmente por el caso de corrupción Lezo. Muy importante: estaba hablando de la llegada de un juez, García Castellón, que tomó después la decisión de autorizar la salida de la cárcel de Ignacio González, en noviembre de 2017. El expresidente de la Comunidad de Madrid había solicitado esa excarcelación en varias ocasiones y, finalmente, la logró cuando el magistrado García Castellón consideró que el riesgo de fuga y reincidencia habían desaparecido. Meses después, González, todavía impune, se reincorporó al Cuerpo de Funcionarios del Ayuntamiento de Madrid.

En esas conversaciones había más de esas pistas que nos permiten analizar vasos comunicantes entre la política y la justicia. Ignacio González ya pronóstico el ascenso de Manuel Moix al frente de la Fiscalía Anticorrupción y hablaba también de los tejemanejes con jueces de ida y vuelta.

IGNACIO GONZÁLEZ: Al titular lo quitaron porque era uno que era aparentemente *rogelio* y le dan... magistrado de enlace en Londres, no sé qué, después gana una pasta...

Miguel Carmona, fundador de Jueces para la Democracia, exvocal del CGPJ a propuesta del PSOE, estaba ya en Londres. El Gobierno de Rajoy lo nombró juez de enlace con el Reino Unido. Antes de salir de España, Carmona reforzaba al juez Pablo Ruz al frente de la instrucción del «caso Gürtel» e investigaba la financiación irregular del PP. Salir hacia tierras británicas implicó la renuncia de Miguel Carmona a su plaza como titular del Juzgado de Instrucción número 5 de la Audiencia Nacional, que quedaba en manos de Ruz hasta designar a un nuevo titular. El juez Ruz, años después, pasaría de investigar Gürtel a un juzgado de Móstoles, donde las empanadillas de Martes y 13. Había trabajado en casos como Malaya, Pujol, Gürtel... En esta última causa se sumó al reguero de jueces que pasaron por ella, como Garzón, Pedreira... Pablo Ruz es autor de la frase: «Hay algo peor que la corrupción misma, que es la sensación de impunidad que se puede generar por una tardía persecución, un tardío enjuiciamiento, porque la justicia llegue tarde o llegue mal».

En la misma línea de falta de voluntad para mejorar, en la justicia española faltan medios, y no es algo casual. Desde la política no se actúa decididamente para evitarlo. Un sistema judicial lento da pie a poder ralentizar las causas según convenga. Una justicia que no es ágil no llega a todos y, por tanto, no es completamente justicia. Con datos en la mano, tenemos una media de 11,5 jueces por 100.000 habitantes, mientras que la media europea es de 20,7. Con cifras de la Comisión Europea para la Eficiencia de la Justicia en la mano, el umbral de los 20, casi el doble que España, lo superan países como Alemania, pero también otros como Rumania. Estados como Eslovenia o Croacia tienen más de 40 jueces por esa cantidad de ciudadanos. En cuanto a los fiscales, en España hay 5,1 por cada 100.000 habitantes, mientras que en Europa asciende a una media de 11,3. En definitiva, en cuanto a jueces estamos a la cola de Europa, mientras que los litigios aumentan y hay casos, como los de corrupción, que sufren una ralentización y una politización sonrojantes para nuestro país. La percepción de la ciudadanía es consecuente con dicha situación. Transparencia Internacional nos sitúa peor que a Catar, Lituania o Corea del Sur.

Esto no es una casualidad. En España tiene problemas con la justicia hasta la Jefatura del Estado, pasando por gobiernos centrales o autonómicos. Que quienes mandan no hayan dotado al sistema judicial de mejores medios tiene su explicación: no interesa. Está muy ligado a la politización del sistema judicial. No hay un respeto a la separación de poderes. Un proceso por corrupción puede durar diez o quince años, con la seguridad de que eso va a dificultar las condenas. Y ello está relacionado, habitualmente, con la falta de medios. Si en cuarenta años de democracia seguimos manteniendo esta carencia de profesionales, no es por azar, sino que es un problema de voluntad de quien administra el dinero y de que lo invierta claramente en mejorar de forma definitiva. El Presupuesto General del Estado es una clara referencia de lo que quieren hacer los políticos durante su gobierno. Si alguien hubiera tenido interés en que la justicia funcionara mucho mejor, se harían inversiones, grandes pactos a cinco, diez años o lo que fuera, para que esto se solucionara, pero no ha habido voluntad.

La justicia española tampoco se ha modernizado debidamente para agilizarla. No hay un sistema acorde a los avances tecnológicos experimentados por la humanidad. Los retrasos, el colapso, también están muy relacionados con ello. Y ocurre que, si no se moderniza decididamente, es porque tampoco hay voluntad. Es más, incluso las comunidades autónomas utilizan sistemas informáticos diferentes e incompatibles, con lo cual no hay manera de compartir información. Es una prueba más de los fallos del Estado, del poco interés para entender los problemas y para resolverlos. Un juez de la Comunidad Valenciana, si quiere saber algo de los juzgados de Madrid o de Cataluña, no puede, porque los sistemas son incompatibles. Estas circunstancias también alimentan los retrasos y, por tanto, pueden dar pie a una justicia más arbitraria, que deja de ser justicia. El malestar del ciudadano se muestra sucesivamente en estudios de satisfacción con el sistema judicial, en los que estamos también a la cola de Europa. No funciona como debiera.

Hay ejemplos de cómo la voluntad política puede acelerar los procesos o ralentizarlos. En un caso afortunado está el juicio de los atentados terroristas del 11M, los más trágicos de la historia de España. Se resolvió en un tiempo rápido ejemplar. Hubo medios y se desarrolló con agilidad. Y no era fácil. Había decenas de yihadistas imputados, pruebas que recabar, vínculos que analizar, una gran presión mediática, relaciones internacionales, detenciones, declaraciones... Puede haber un sistema judicial eficaz en el mismo país donde, por desgracia y en contraste, hay muchos juzgados que están trabajando al 200 % de la carga oficial de trabajo. Hay demoras lamentables en casos de presunta corrupción, pero también puede afectarle a un trabajador que quiere cobrar su despido. Hay casos. A veces se ha tardado en señalar el juicio hasta cuatro y cinco años. Con toda la tramitación hecha, solamente hace falta un juez y una sala de vistas, pero si no las hay el tiempo se multiplica. Lo mismo puede ocurrir con otras reclamaciones relacionadas con incapacidades, pensiones, etc.

A veces no se actúa por falta de medios o de voluntad, o ambas cosas. También por falta de tiempo, que puede ir relacionado con lo anterior. A menudo nos encontramos con que tal o cual personaje conocido y con poder se libra de una causa por la prescripción de los delitos de corrupción. Hemos visto que no era nada extraño que una administración hubiera adjudicado una obra pública a una empresa y que hubiera una aportación de dinero para alguien, una comisión o mordida, con el fin de lograr la adjudicación. Un político o un partido podían haberse beneficiado por esa concesión, que era dinero de todos. Había corruptos. Es posible que eso no deje rastro porque se ha pagado en dinero negro, pongamos por caso. Bueno, no es tan fácil descubrirlo y que haya condenas ejemplares. Son bastantes los juristas o trabajadores de las Fuerzas de Seguridad del Estado que te reconocen que es muy probable que apenas conozcamos unos pocos casos, la punta del iceberg, de toda la corrupción que hay en España. Los delitos de cuello blanco, que no van a punta de pistola, sino que son cometidos con expertos y con ingeniería financiera, son más susceptibles de eludir la acción de la justicia. Las grandes tramas, que incluso cuentan con ramificaciones bancarias y fiscales para sacar el dinero de España, no son tan sencillas de detectar. Y aunque se detecten, también es posible que no paguen todos los responsables, sino que solo se llegue hasta un determinado nivel de la pirámide.

Si tenemos unos plazos generales de prescripción de cinco años en delitos vinculados a la corrupción, desde que se comete el hecho hasta que se dirige la investigación contra un presunto culpable, cabe la posibilidad de que tenga más fácil librarse. Desde que se hace el delito, hasta que se inicia la acción penal contra un imputado o investigado en concreto, hasta que se le cita en el juzgado, tenemos ese tiempo, que marca un antes y un después. En delitos de cohecho, soborno, malversación o prevaricación, pongamos por caso que a los cuatro años alguien los denuncia, se arrepiente, cuenta lo que ha pasado y se inician investigaciones para ver quiénes son todos los implicados. Es probable que no sepamos quiénes eran al completo o que llegue a prescribir el delito. Si se abre una causa y se dirige contra alguien, aunque esté varios años en marcha, no prescribe si ha habido una actuación contra él, pero puede ocurrir que los investigadores se centren en otros o que vayan tirando de determinados hilos y cuando se llega a un determinado nivel, ya ha prescrito el delito contra esas personas contra las que no se iniciaron acciones judiciales. Lógicamente estamos de nuevo ante situaciones que pueden provocar el malestar de la doble vara de medir.

Veamos ejemplos. Un caso paradigmático de tener varias causas abiertas e ir librándose de ellas es el de Francisco Camps, expresidente de la Comunidad Valenciana. Que uno tenga un caso pendiente no significa que sea culpable, pero fijémonos, por ejemplo, en que la Sección Quinta de la Audiencia Provincial de Valencia archiva la malversación de caudales públicos, derivada de varios contratos presuntamente amañados para la construcción del circuito de Fórmula 1 en la capital del Turia: «De las diligencias practicadas hasta la fecha se desprende que los hechos objeto de investigación pudieran ser constitutivos de un delito continuado de prevaricación y un delito de malversación», pero respecto al delito continuado de prevaricación, el plazo de prescripción es de diez años. Cuando el fiscal Anticorrupción presentó la querella en enero de 2018, el delito ya había prescrito, según la Audiencia Provincial.

Se puede hablar de otra prescripción, por ilustrar estos casos vergonzantes, si hablamos de los ERE de Andalucía. No hago causa general, pero atendamos, por ejemplo, al momento en el que la Audiencia de Sevilla declaró prescrita la investigación abierta contra el expresidente andaluz Manuel Chaves por un préstamo de 5,8 millones concedido, en 1999, a una empresa cárnica. A finales de 2020, los magistrados consideraron que había transcurrido el plazo de quince años en el que prescriben los tipos penales de prevaricación y malversación, delitos por los que se acusaba al dirigente socialista. Desde que el juez instructor inició pesquisas en 2019 a instancias de la Fiscalía Anticorrupción, la prescripción de los delitos fue uno de los principales argumentos sostenidos por las defensas.

Pongamos como ejemplo que la Fiscalía española tenía abiertas diligencias con varias vías de investigación sobre hechos que podían implicar a Juan Carlos I después de abdicar, por lo que ya no era inviolable. Si no presentaba una querella contra él ante el Tribunal Supremo, con indicios recabados, iba pasando el tiempo para que los presuntos delitos prescriban. Puede ocurrir con las posibles consecuencias penales de su fortuna en el extranjero o con las donaciones millonarias recibidas y no declaradas al fisco en España. El tiempo de prescripción solo se interrumpe en el momento en el que se dirige un procedimiento contra el presunto implicado. Por eso puede ocurrir que haya diligencias abiertas sobre un caso, pero va avanzando el reloj de la prescripción para una persona si no se actúa contra ella. Puede haber fondos ocultos en paraísos fiscales con un *trust* financiero y está prescrito si no se actuó contra el presunto delincuente. Una querella presentada por el Ministerio Público suspendería el cómputo de la prescripción. Habría un tiempo para actuar. O para no hacerlo. El 1 de julio de 2020, la Fiscalía suiza remitía a la española la documentación sobre investigaciones que podían afectar al emérito en relación a 65 millones de euros que habría recibido de Arabia Saudí. Ese mismo día acababa de prescribir el delito fiscal de 2014, el que pudo cometer el año de su abdicación.

Obviamente, puesto que estamos hablando de indignantes particularidades en lo referente a la justicia en España, la inviolabilidad no es algo menor. Hablamos de delitos no perseguibles para el jefe del Estado. Algo, en mi opinión, fuera del sentido común, si partimos de la base de que estamos en una democracia. Es el propio monarca quien ha dicho que «todos somos iguales ante la ley» o que «la justicia es igual para todos». Pero la realidad no es esa si a unos se les puede perseguir y a otros no, porque son inviolables. Añadamos que es una particularidad que nos lleva a otros tiempos, con privilegios para hombres distintos. Además, va en contra de la ejemplaridad, que es un principio que todo mandatario debería poner por encima. Yo, como jefe vuestro que soy, doy ejemplo, soy el primero que me someto a las normas y al bien de la comunidad. Si quien manda no cumple, difícilmente puede pedir a los mandados que cumplan. Podrá hacerlo, pero éticamente me parece carente de lógica. El sometimiento de todos a la ley y la máxima transparencia son el mejor caldo de cultivo para conseguir el respeto hacia alguien que quiera ejercer la autoridad. Volvemos al caso de que una cosa es el poder que se administra y otra el respeto que uno se gana. Yendo a algo más concreto, si la gestión de las instituciones es correcta, no tendrían nada que esconder en cuanto a sus finanzas, sufragadas por los ciudadanos.

Si ustedes quieren ver otro caso paradigmático, muy cantoso, de actuación judicial, busquen por las redes la declaración de Mariano Rajoy, con el señor juez Ángel Hurtado, encuadrado en el sector conservador de la Audiencia Nacional, presidiendo la sala. «No es pertinente», repetía con afán el señor magistrado, cortando constantemente las preguntas delicadas de las acusaciones para Rajoy. «No es pertinente», sonaba en la sala machaconamente, como ese martillo que destruye discos duros de un ordenador. «No es pertinente», cabría pensar, el privilegio del testigo Mariano Rajoy al que sentaron junto al tribunal y no enfrente. Rajoy jugaba en casa y hasta se permitió mofarse de los abogados de la acusación. A uno le dijo que su razonamiento no parecía brillante y a otro que su capacidad de comprensión estaba en duda. Hay un momento en la declaración que simbolizó lo ocurrido. El letrado le preguntó al presidente del Gobierno por los SMS que le envió a Bárcenas. Rajoy respondió al abogado: «Hacemos lo que podemos significa lo que exactamente significa hacemos lo que podemos». El letrado exclamó: «¡Hasta ahí llego!». Y el presidente le despreció así: «Bueno, siempre es opinable». Quiso replicarle el abogado y el presidente del tribunal dijo… «No es pertinente».

Había faltado Mariano Rajoy a la verdad cuando dijo que se enteró por la prensa del dinero que Bárcenas tenía en Suiza. Al Gobierno le llegó la información semanas antes de que se publicara y la conociera toda España. Fue todo tan pertinente como que el presidente Rajoy considerase «razonable» que el extesorero siguiera teniendo coche del partido y despacho en Génova después de dimitir por presunta corrupción. Preguntó la acusación a don Mariano qué era verdad, si «todo es falso menos alguna cosa», y Rajoy respondía «no sé», «no recuerdo», «oiga, oye…». Y como vino se fue. Luego bien de jabón en las televisiones, masaje, baño caliente en algunos titulares y a la cama. Si te he visto, no me acuerdo. Por cierto, ya se hizo la película *Con B de Bárcenas* sobre el momento en el que el extesorero tiró de la manta. Creo que esta comparecencia de Rajoy igual tiene materia para otro largometraje que podría aspirar a un premio Goya.

Curiosamente, más adelante, el Consejo General del Poder Judicial en funciones nombró para el Tribunal Supremo al juez Ángel Hurtado, único de la Gürtel que pidió la absolución del PP. La mayoría «conservadora», que no tenía los votos suficientes para colocar a sus candidatos, obtuvo el respaldo de parte del bloque «progresista». Hurtado también era el único juez del tribunal de la Gürtel que se negó a que Mariano Rajoy fuera llamado a declarar como testigo y que emitió un voto particular contra la sentencia que certificó la caja B y pidió la absolución del partido. Ángel Hurtado fue elegido para la Sala de lo Penal del Supremo, que examina en última instancia la mayoría de las causas penales que se juzgan en España y por la que pasan los casos de corrupción… El pacto fue auspiciado por el presidente Lesmes, exalto cargo en los Gobiernos de Aznar.

En España, los principales corruptos no están en la cárcel, no se devuelve el dinero robado, y lo más bochornoso es que conocemos suficientes maniobras del poder político para controlar la justicia. Pinchazos telefónicos desvelan que Ignacio

González ya hablaba de quién sería el fiscal general del Estado o el jefe de Anticorrupción antes de que se produjeran sus nombramientos: «A ver si podemos poner a Moix, que es un tío serio», decía «Nacho» sobre quién debía ser el fiscal más importante contra los corruptos. «¡Qué alegría, tío. A ver si lo celebramos!», exclamaba cuando le hablaban de Maza, el nuevo fiscal general, como alguien «con criterio». González, «Nacho», se las prometía felices con Manuel Moix, el jefe «Anticorrupción» que luego se opuso a practicar registros. Moix era el fiscal jefe Anticorrupción de España que cargó contra las movilizaciones del 15M por «exteriorizar su ignorancia sobre los valores que deben inspirar la convivencia democrática». También rechazó poner en libertad a manifestantes de las Marchas de la Dignidad, porque «no se puede permitir que personas tan violentas estén en la calle y puedan seguir delinquiendo». También rechazó acusar a Esperanza Aguirre de desobediencia civil por huir en coche de los agentes de movilidad, apartó a Elpidio Silva de la carrera judicial por Miguel Blesa o se enfrentó a la Fiscalía por Rodrigo Rato.

Cuando estallaron los «líos» de Ignacio González, como los denominaba el ministro de Justicia de España, Rafael Catalá, «Rafa», este le deseaba a González que «se cierren pronto». Lo dicho. Como le contaba «Nacho» a Zaplana: «Tenemos el Gobierno, el Ministerio de Justicia y a un juez que está provisional. ¡A tomar por culo a Onteniente! ¡Le pones a escarbar cebollinos y ya está!».

España está señalada como uno de los países más machacados por la corrupción. Autoridades judiciales que deben luchar contra los corruptos son sospechosas de protegerlos. A un presidente del Gobierno, llamado a declarar ante la justicia por presuntas corrupciones en su partido, lo protegen para hacer una declaración bochornosa... Hay partidos que se reparten los cargos judiciales. Podríamos seguir con estos «casos aislados» porque, cuando los sospechosos son aquellos que deben perseguir a los malos, no cuadra ver a los ratones bailando con el gato. Podríamos pensar que la sociedad española se puede acostumbrar a la corrupción. Que las noticias sobre el corrupto del día se reciben como el parte del tiempo de cada mañana. Que son tantos los escándalos que se oyen de fondo, sin escuchar, como la combinación ganadora de ese sorteo en el que no hemos participado. Que hasta hacen gracia o simplemente provocan indiferencia. Que no somos conscientes del desgaste que supone para una democracia pensar que debemos convivir con semejante cochambre.

Mafia

¿Se puede llegar a ser corrupto y miembro del Consejo General del Poder Judicial en España? Sí, claro. Presten ustedes atención a esta historia de podredumbre, con política, jueces, impunidades y un enorme descaro. Érase una vez un tiempo en el que el político Jordi Pujol recibía elogios como gran hombre de Estado por parte de Juan Carlos I y Felipe González; llevó a que Aznar afirmase que «hablaba catalán en la intimidad» y era conocido como *molt honorable.* Hay que irse incluso a los tiempos de Franco para ver cómo Banca Catalana fue creada, entre finales de los años cincuenta y comienzos de los sesenta, por Florenci Pujol y su hijo Jordi. Muy catalanistas, pero llevándose el dinero fuera de Cataluña. Terminó en el primer rescate financiero de la democracia. La bancarrota le costó al Estado 345.000 millones de pesetas. Mientras, un Jordi Pujol ya político aprovechó para hacer victimismo y calentarle la cabeza a su parroquia diciendo que era una operación españolista contra ellos. Los Pujol estaban ya podridos de dinero. Los ciudadanos, españoles, catalanes, de Soria y de Guarromán, pagaron la factura. Y nadie detuvo eso, porque la fiesta siguió durante muchos años y la impunidad por siempre.

Jordi Pujol ya practicaba lo de salir al balcón de la Generalitat para proclamar que España iba contra ellos, el rey le reía las gracias y en España se pactaba con CiU para sacar adelante la investidura de presidentes. González y Aznar saben lo que es estar en La Moncloa gracias al *molt honorable*. Entretanto, fueron pasando los años con los dineros ocultos en el extranjero y con varios personajes de esta fiesta, que tiene tramas y subtramas. Sigamos con la historia, porque más de algún dato les sorprenderá. Partiendo de que en los años ochenta Pujol se libró y la justicia quedó en cueros. Jordi fue incluido en la querella presentada por la Fiscalía General del Estado, dirigida por Carlos Jiménez Villarejo, contra los exdirectivos de Banca Catalana. En 1984, un juez le tomó declaración, pero en su residencia oficial, no vaya a ser que en el camino se perdiera y se fuera a Andorra, ante los fiscales Jiménez Villarejo y José María Mena. Entre los abogados defensores de Jordi Pujol estaba Joan Piqué Vidal. Quédense con este nombre.

Mena y Carlos Jiménez Villarejo pidieron procesar a Pujol por apropiación indebida, falsedad en documento público y mercantil y maquinación para alterar el precio de las cosas. En 1986, el año en el que todo el mundo vio a Maradona meter el gol con la mano, en España la Audiencia de Barcelona decidió que a Pujol no se le procesaba porque no había indicios racionales de criminalidad en su actuación como vicepresidente ejecutivo de Banca Catalana. Hubo más, porque siguió la instrucción para el resto de los acusados, pero en 1990, miren si había llovido, se decretó el sobreseimiento definitivo del sumario, aun reconociendo que pudo haber una gestión desastrosa. Digamos que desastre no, porque lo que hubo fue saqueo. Es curioso cómo en 1984 le toman declaración a Jordi Pujol y en 2014 estalló el escándalo de los Pujol, abriendo informativos y con algunos haciéndose los sorprendidos con la fortuna que escondía en Andorra. ¡Treinta años después! Con todo lo que Jordi había hecho y deshecho en la política de Cataluña y de toda España. Tuvo cómplices, claro. Que también siguen impunes. Al menos por mirar hacia otro lado. Tuvimos que ver como el *molt honorable* dijo que, durante treinta y cuatro años, mantuvo una fortuna oculta en paraísos fiscales y el origen estaba en la herencia de su padre, ya muerto. La familia se enriqueció, entre otras cosas, con el banco que llevó a la bancarrota y a la ruina a miles de familias catalanas. Aquello que les quedó impune, sí.

De cómo los Pujol se siguieron lucrando se ha escrito mucho, porque hubo tiempo para la corrupción entre sus hijos. La matriarca, Marta Ferrusola, decía que movían «misales» para referirse en clave al dinero. El clan siguió, sí, pero quedémonos con algo de la trama judicial, que es un torpedo en la línea de flotación de los que sostienen que la justicia no está politizada en España. Ya les decía que retuvieran el nombre del abogado Joan Piqué Vidal, el letrado que asistió al *president* en el «caso Banca Catalana». Hablamos de otro gran corrupto al que se ha permitido campar a sus anchas. Nacido incluso antes de la Guerra Civil, fundador de un bufete con más de 40 abogados, Piqué Vidal desarrolló una auténtica actividad criminal. Tras su cara de cínico se esconde quien ha podido presumir de la defensa de Jordi Pujol en el «caso Banca Catalana» y, después, entre otras cosas, extorsionaba a empresarios, pidiéndoles grandes sumas de dinero.

Piqué se compinchó con otro corrupto, un juez. Sí, un magistrado corrupto que nos lleva incluso un paso más allá: hablamos de Lluís Pascual Estevill, juez de actividad corrupta que llegó a ser elegido vocal del Consejo General del Poder Judicial en España, a propuesta del partido de Pujol, en tiempos del Gobierno de Felipe González. Según su trayectoria, Estevill fue pastor de cabras y cuentan que, a los diecinueve años, todavía leía y escribía con dificultad. Intentó ser procurador en las Cortes franquistas. Llegó a la carrera judicial por el turno reservado a los considerados «juristas de reconocido prestigio» y sus allegados fueron viendo cómo mostraba una vida ostentosa. Detrás teníamos que extorsionaba a acusados. Eso corría como la pólvora en Cataluña, igual que el dinero por sus cuentas, pero ahí seguía. Brillaba en esos años de pujolismo y en pleno ocaso del felipismo. Con Joan Piqué Vidal, colocado como vocal del CGPJ a propuesta de CiU, alguien debió de pensar que encajaba en el puesto como un fardo de billetes en una bolsa rumbo a Andorra.

Así pues, tenemos la historia de Pascual Estevill, juez de moda, y de Joan Piqué Vidal, abogado de Pujol en Banca Catalana. Corruptos conchabados que se repartían el dinero. El juez Estevill y el abogado Piqué Vidal cobraban grandes sumas de dinero prometiendo que sería a cambio de evitar penas de prisión, entre otras andanzas corruptas. El magistrado decía a sus víctimas, con la amenaza de estar al borde de la cárcel, que contrataran a Piqué para evitarlo. Muchos entraban en el juego. Hubo empresarios que pasaron por caja. En ámbitos de poder catalanes se sabía a quién había que recurrir para evitar el talego. Hasta el punto de que un tribunal que juzgó a la pareja llegó a reconocer que «ante rumor de tamaña magnitud y tan ingente gravedad, debieron movilizarse con toda premura e intensidad los poderes públicos, lo que infortunadamente no sucedió». Qué mala suerte. ¿Por qué sería?

Es más, el letrado Piqué Vidal llegó a afirmar en el juicio que la actuación del juez Estevill «la sabía toda Barcelona». Aun así, fue elegido vocal del Poder Judicial español. Quedó probado el pago de 115 millones de pesetas para evitar que la actuación de Estevill pudiera perjudicar a Alfonso Escámez, presidente del Banco Central. Hubo otras ocasiones en las que el juez cobraba a razón de 75 millones de pesetas y se ingresaban en una cuenta en Suiza. La «provincia» más patriótica de España, para algunos, que no falte en esta historia. Para completar el manual de la podredumbre, quedó probado que el juez corrupto también logró que su hija fuera enchufada para trabajar en la Banca March a cambio de mejorar la situación procesal del director para Europa de Carrefour, al que estaba investigando. La hija fue colocada en la asesoría jurídica... Traía buen antepasado. Por caja pasaba todo tipo de casos, como los hermanos propietarios de la empresa Nutrexpa, una de las mayores fortunas de Cataluña, la del Colacao y los Phoskitos.

En estas prácticas corruptas, que siguieron durante tanto tiempo, como contaré más adelante, un empresario, expresidente de una cementera llegó a describir así la trama: «El que mordía era el juez Pascual Estevill, pero quien llevaba la cadena del perro y le soltaba cuando quería era Piqué Vidal». Y no lo soltaba para mear, sino para mearse en la justicia. Este hombre de negocios que hizo este relato no pagó los 50 millones que el exabogado de Pujol le pidió y terminó entre rejas por no aceptar el chantaje. Según este relato, en esta historia de amos y perros, el abogado y el juez aparecen en escena, pero ojo que por encima hubo un poder político relacionado. Uno no llega a ser miembro del Consejo General del Poder Judicial de cualquier forma, como ocurrió en el caso de Estevill. Ni a ser el abogado de Pujol, de Josep Lluís Núñez (expresidente del Barça), del empresario también corrupto Javier de la Rosa, sin haber sido, como era el caso, el letrado de cabecera de los poderosos.

El juez Lluís Pascual Estevill admitió ante la justicia que había extorsionado y que para ello había contado con la inestimable colaboración de Joan Piqué Vidal. Todavía con las condenas y con los beneficios penitenciarios, porque la cárcel no es igual para todos, Piqué Vidal, ferviente católico, compareció en el Parlament de Cataluña y pidió confianza en la justicia «porque, si no, no tendremos país». Fue tras estallar el caso de los millones de Jordi Pujol en Andorra. Estevill afirmó que, para él, Pujol «ha sido un gran *president* durante muchos años». Para que veamos la catadura de quienes pueden tener en sus manos administrar justicia, *El Triangle* publicó que Piqué Vidal tenía a magistrados viviendo de alquiler en pisos de su propiedad. Pagaban alquileres ridículos y eran jueces que intervinieron en asuntos judiciales de gran calado en los que Joan Piqué Vidal era parte. Su exsecretario, Antoni Piñol, reveló cómo Piqué sobornó al abogado que llevaba la acusación popular tras el accidente de la central nuclear de Vandellós. Cheques de 20 y 50 millones de pesetas. Y retiró de su escrito de acusación a dos altos directivos de Fecsa, representados por el bufete de Piqué Vidal.

La corrupción podía llegar a lo más peligroso si había dinero. La Policía registró el despacho del penalista Piqué por orden de la Audiencia Nacional. Se trataba de una operación policial en la que se incautaron de dos toneladas de cocaína y 16 millones de euros. El fiscal pedía nueve años de prisión. Más de diez años después, el juicio se ventiló rápido. Piqué Vidal reconoció los hechos de la acusación, pero la pena se había reducido a un año de cárcel. Había ocho años de rebaja. Vidal se declaraba culpable de blanquear dinero para el cártel de Sinaloa, pero le caía esa condena una década después. Ya ven que jugaba fuerte, con lo más peligroso del crimen organizado internacional. Viendo el transcurrir de la justicia en España, se le fue quedando pequeño nuestro país.

Esto último fue una condena y un escándalo más que añadir al currículum. Otro tanto puede decirse del cómplice que llegó a vocal del CGPJ. Estevill presumía en 1993 de que en España solo había tres jueces que supieran instruir: «Garzón, Moreiras y yo». Un año después, un empresario llevó ante el fiscal jefe de Cataluña, Carlos Jiménez Villarejo, información sobre los chantajes de Pascual Estevill y Piqué. Ese mismo año fue cuando CiU lo colocó como magistrado vocal del Consejo General del Poder Judicial. Al año siguiente se archivaron dos querellas por prevaricación contra él. Aún hubo que esperar hasta 1996, cuando fue condenado por prevaricación continuada y detención ilegal. La condena fue de seis años de inhabilitación. Hay que esperar hasta 2005 para que el Tribunal Superior de Justicia de Cataluña condenara a nueve años de prisión por un delito de cohecho continuado al exvocal del Consejo General del Poder Judicial, Lluís Pascual Estevill, y a siete años de cárcel por el mismo delito al abogado penalista Joan Piqué Vidal. La sentencia consideraba que «urdieron» un «insidioso plan» para «extorsionar» a empresarios que el juez investigaba y a los que el letrado defendía.

Se habló del «clan de los mentirosos». Cohecho, extorsión, prevaricación, detenciones ilegales... Además de los nueve años de cárcel, a Estevill le impusieron una multa de 1,8 millones de euros y a Piqué de un millón. Era como resarcimiento de daños a los extorsionados, y la sentencia disponía también que el Estado era responsable solidario por los importes que se ordenaba pagar. Esto después del reproche por los años de impunidad para el clan. En 2001, otro juicio había terminado con una condena a siete años de cárcel por un delito fiscal para Estevill, pero los años transcurridos para las condenas por las extorsiones eran tan escandalosos como sus vínculos con el poder. Eso sí, entre esos poderosos, Jordi Pujol seguía impune. Aún había tenido tiempo de preguntar abiertamente en televisión «¿Qué coño es eso de la UDEF?», refiriéndose a la unidad policial que lucha contra delitos como el fraude y, en definitiva, la corrupción.

Cuando aún no se habían cumplido tres meses desde su entrada en la cárcel, el abogado Joan Piqué Vidal pisó la calle. Empezó a beneficiarse del permiso de salida de la prisión de lunes a viernes para colaborar con Cáritas. Servicios Penitenciarios, dependiente de la Generalitat, decidió que se acogiera a una medida excepcional echando mano del artículo 100.2 del reglamento penitenciario. Lo contó la prensa y hubo revuelo. Pasó el tiempo y el Tribunal Superior de Justicia de Cataluña confirmó la decisión del Juzgado de Vigilancia Penitenciaria de revocar el tercer grado que le concedió el Departamento de Justicia de Cataluña. En 2009, la Generalitat de Cataluña concedió el tercer grado al juez Lluís Pascual Estevill, que ya solo tenía que ir a la cárcel a dormir, y Piqué Vidal salió en libertad condicional. El auto decía que «consta un pronóstico individualizado y favorable de reinserción social del interno», que antes disfrutó durante un tiempo del régimen abierto, con lo que también acudía solo a dormir al Centro Penitenciario de Barcelona.

De su «reinserción» dieron prueba cuando comparecieron en la comisión de investigación del Parlament sobre fraude y corrupción política. Estevill dejó clara su alta valoración sobre Jordi Pujol, y sobre cómo llegó a vocal del Poder Judicial español, contó que se lo propuso otro magistrado, Juan Poch Serrat, también condenado después por corrupto. Dios los cría... Negó haber sido propuesto por CiU a cambio de no imputar, entre otros, al exsecretario general de CDC, Miquel Roca, «por asuntos turbios». Ya saben, Roca, a la postre elegido por la familia real para ser el abogado de la infanta, que evitó que la hija del rey entrara en prisión. De Roca cuentan fuentes muy cercanas al juez José Castro que intentó hacerle un montaje a este magistrado ejemplar para apartarlo de la causa, entre otras lindezas. Luego contaré. Me quedo ahora con lo que dijo el exvocal del Poder Judicial al preguntarle si tenía fondos en el extranjero: «Ahora, no». Y como llegó se fue. Igual que el dinero allende nuestras fronteras.

El «reinsertado» Piqué Vidal se puso a dar lecciones en el Parlament como si no estuviera condenado por corrupto. Justificó que el expresidente Pujol tuviera un «rinconcito» de dinero en el extranjero, dijo que se creía que era una herencia de su padre y que esa fortuna «ya estaba allí, no la llevó Jordi Pujol». El padre Pujol y el hijo estaban al frente de Banca Catalana, pero el abogado corrupto afirmó sin cortarse un pelo que en eso «no había nada de nada», que no fueron condenados; pero, ojo, porque reconoció que la mayoría de los jueces que exculparon a Pujol no leyeron ni el sumario. Justicia peculiar para gente que delinquió de forma terrible. Encaja perfectamente en una película de la mafia.

Lluís Pascual Estevill se convirtió en un habitual del listado de grandes deudores con Hacienda que hace público la Agencia Tributaria. Pagos pendientes de más de tres millones de euros. Con todo y con eso, ¿siguió el clan? En septiembre de 2015 dos sicarios entraron en el despacho del «Madoff catalán», Antoni Mas, investigado por estafa piramidal millonaria. A Antoni le amenazaron enseñándole fotos de su familia, entre otras lindezas, y le dijeron que cumplían órdenes de quienes los contrataban. El fiscal indicó que Lluís Pascual Franquesa, hijo del exjuez Lluís Pascual Estevill, administraba una sociedad que concedió un préstamo participativo de más de 26 millones de euros al «Madoff catalán» y «con el fin de cobrar una cantidad superior a la suma prestada (debido a los intereses)», «generaron un clima intimidatorio al señor Mas y a su familia»... Dos colombianos entraron y dijeron: «Hemos sido contratados para cobrar la deuda que usted tenía y venimos a cobrarla». Otro procesado de nacionalidad chilena envió por correo desde Castellón cartas a los familiares. Hubo mensajes como: «Si muere de un infarto don Antonio, por cierto, tenemos su historial clínico, que por cierto le duele un poco el corazón, la deuda no muere con él...».

TRAJE A MEDIDA

¿Cómo se indulta a un banquero poderoso y se intimida a los periodistas? A los poderosos nos les gusta que haya periodistas que se atrevan a contar sus andanzas. Solo si es para dorarles la píldora. Lo mismo ocurre en los medios, si el poder levanta el teléfono. Puede cundir el nerviosismo y rodar cabezas si el jefe no te protege y hace su trabajo. Apuntaré el ejemplo de un gran periodista, Fèlix Martínez, que logró la noticia de que el Tribunal Supremo estaba investigando al juez todopoderoso Lluís Pascual Estevill, y, junto a otro profesional, Jordi Oliveres, decidieron publicarlo. Salió a la luz en vísperas de Navidades. Pascual Estevill decidió ponerles una querella para amedrentarlos. Era entonces nada menos que un magistrado del Consejo General del Poder Judicial. Después se confirmó oficialmente que se trataba de un juez corrupto. También perdió esa querella porque toda la información era rigurosa. Quiso asustar a los informadores, que se pueden encontrar con este tipo de contratiempos si deciden tocar a los «intocables». Hoy, el periodista Fèlix Martínez está muerto. Falleció de cáncer, pero dejó perlas informativas como la siguiente, que continuaba tirando del hilo sobre las andanzas de un juez corrompido que puede llegar al órgano de dirección de los jueces en España por decisión política. La crónica iba desde el magistrado corrupto hasta la condena al banquero mejor pagado de España, indultado por el Gobierno socialista de Zapatero y que también contó con modificación legal por parte del Ejecutivo de Rajoy para beneficiar al fuerte del Banco Santander: Alfredo Sáenz.

La información de Félix en *eldiario.es* era muy clara y concisa sobre el exjefe de Banesto: «Alfredo Sáenz fue condenado por interponer una denuncia falsa para cobrar una deuda. La sentencia considera que recurrió a la mayor red de corrupción judicial registrada en España para atemorizar a algunos de los clientes que debían dinero al banco. La denuncia permitió al juez Pascual Estevill encarcelar a varios empresarios. Zapatero indultó a Sáenz en su último Consejo de Ministros. La condena le impedía, hasta la reforma que acaba de aprobar el PP, ejercer como ejecutivo bancario».

¿Por qué llegó el indulto de Alfredo Sáenz? Fèlix Martínez lo contó. Primero hay que conocer la condena. Sáenz fue presidente de Banesto tras el mandato de Mario Conde, que, recuerden, dejó tras de sí la intervención y el rescate de la entidad: el agujero patrimonial era de al menos 300.000 millones de pesetas. En esos tiempos, Banesto quiso recuperar dinero de unos empresarios que tenían una cuantiosa deuda. Para que se hagan una idea, una de las empresas de la órbita del grupo de Olabarría y los Romero, Harry Walker, había suspendido pagos dejando a deber a Banesto más de 600 millones de pesetas. En 1994, se utilizaron datos falsos contra los empresarios a los que se quería poner contra las cuerdas para recuperar los millones. El encargo se hizo a la red de corrupción que dirigían en Barcelona el juez Estevill y el abogado Piqué Vidal. Los empresarios a los que el banco quería cobrar fueron encarcelados injustamente.

La Fiscalía Anticorrupción, que desarticuló la trama corrupta y mentirosa de Estevill y de Piqué, se personó como acusación contra Alfredo Sáenz y sus subordinados del banco en Barcelona, que habían sido los encargados de presentar la denuncia falsa contra el grupo de Olabarría y los hermanos Romero. En este procedimiento, el representante de la Fiscalía Anticorrupción fue otro fallecido, que murió muy joven, del que luego hablaré, David Martínez Madero. En el juicio, varios testigos declararon que Banesto contaba con que la instrucción de la querella falsa cayera en manos del juez Estevill para amedrentar al grupo de empresarios. Pascual Estevill envió a prisión a Pedro Olabarría, Luis Fernando Romero y Modesto González e, incluso, le puso a la cosa su sello particular: cambió la condición de uno de los empresarios, Lorenzo Rosal, de testigo a imputado para sacarle 25 millones de pesetas en concepto de soborno para que no acabara entre rejas.

Fue importante la labor del joven fiscal ya fallecido David Martínez Madero, que se personó en la causa tras la denuncia de los empresarios. En 2009, quince años después, llegó la condena de la Audiencia de Barcelona. Condenó a seis meses y un día de prisión e inhabilitación a tres altos directivos de Banesto, incluido su ya expresidente, Alfredo Sáenz, por un delito de acusación y denuncia falsa «concurriendo la circunstancia atenuante muy cualificada de dilaciones indebidas». Y tanto que se dilató. Y encima fue atenuante. El banquero recurrió la sentencia ante el Supremo y el alto tribunal rebajó la condena de cárcel a tres meses (no llegó a entrar en prisión), pero mantuvo la inhabilitación. Quedémonos con esta circunstancia, porque la ley española no permitía al banquero, ya mano derecha de Emilio

Botín en el Santander, seguir ejerciendo como alto cargo bancario con antecedentes penales. Ambos fallos consideraban que los principales instigadores de la denuncia falsa contra el grupo de Olabarría fueron el entonces director general de Banesto para Cataluña, Miguel Ángel Calama, y el abogado del banco, Rafael Jiménez de Parga, amigo del juez Pascual Estevill, y que el papel de Sáenz fue fundamental al autorizar la operación.

«Banesto, presidido por Alfredo Sáenz, impulsó la recuperación de los créditos dificultados en enero de 1994. La estrategia fue presentar una querella contra los empresarios mencionados como medida de presión para el cobro de las deudas. En 1994, Jiménez de Parga presentó la denuncia por estafa y alzamiento de bienes en el juzgado y aseguraba que los cuatro empresarios denunciados se comprometieron a responder personalmente de las posibles insolvencias que se fueran produciendo y les acusaba de hacer desaparecer más de 700 millones de pesetas que pasaron al patrimonio personal de los querellados. Alfredo Sáenz, Miguel Ángel Calama y Jiménez de Parga tenían conocimiento de que los hechos imputados no eran ciertos. La demanda recayó en el Juzgado de Instrucción número 10 de Barcelona, cuyo titular se fue de vacaciones a los pocos días. Por ello, se hizo cargo del mismo el exjuez Lluís Pascual Estevill, entonces en la cresta de la ola por encarcelar empresarios. Estevill admitió a trámite la querella, citó a los acusados y ese mismo día dictó orden de prisión contra ellos. Una semana más tarde dictó un auto de responsabilidad civil embargando bienes por 750 millones de pesetas. Por estos hechos, el Tribunal Supremo, en 1996, condenó a Pascual Estevill como autor de un delito continuado de prevaricación, en concurso ideal con dos delitos de detención ilegal», recuerda la Audiencia. El juez corrupto Estevill, al cambiar la situación del empresario Lorenzo Rosal de testigos a imputado, logró que reuniera los 25 millones de pesetas para no ir a la cárcel. Una bolsa de El Corte Inglés fue entregada a un correo del magistrado en un *parking* de la zona alta de Barcelona.

El gran banquero perdió en el Supremo, porque la inhabilitación debía costarle el puesto en el Santander, pero Alfredo Sáenz emprendió la vía directa. De la justicia fue al Gobierno. En otro país sería un bochorno tener al jefe de un banco condenado. Aquí, el Gobierno le defendió. Primero, Sáenz siguió como consejero delegado de la entidad de Emilio Botín dos años más, a pesar de sus antecedentes penales. La Audiencia Provincial de Barcelona había inscrito su nombre en el registro de condenados. Siguió en el puesto, y no es cualquier cosa. Con un país sumido en rescates bancarios, ayudas millonarias al sistema financiero o desahucios, ahí seguía condenado en su poltrona el banquero mejor pagado de España y uno de los que más cobraban del mundo. En 2011 cobró 11,6 millones de euros. ¿Y qué hizo el Gobierno de Rodríguez Zapatero? Pues, habiendo perdido ya las elecciones generales, en el último Consejo de Ministros del Ejecutivo progresista, en funciones, aprobó el indulto al banquero del Santander. José Luis Rodríguez Zapatero respondió al ser preguntado en la radio lo siguiente: «Se entendió que era razonable y punto».

¿Y punto? Muy progresista, sin duda. Junto a Sáenz, el Gobierno del PSOE también indultó a los otros dos condenados en la causa, el antiguo director de Banesto en Cataluña, Miguel Ángel Calama, y el abogado Rafael Jiménez de Parga, condenados a la misma pena. El indulto contó con el informe favorable de la Fiscalía, que suele estar vinculada al Gobierno de turno, y desfavorable por parte del Tribunal Supremo. El Banco Santander publicó una nota de prensa en la que manifestaba su «satisfacción tras conocer la decisión del Consejo de ministros de conceder el indulto a Alfredo Sáenz». La Asociación Española de Banca lo consideró «un acierto».

Tras el indulto a Sáenz, también le preguntaron a Rodríguez Zapatero si había alguna deuda pendiente con Emilio Botín. Respondió que no y que no había nada más que explicar. Lo cierto es que hay partidos políticos que, entre otras cosas, disfrutaban de millonarias condonaciones de deudas por parte de la banca. El Banco Santander es una de las entidades que ha condonado deudas de ese tipo a las formaciones políticas. No se puede saber con precisión por la opacidad que hay sobre estos asuntos, lo que añade mayor falta de transparencia y equidad, pero existen informes del Tribunal de Cuentas, que recoge la Fundación Civio, que cifraban en unos 60 millones de euros cada una las deudas de PSOE y PP con la banca en 2007, año en el que estalló la crisis bancaria y financiera. En 2006 se supo que el Santander condonó al Partido Socialista una deuda de 12 millones de euros, según informó el diario *El Confidencial.*

Hay más. En 2017, el gobernador del Banco de España, Luis María Linde, compareció a puerta cerrada en el Senado y reconoció que la opacidad en los acuerdos de financiación entre la banca y los partidos políticos. Reveló que no llegaban al Banco de España. El gobernador argumentó que la ley no especificaba quién debía remitir la documentación a esa institución y al Tribunal de Cuentas. La norma decía que «de tales acuerdos se dará cuenta al Tribunal de Cuentas y al Banco de España», sin concretar quién debía informar. Las condonaciones a partidos políticos se prohibieron a partir de 2015, cuando en algunos medios se hablaba más de escándalos de corrupción. Las quitas de la banca a los partidos han sido una constante. La falta de nitidez sobre lo ocurrido, también. Más sangrante es saber que decenas de miles de millones de euros han ido a parar desde el Estado a las entidades financieras tras el estallido de la burbuja. Nos dijeron que los recuperaríamos, pero no ha sido así.

Claro que, en la historia de los trajes a medida del banquero Alfredo Sáenz, no crean que el bochorno había terminado. Nos habíamos quedado en que Zapatero dejaba la Presidencia del Gobierno con esta guinda en mitad de una crisis de gran paro y deudas. Pues bien, llegó el PP de Mariano Rajoy y Sáenz debía dejar el Santander y su suculento sueldo de millones de euros. ¿Qué hizo Rajoy como una de sus primeras medidas? Ponerse a arreglar lo del *compi* de Emilio Botín. ¿Por qué, si ya estaba indultado? Pues porque el Tribunal Supremo sentenció que el Gobierno socialista se había «extralimitado». Podía indultarlo, pero no borrar sus antecedentes penales. Estos obligaban al banquero a dejar el cargo por ley. ¿Y qué hacer si las leyes para todos se cruzan en nuestro camino? Se cambian a la medida del banquero. Estos son mis principios, pero puedo tener otros. El Gobierno de Rajoy cambió la ley y se quedó tan ancho. Un Consejo de Ministros del nuevo Gobierno del Partido Popular aprobó un Real Decreto para que los antecedentes penales no supusieran expulsar directamente a los altos cargos de la banca. Y circulen.

Por cierto, uno puede plantearse si, a veces, hay luchas de David contra Goliat. Antes hablaba de periodistas que hacen su trabajo y son amenazados. Quizá sea justo también dedicar un espacio al fiscal anticorrupción que la emprendió contra el «clan de los mentirosos». El último juicio que celebró David Martínez Madero como fiscal acabó con la condena de Alfredo Sáenz. David Martínez, del que sus compañeros decían que «no era de ningún bando», murió en un viaje al extranjero. Corrió la noticia de que sufrió un infarto cuando volvía de Singapur, donde había participado en la reunión de la Academia Internacional contra la Corrupción. Cosas de la vida, David había ido en representación de la Oficina Antifraude de Cataluña. Había dejado ya de ser fiscal y ocupaba esa dirección.

David Martínez Madero terminó viviendo con amenazas, con protección policial y con una trayectoria que no gustaba a los «malos». Hay constancia de conversaciones del clan Villarejo para apartarlo. Investigó tramas corruptas en Cataluña, criticó abiertamente la lentitud con la que se instruía el «caso Millet», previamente llevó la investigación de las subvenciones del lino, logró tres años de cárcel para Javier de la Rosa por la descapitalización de Grand Tibidabo, estuvo tras la condena al banquero Sáenz, fue fiscal y también consultor para la ONU, la OCDE y la Comisión Europea, en relación con la prevención y el control de la corrupción; colaboró en el proceso de adhesión de Rumania a la Unión Europea sufriendo las amenazas de las mafias rusas. También por otras tramas a las que no se llama mafia, pero que están en España.

VILLAREJO (en una grabación interceptada): Ya deslizaremos en la nota que Madero percibe 7.000 euros todos los meses y que se le pagan de tal manera. Eso se monta. Y luego el otro que se explique. Hay que pagarle con la misma moneda…

Se sabe que planearon destruir a David Martínez Madero, que murió en una escala en el aeropuerto de Milán. Una vida agitada, con amenazas y estrés. Que también tenía enemigos muy poderosos se puede asegurar. Que dejó en su haber importantes condenas y persecuciones a corruptos, ahí está. Que comparar a Martínez Madero con el sucesor que pusieron en su cargo clama el cielo, también. Después de él, nombraron a Daniel de Alfonso, que pasó a la posteridad por esa conversación con Jorge Fernández Díaz con la mítica frase del ministro del Interior: «La Fiscalía te lo afina».

Te lo afinan

Conversación para ilustrar la intromisión política en la justicia entre un ministro del Interior y el director de una Oficina Antifraude, poniendo de manifiesto los manejos con la Fiscalía. Jorge Fernández Díaz quería investigaciones sobre líderes independentistas en los medios. Daniel de Alfonso reconocía que no tenía nada sólido.

De Alfonso: Es que ahora no lo tengo cerrado, ni asignado...

Fernández Díaz: Esto la Fiscalía te lo afina, hacemos una gestión...

De Alfonso: Si la Fiscalía me dice, oye lo he leído, yo entonces cierro los informes, los tengo hechos ya... En tres semanas...

Fernández Díaz: Es un torpedo bajo la línea de flotación, eso te lo aseguro, en estos momentos... pero, que sea la semana que viene.

Puede ocurrir que muere un joven jurista como David Martínez Madero y ponen a llevar la Oficina Antifraude a alguien que paraliza investigaciones, baja a las cloacas y cobra muy bien por ello. Este Daniel «el Travieso» supuestamente iba a seguir persiguiendo a los corruptos, pero percibió más de 300.000 euros sin amparo legal, según la Sindicatura de Cuentas, antes de ser destituido tras filtrarse esas conversaciones con el entonces ministro del Interior, Fernández Díaz, investigado por tramas parapoliciales. Eran manejos, no para perseguir a los corruptos, sino para protegerlos. Y «eso te lo afinan».

Con un malestar socioeconómico y un auge del independentismo en Cataluña, el viejo partido de Pujol disputaba la carrera con ERC y la CUP, pero estalló lo de Pujol en Andorra. Las relaciones de CiU con los partidos de gobierno en España se habían enturbiado con el acelerón independentista; los nacionalistas catalanes «más *indepes*» que nunca y, al mismo tiempo, las investigaciones de corrupción sobre el antiguo partido de Pujol aparecían en los medios como si fueran cosa que surgiera entonces y no larvada y permitida durante años. En la Oficina Antifraude pasó a hablarse de actuar contra los nacionalistas, incluso dañando el sistema sanitario catalán, si era preciso. Así se desprende de las conversaciones entre Fernández Díaz y Daniel de Alfonso. Uno terminó pringado en operaciones parapoliciales varias, movimientos de cloaca para defender intereses, mientras presumía de creencias católicas. Con el otro, el informe de la Sindicatura de Cuentas de la Generalitat reflejó infracciones de las que se le consideraba el máximo responsable: en 2015, el magistrado percibió cerca de 70.000 euros de forma irregular, autorizó el pago de «complementos» al personal de la oficina por 281.000 euros, sus altos cargos no formularon «ninguna declaración de actividades ni la declaración patrimonial y de intereses», pagó menos impuestos de los debidos…

Las relaciones Madrid-CiU se habían torcido y tocaba la guerra sucia. A Pujol no le afectó tanto porque siguió sin pisar la cárcel, pero las relaciones entraron en escalada de agravios, con proceso independentista incluido, por el que luego el Gobierno PSOE-Podemos concedió indultos a sus dirigentes. Otras veces, en otros tiempos, indultar a nacionalistas de Cataluña se hacía hasta con condenas de corrupción. Ocurrió, por ejemplo, cuando las relaciones con un Gobierno del PP eran más cálidas. Siendo ministro de Justicia Alberto Ruiz-Gallardón, fueron indultados Josep Maria Servitje, exsecretario general del Departamento de Trabajo de la Generalitat, y el empresario Víctor Manuel Lorenzo Acuña, empresario. Los dos eran militantes de Unió Democrática de Catalunya, el partido de Josep Antoni Duran i Lleida. Ambos habían sido condenados en el «caso Treball» a cuatro años y medio y dos años de prisión, respectivamente. La Audiencia de Barcelona condenó a Servitje por desviar fondos cuando gobernaba CiU mediante la adjudicación de estudios falsos. Las empresas Gestumer y Socesca, propiedad de Víctor Manuel Lorenzo Acuña, fueron las adjudicatarias de los informes, que además no se trataban más que de copias de publicaciones anteriores. Se cumplió algún elemento más que es habitual en estos procesos. El fiscal Rodríguez Rey explicó que los procesados trataron de «cargar el muerto a los muertos», pues responsabilizaron del encargo de los estudios y del desvío de fondos a un exalto cargo del Departamento y a un empresario de UDC ya fallecidos. Muy valientes. Tras la condena, también recurrieron al Supremo, pero el alto tribunal rechazó el recurso de casación presentado por ambos y terminaron echando mano del indulto. Y esa mano se la echaron desde el Gobierno de Rajoy.

Mucho se habla de enfrentamientos entre partidos nacionalistas catalanes y los que han ocupado el Gobierno central, pero, cuando interesa, conviene. El Ejecutivo de Mariano Rajoy también indultó a cinco *mossos d'Esquadra* condenados en diciembre de 2009 por torturas. Según la sentencia, los agentes Manuel Farré Muñoz, Joan Salva Páez, Jordi Perisse Blanco, Fernando Cea López y Alejandro García Avilés detuvieron en 2006 a un ciudadano rumano, Lucian Paduraru, al que confundieron con el autor de un robo violento en un piso. En el momento del arresto iba acompañado de su mujer, que estaba embarazada y también recibió un trato degradante. A Lucian le metieron una pistola en la boca, le dieron «reiterados golpes y puñetazos por todo el cuerpo» y le pisaron la cabeza contra el asfalto. Ninguno llegó a entrar en la cárcel, porque la condena estaba suspendida hasta que se resolviera el indulto, que se resolvió favorablemente para ellos. Hay más. El Gobierno de José María Aznar indultó a dieciséis miembros de Terra Lliure en 1996, al igual que su antecesor, el socialista Felipe González, que indultó a dos condenados de ese mismo grupo. González inició los trámites de los otros dieciséis. El ministro de Justicia del Gobierno socialista, Juan Alberto Belloch, había anunciado el indulto a dieciocho miembros de la organización, pero por un error en los expedientes solo se concedieron un par de ellos. Con Aznar se completó.

Es llamativo detenerse en los casos de corruptos. Si hablamos de delitos de corrupción, el Gobierno de Zapatero también indultó a Joan Campolier, de CiU, condenado por prevaricar al conceder la construcción de un pabellón a un amigo suyo. La condena era de ocho años y siete meses de inhabilitación especial para empleo o cargo público. Campolier es otro que recurrió la sentencia sin abandonar su cargo. Hablamos del exalcalde de Santa Susanna, provincia de Barcelona. De nuevo, otro episodio en el que los tribunales no le dieron la razón ni siquiera recurriendo, pero el Gobierno socialista le concedió un indulto parcial. En 2011 volvió a presentarse como candidato.

El Consejo de Europa y el Grupo de Lucha contra la Corrupción también han señalado a España por estas prácticas, donde destacan perdones lamentables. E indultarles no es la única fórmula para que se libren. En este caso es lamentable que sea el propio poder político el que perdone los abusos de los poderosos. Todo queda en casa, que diría el otro. Genera agravios comparativos y es, sin duda, polémico. El rey lo concede, pero ajustándose a la iniciativa del Consejo de Ministros. Esto es, del Gobierno de turno, que impulsa el procedimiento de indultar. Con una ley de 1870 se ha ido indultando a delincuentes de forma sucesiva. Sí, delincuentes, porque tienen condenas por ello, por delinquir. Han cometido algún delito, fueron condenados, pero en su caso no cumplirán las condenas. Está contemplado en la ley, pero hay casos muy controvertidos. Por cierto, para el indulto ni siquiera es imprescindible el arrepentimiento del condenado.

Es oportuno adentrarnos en la politización que supone indultar. Según el recuento de la Fundación Civio, ha habido 231 indultos a condenados por corrupción desde 1996. Y es que hablamos, en su mayoría, de condenados por malversación de dinero público y prevaricación. Y son solo una pequeña parte del total de más de 10.000 indultos concedidos desde ese año en España. El Gobierno de Aznar se lleva la palma, aunque no deja de ser lamentable hacer un escalafón de esto, ya que durante los distintos Gobiernos ha habido casos polémicos.

Es fácil comprobar, otra vez, un juego de intereses entrelazados entre partidos. José María Aznar indultó a tres condenados por el «caso Filesa», la trama de financiación irregular del PSOE. Fue para el exdiputado socialista Carlos Navarro, condenado a once años de cárcel, y los exresponsables de Filesa Luis Oliveró y Alberto Flores, sentenciados a diez años. A los tres se les concedió un indulto parcial, ya que, a juicio del Ejecutivo, cumplían el requisito de un informe favorable del tribunal que les sentenció.

Claro que, hablando del Gobierno de Aznar, conviene que no se pierdan la siguiente historia, ahora que tanto se habla de la boda de su hija con tantos invitados que luego resultaron ser corruptos. Aún se puede ir más atrás. Atiendan. Hay orígenes que marcaban precedentes. Vayamos a los tiempos en los que José María Aznar logró salir del anonimato y ser elegido presidente de la Junta de Castilla y León. Fue gracias al voto de un político que también resultó ser corrupto y... gozó del indulto del propio Aznar cuando presidió después el Gobierno de España. Qué cosas. Algunos dirán: «de aquellos polvos...». En 1987, el único parlamentario regional del partido Solución Independiente de José María Peña fue clave para que José María Aznar lograra la investidura. Aznar, candidato de Alianza Popular, había empatado en escaños con el candidato socialista, pero llegó a su primera presidencia, la de una comunidad autónoma, su gran trampolín, con el voto de un procurador de Solución Independiente y la abstención del Centro Democrático y Social (CDS).

Vean que hablamos de un episodio que catapultó a quien llegó a ser el presidente con más poder del PP y uno de los más poderosos de España. Lo ocurrido no es baladí, porque tras alcanzar el mandato en Castilla y León, con Jose Mari ya se pusieron a trepar a más altas cotas en Alianza Popular. Enseguida le movieron la silla y le prepararon un finiquito a Antonio Hernández Mancha, por entonces líder de AP y sucesor de Fraga. Aunque iban a hacerle una especie de «Pablo Casado con Ayuso». Lo de Hernández Mancha fue breve liderando Alianza Popular. En un par de años, el joven José María Aznar ascendió hasta ser elegido, en 1989, candidato a la Presidencia del Gobierno de España y dimitió de su cargo en Castilla y León.

Ya en Madrid, Aznar aún tuvo que hacer oposición algunos años frente al socialismo de Felipe González, ver pactos del PSOE con los nacionalistas y hasta vivir el ocaso del felipismo. José María Aznar acuñó aquello del «Váyase, señor González», y en 1996 lo consiguió. En La Moncloa no solo hizo lo que él había criticado, que era pactar con el nacionalismo, sino que conocimos después casos muy graves de corrupción entre sus elegidos y su formación política. Y poca contundencia con los corruptos, en contra de lo que había prometido para llegar al poder: Aznar indultó al líder de ese partido que le había facilitado llegar a la presidencia autonómica castellano y leonesa, que fue su gran pistoletazo de salida.

El exalcalde de Burgos, José María Peña, que se pasó al PP, había sido condenado a doce años de inhabilitación por prevaricación en 1992. Peña estuvo implicado en el escándalo urbanístico del «caso de la construcción», en el que también aparecía el constructor Antonio Miguel Méndez Pozo, al que en Castilla y León conocen como «el Michel» o «el Jefe». No solo aquí. Méndez Pozo ha hecho también buenos negocios en Castilla-La Mancha. Unos cuantos pagados entre todos. Se las ha apañado para dedicarse a la construcción de obra pública o a la gestión de medios de comunicación tanto con el PP como con el PSOE. Sus críticos dicen que es un «cacique». Él se considera un emprendedor. Lo cierto es que se trata de un empresario muy poderoso y pasa por ser el primer constructor condenado por corrupción política en España.

El político, Peña, pudo llegar a presentarse a elecciones cuando ya estaba imputado, pero lo condenaron. Hasta que Aznar lo indultó con Ángel Acebes como ministro de Justicia. El Gobierno del PP le quitó dos tercios de la condena, con lo que pudo presentarse de nuevo a las urnas. Hablar de José María

Peña es hacerlo de alguien que fue elegido por primera vez alcalde de Burgos en 1979 y logró ser reelegido cuatro veces más bajo las siglas de UCD, AP, Solución Independiente y el Partido Popular, todas ellas por mayoría absoluta. Hacía buenas migas con Méndez Pozo. En Burgos dicen que llegó a mandar más el constructor que el alcalde, con gran diferencia. En la historia de España, el juicio del «caso de la construcción» merece ser recordado por sus grandes retrasos, los problemas de salud de Peña, que llegó a acudir a la sala del juicio en camilla; por la noticia de su infarto de miocardio, que Aznar declaró por escrito; por que las sesiones iban teniendo varios aplazamientos…

Al final, hubo condena y un indulto a José María Peña. Aznar le devolvió así el favor y Peña pudo volver a presentarse a unas elecciones. Años después, Luis Bárcenas, hombre con la llave de la caja en las finanzas del PP, contó que a José María Peña le pagaron 31.300.000 pesetas. Según el extesorero, él le entregaba el dinero en metálico a «Paco» (Francisco Álvarez Cascos, entonces secretario general del PP) para que se lo diera a «una tal Begoña» y ella «al tal Peña, alcalde de Burgos». Son declaraciones de Bárcenas en presencia del juez y de varios abogados bastantes años después. En época del trance para José María Peña, este presumía públicamente de que contaba con el apoyo del Partido Popular a nivel nacional: «El PP, por supuesto, me apoya y seguirá apoyándome, porque no puede hacer otra cosa».

Peña era de esos políticos que se sentían intocables. El periodista Pachi Larrosa, de *Diario 16,* osó preguntarle a Juan José Lucas, candidato autonómico del PP, por un futuro acuerdo con José María Peña, encausado por el «caso de la construcción». Según la denuncia del informador, Peña amenazó después así al periodista: «Hijo de puta, si yo no fuera alcalde, estarías en el río Arlanzón con la cabeza vuelta del revés». José María Peña fue multado por injurias. Hombre de carácter y malos modos, como ocurre con la mafia, José María Peña también fue condenado a dos días de arresto por una falta de lesiones tras herir a un turista en un altercado en la Plaza Mayor de Burgos. Un vecino de Illescas (Toledo) presentó la denuncia contra Peña por agresión e insultos.

En cuanto al constructor, Antonio Miguel Méndez Pozo, fue condenado a siete años y tres meses de cárcel, pero también tuvo sus beneficios penitenciarios y rápidamente. El empresario burgalés fue encarcelado en septiembre y le adjudicaron el tercer grado en junio, solo obligado a dormir en la cárcel y con permisos de fin de semana y vacaciones. No había acuerdo entre el equipo de tratamiento de la prisión burgalesa. Varios integrantes estuvieron en contra. «El Jefe» había conseguido numerosas licencias de obra ilegales que le costaron la pena de cárcel y siguió logrando adjudicaciones públicas después, haciéndose espectacularmente rico: infraestructuras como el nuevo Hospital de Burgos, colegios, residencias de ancianos, pisos de protección oficial o la televisión de Castilla y León, gestionada con dinero público y privado, y distintas emisoras y periódicos en esta comunidad y en Castilla-La Mancha. Triunfó rehaciendo su vida tras salir de la cárcel al frente de un amplio grupo de empresas. Sonado fue el proyecto del barrio del Gamonal, que en 2014 provocó las protestas vecinales. Ante el silencio de otros medios, programas de televisión como *Las mañanas de Cuatro* dieron voz a ciudadanos que se negaban a «tener que pagar ocho millones de euros al de siempre por una obra que mayoritariamente no queremos, pero luego nos dicen que, sin embargo, no hay 13.000 euros para arreglar la guardería». Ya ven que el poder está en el dinero y que el intercambio de intereses y favores afina lo que sea.

Ha ocurrido en España que haya indultos por corrupción por partida doble. Aquello de «si no quieres caldo, toma dos tazas». Juan Hormaechea, expresidente de Cantabria, es otro personaje peculiar. Fue condenado por malversación de caudales públicos e indultado en dos ocasiones por su gestión en un mandato, entre 1987-1990, al que accedió tras liderar las listas cántabras de Alianza Popular. El Gobierno socialista de Felipe González le indultó tras una primera sentencia que lo condenaba a seis años de cárcel. Fue el primer presidente autonómico condenado por delitos cometidos en el ejercicio de su cargo. La sentencia castigó el uso de fondos públicos para invertir en varios medios de comunicación, descalificando, además, a cuenta de los fondos regionales, las actividades de sus adversarios políticos.

El tribunal consideró los hechos un ejemplo de «esa cultura que utiliza los bienes públicos en beneficio de intereses privados», pero le indultaron. El indulto quedó anulado después de repetirse el juicio y ser ratificada la condena por el Supremo en 2004: pena de tres años de prisión. Según los hechos probados reproducidos por el Supremo, Hormaechea incurrió en un delito de prevaricación durante su primer gobierno al adjudicar concesiones públicas directamente y sin publicidad, y malversó dinero al pagar publicidad en prensa en la que insultaba a rivales políticos. Por segunda vez, en 2011, lo indultó un Gobierno del PSOE con Zapatero a la cabeza.

Indultar a condenados por corrupción ha ocurrido de norte a sur, porque pasó también en otras comunidades, como Andalucía. Es el caso del exalcalde del PP de Valle de Abdalajís (Málaga), Tomás Gómez Arrabal, condenado por 12 delitos continuados de prevaricación urbanística e indultado. En esta misma comunidad, a raíz de las licencias para que se construyera en primera línea de playa El Algarrobico, fue inhabilitado e indultado por Rodríguez Zapatero el exalcalde de Carboneras (Almería), Cristóbal Fernández, del PSOE, y su hermana, María del Rosario, exconcejal de su equipo de gobierno.

No son más que ejemplos en un país donde se ha indultado a uno de los cabecillas de un golpe de Estado, nada menos. El general Alfonso Armada, instructor militar de Juan Carlos de Borbón, ayudante personal, secretario general de la Casa del Rey y uno de los participantes en el 23-F, gozó del indulto concedido por el Gobierno socialista de Felipe González. Condenado a veintiséis años, ocho meses y un día de reclusión mayor, el rey firmó la propuesta de medida de gracia del Gobierno «atendiendo la propuesta del Tribunal Supremo, por su lealtad a la Corona y al ordenamiento constitucional». El golpista salió del hospital militar Gómez Ulla, donde había entrado «por una arritmia», felicitó las Navidades a los periodistas y se acabó la condena.

Años más tarde también hubo indultos para el terrorismo de Estado de los GAL. Por el secuestro de Segundo Marey, revindicado por los Grupos Antiterroristas de Liberación (GAL). Se beneficiaron de la medida el exministro de Interior, José Barrionuevo, y el exsecretario de Estado, Rafael Vera. Su entrada en la cárcel fue poco menos que un mitin, con Felipe González abrazándoles antes de entrar en prisión, la cúpula socialista arropándoles y 7.000 congregados gritando: «¡Injusticia, injusticia! ¡Inocentes, inocentes!». Barrionuevo y Vera llegaron en el mismo vehículo que Felipe. Allí estuvieron también el entonces líder socialista, Joaquín Almunia; el candidato a la Presidencia del Gobierno, José Borrell; el ex vicesecretario general, Alfonso Guerra; presidentes autonómicos, como Manuel Chaves, José Bono y Rodríguez Ibarra, y otros exaltos cargos, como José Luis Corcuera y Virgilio Zapatero, que luego terminó en la cúpula de Bankia junto a Rodrigo Rato.

El PSOE levantó un estrado junto a la cárcel de Guadalajara y organizó un acto político previo a la entrada de los condenados Rafael Vera y José Barrionuevo. Este último fue el primer ministro de la democracia que entraba en prisión. La condena, diez años de cárcel. Los fieles coreaban a los condenados sin parar. La cara más visible era González, expresidente del Gobierno. Almunia, secretario general del PSOE, aseguró desde la tarima que su partido trabajaría «tenazmente» para que recuperaran la libertad y para que España no avanzara «por el camino de la injusticia». Un público entregado gritaba también al candidato del PSOE a las elecciones: «Borrell, vamos a por él», refiriéndose a José María Aznar, que ya era presidente del Gobierno. Pues lo cierto es que, luego, Aznar no tardaría en facilitarles la salida de la prisión.

Felipe González visitó a los condenados y se dirigió a los medios afirmando que, si no les indultaban, continuarían las manifestaciones a las puertas de la prisión: «Nos sentimos de la familia», declaró. Unos días después, el Gobierno del PP rebajó dos tercios la condena y permitió a Vera y Barrionuevo acceder al régimen abierto. Todavía se toparon años después con el Tribunal Constitucional, que confirmó sus penas, pero en cuestión de horas disfrutaron de un tercer grado especial que les libraba de tener que dormir en la cárcel. Rafael Vera tenía otra investigación abierta por malversar y volvió a ser condenado. La Audiencia de Madrid consideró probado que el exsecretario de Estado para la Seguridad se quedó con al menos 141 millones de pesetas de los fondos reservados del Ministerio del Interior y repartió otros 525 millones entre subordinados, como Luis Roldán.

Le condenaron otra vez y algunos, como Corcuera, pidieron su «indulto total». Vera entró en prisión y a los meses obtuvo el tercer grado.

La polémica y los indultos han continuado. El Gobierno del PSOE y Unidas Podemos, que logró la investidura gracias a partidos independentistas, entre otros, aprobó «por utilidad pública» nueve indultos a condenados con penas de varios años por el *procés* catalán: al *ex vicepresident,* Oriol Junqueras (condena de trece años por sedición y malversación); los *exconsellers* Raül Romeva, Jordi Turull y Dolors Bassa (condena de doce años por sedición y malversación); Joaquim Forn y Josep Rull (condena de diez años y medio por sedición); la expresidenta del Parlament, Carme Forcadell (condena de once años y medio por sedición), y los exlíderes de la Assemblea Nacional Catalana y Òmnium Cultural, Jordi Sànchez y Jordi Cuixart (condena de nueve años por sedición). Fueron indultados. El presidente y su socio de Gobierno dijeron que era «un claro gesto de concordia hacia Cataluña».

Como ven, los indultos se han sucedido a lo largo de los años, y con razones y condenas previas muy diversas. Al menos, con disparidad de opiniones en la sociedad. Son legales. Que cada uno saque sus conclusiones.

Por ser vos quien sois

En España, la Fiscalía concluyó en marzo de 2022 que el rey emérito ocultó más de 85 millones de euros a Hacienda en distintos paraísos fiscales, pero no se le puede perseguir: por las prescripciones y la inviolabilidad, con la encomiable labor de Gobiernos, fiscales, Agencia Tributaria, jueces y paraísos fiscales, como Suiza, donde las autoridades han protegido la ocultación de fondos durante décadas. Exactamente, Juan Carlos I escondió 85.596.266 euros, según estas informaciones oficiales. Defraudó al fisco español al menos 56.097.616 euros. Resumiendo: más de 85 millones ocultos y más de 56 millones de fraude a Hacienda. En los datos oficiales aparecen una serie de cantidades que se denominan «regalos» y varios nombres como intermediarios a los que se llama «amigos». Uno podría pensar que son testaferros y no obsequios, sino comisiones y otras derivadas de la corrupción, pero entonces sería un mal pensado.

Con Juan Carlos de Borbón en Emiratos Árabes Unidos, se esperaba que le archivaran las investigaciones, porque iba anunciándose poco a poco en distintas filtraciones a la prensa. Así como para ir preparando el terreno ante la opinión pública. Finalmente, la noticia del carpetazo llegó en mitad de la guerra de Ucrania. Por la mañana se anunció que la Audiencia Nacional anulaba la última investigación del juez García Castellón sobre Podemos y su financiación. Estimaba el recurso de la Fiscalía. Por la tarde se informó de que el fiscal daba por finalizadas las tres investigaciones sobre el emérito y el caso quedaba archivado. Era el resultado, tras años de noticias sobre el rey moviendo dinero por países como Suiza, el trasiego de maletines con billetes, la compra de inmuebles de lujo con la amante Corinna o los viajes y relaciones con los multimillonarios sátrapas del Golfo.

Firmó el archivo de las tres investigaciones en España la fiscal general del Estado, Dolores Delgado, exministra de Justicia del PSOE. El fiscal jefe de Anticorrupción, Alejandro Luzón, exponía en dos decretos con su firma: «La investigación desarrollada no permite ejercitar acción penal alguna contra S. M. D. Juan Carlos de Borbón y Borbón, por diferentes razones: la insuficiencia de indicios incriminatorios, la prescripción del delito, la inviolabilidad del jefe del Estado o la regularización fiscal». En unos casos gozaba de ser inviolable cuando era rey, pues no estaba sujeto a responsabilidad penal como el común de los mortales; en otros, los delitos habían prescrito después de muchos años de inacción por parte de las autoridades; también se validaban sus regularizaciones ante Hacienda, tras haber sido avisado hasta en tres ocasiones por la Fiscalía para que las llevara a cabo.

El Ministerio Público sí reconocía que Juan Carlos I fue beneficiario, al menos, de dos *trust* constituidos en el paraíso fiscal de Jersey en 1995 y en 1997 por Manuel Prado y Colón de Carvajal. Se crearon con 8,5 millones de libras, que son unos 10,2 millones de euros. Los *trust* llamados Tartessos y Hereu (heredero en catalán) los liquidaron en 2004 y los fondos, que ya eran casi 15 millones de euros, pasaron al historiador Joaquín

Romero Maura, que creó otro *trust* con el nombre de JMR 2004. A todos estos, recordamos, no se les puede llamar testaferros, sino «amigos». Son *friends, amichis, coleguis, troncos.* Las evidencias del uso de testaferros y de ocultación de dinero fuera de España quedan impunes. Lo mismo que la fundación panameña Lucum, que operó con bancos de Suiza hasta 2012. Se constituyó en 2008 con cuenta en la entidad Mirabaud de Ginebra y allí fueron a parar fondos, como 1,8 millones de dólares procedentes del sultán de Barhein y, sobre todo, los 100 millones de dólares pagados por el régimen de Arabia Saudí: «Importe enviado por el rey Abdallah como "regalo" según la tradición saudí de cara a otras monarquías». El grupo La Polla Récords canta que «la tradición es una maldición». Pues no sería en este caso: 100 milloncejos del ala como «obsequio» para el Borbón. Eso dicen. La fundación fue creada en Panamá y la cuenta la abrieron en Suiza una semana más tarde. Ese mismo día llegó el ingreso de lo que hoy serían unos 65 millones de euros procedentes del entonces rey de Arabia Saudí, Abdalá bin Abdulaziz. Hablamos de un régimen que incumple los derechos humanos.

En España estallaba la burbuja inmobiliaria y los españoles entraban en la crisis económica. En el discurso de Navidad de 2007, el jefe del Estado dijo: «Sirvamos con mayor ahínco el afán de los españoles de construir una España cada vez más justa, integradora y solidaria, de todos y para todos». Después de ese mensaje pasaron unos meses y se produjo el movimiento de dinero con base panameña y suiza. En 2008 ya estaba hecho, y en las Navidades, don Juan Carlos nos dijo: «Juntos podemos vencer problemas y dificultades si actuamos con realismo, rigor, ética y mucho esfuerzo, anteponiendo siempre el interés general sobre el particular».

En 2012, durante las fiestas navideñas, Juan Carlos nos felicitó así: «Para que nuestra economía vuelva a crecer tenemos que poner orden en nuestras cuentas y, a la vez, generar estímulos para la creación de riqueza». Ese año, los fondos de la fundación Lucum (así como en latín quedaba más interesante) fueron transferidos, rumbo a Bahamas, a la amante de Juan Carlos de Borbón, Corinna Larsen, a la que también se puede considerar una pieza clave para desviar y ocultar la fortuna. Ya se había destapado el caso Nóos, Iñaki Urdangarin estaba imputado y Juan Carlos se había caído en Botsuana, adonde viajó para una cacería de elefantes. Entonces nos había dicho: «Lo siento mucho, me he equivocado y no volverá a ocurrir». Después se movió el dinero hacia cuentas de la «amiga». No sabemos oficialmente por qué se pagaban y por qué se movían estas fortunas. Nos dicen que son «regalos». Escriba usted una carta a los Reyes y, a lo mejor, le llega algún obsequio así. Nunca hay que perder la esperanza.

En los estatutos de Lucum, según supimos a través del diario *The Telegraph,* justo coincidiendo con la declaración del estado de alarma en España por la pandemia, aparecía Felipe VI como segundo beneficiario y como el encargado de velar por el resto de la familia en el caso de heredar esta fundación. Al conocerse en España esta noticia, en 2020, el rey Felipe renunció a esa condición en Lucum. En el comunicado para anunciarlo, el monarca decía que hacía un año que sabía de esa estructura *offshore.* Según explicaban desde la Zarzuela, fue el 5 de marzo de 2019 cuando un despacho de abogados londinense le comunicó por carta a Felipe que había sido designado como beneficiario de la fundación Lucum cuando su padre muriese.

Según la Fiscalía, al decidir el carpetazo en 2022, cuando Juan Carlos abdicó en 2014, siguió recibiendo fondos opacos ante Hacienda. A través de un «amigo», el empresario británico-mexicano Allen Sanginés-Krause, le llegaron transferencias al rey emérito de 1.083.645,66 euros. Fueron destinados a viajes y gastos particulares del monarca «o de personas relacionadas con él por tratarse de familiares o allegados del mismo», según señala la Fiscalía. En las transferencias intervenía una persona más como intermediaria, el coronel Nicolás Murga, que fue «ayudante de campo» de Juan Carlos I. Tras ser avisado por la Fiscalía, estas donaciones de Sanginés fueron regularizadas en 2020. Espere usted, querido lector, a tener un sastre así que le avise de que va a tomarte medidas de las mangas, para los delitos que no le hayan prescrito. Por cierto, aún salió la ONIF (Oficina Nacional de Investigación del Fraude) a decir que la autoliquidación del monarca era excesiva.

«No se ha podido determinar con precisión la procedencia» de los fondos de otra fundación, Zagatka, que entre 2006 y 2018 tuvo a Juan Carlos I como tercer beneficiario, detrás de «su primo» Álvaro de Orleans-Borbón y su hijo Andrés. La Fiscalía tampoco ve delitos con Zagatka, constituida por Orleans, que se hizo cargo de vuelos privados por valor de ocho millones entre 2014 y 2018. Las «donaciones» a través de esta fundación también fueron regularizadas y la ONIF muy contenta, porque «ha existido un completo reconocimiento y pago de la deuda tributaria». En definitiva, a Juan Carlos lo libraban hasta de llamarlo a declarar ante la justicia gracias a las regularizaciones sobre fondos recibidos a partir de 2014 tras la abdicación, los delitos anteriores al ejercicio de 2012 que se consideran prescritos, o por estar protegido por la inviolabilidad como jefe del Estado.

Con lo publicado por la Fiscalía General del Estado, un servidor consulta a un inspector de Hacienda y se encuentra con lo siguiente:

En cuanto a la fundación Lucum y el cobro de 100 millones de dólares, la Fiscalía del Tribunal Supremo reconoce que ha apreciado la comisión de delitos contra la Hacienda Pública por el concepto del IRPF de 2008 a 2012 y del Impuesto de Sucesiones y Donaciones de 2008 y 2010. Esto supone la comisión de hasta siete delitos contra la Hacienda pública. No obstante, se consideran no perseguibles, sin reproche penal, por prescripción de cuatro de ellos: el IRPF de 2008 a 2011. No estaría prescrito en el caso del ejercicio de 2012, con el IRPF, por tratarse de una cantidad tan elevada y, por tanto, estaríamos ante la posible comisión del tipo agravado del delito fiscal. Lo que supone que tendría un plazo de prescripción mayor, de diez años (prescribiría el 1 de julio de 2023). Aquí, le aplican a don Juan Carlos I de España que es inviolable.

Los importes defraudados con los cinco delitos por el concepto de IRPF suponen un total de cuota no declarada y defraudada de 2.339.553,02 euros. Los dos delitos fiscales del Impuesto de Donaciones serían con una cuota no declarada y defraudada de 53.758.063 euros. El total defraudado asciende a 56.097.616 euros. Los hechos que suponen ese fraude están relacionados con el «regalo» de 100 millones de dólares recibido en 2008 y los intereses y rendimientos obtenidos por ese dinero en estos ejercicios, que suponen importes muy elevados. Además, la Fiscalía recoge también otro «regalo», del sultán de Bahrein, en 2010, con el ingreso de 1.895.250 euros en la cuenta de la Lucum.

Además de estos siete delitos, la Fiscalía analiza otros más como posibles. Plantea que el monarca, como autoridad o funcionario público, tiene prohibido aceptar «regalos» de cualquier tipo, por lo que su conducta es susceptible de integrar el tipo delictivo del cohecho pasivo impropio, tipificado en el artículo 422 del Código Penal. Máxime con la cantidad del «regalo» del que hablamos. Lo apunta sobre los dos «regalos» recibidos, tanto en 2008 como en 2010 de los países del Golfo. Se entrega ese dinero por el hecho de ser autoridad y su función. Y lo que supone que entregar esa fortuna no se hace porque sí, sino «para causar un estado de gratitud en el receptor» que pudiera favorecerle en el futuro. Por tanto, sumamos otros dos delitos. Descarta, con los datos que hay, que se pueda demostrar que le pagaran comisiones por la construcción del AVE a La Meca. No obstante, si es un «regalo», lo hace suyo, por lo que en todo caso debería tributar por ello y por los rendimientos obtenidos.

La Fiscalía también apunta la posibilidad de la comisión del delito de blanqueo de capitales del artículo 301 del Código Penal, reconociendo «actos susceptibles de integrar alguna de las conductas» de este delito, que en todo caso cesarían en 2012 con la prescripción. Apunta certeramente al hecho que supone el blanqueo en ese año, cuando se produjo la transferencia de la totalidad del dinero recibido en las cuentas de Lucum a la cuenta de Solare de Corinna. Hablamos, por tanto, de un total de hasta nueve delitos cometidos y queda la puerta abierta a otro de blanqueo. La ausencia de reproche y persecución penal, además de la prescripción, se basa en que en toda esa acción delictiva concurre la aplicación del artículo 56.3 de la Constitución española, que la Fiscalía interpreta de acuerdo a la doctrina del Tribunal Supremo.

El alto tribunal entiende que la inviolabilidad del rey es absoluta y no limitada a delitos en el ejercicio de sus responsabilidades funcionales. Por tanto, los delitos personales están cubiertos también por la inviolabilidad del autor de los delitos. De no aplicarse esta doctrina sí que se hubieran perseguido delitos no prescritos. La Fiscalía reconoce que ha cometido un mínimo de nueve delitos y que no se le puede perseguir por no haberse investigado en plazo los prescritos y, fundamentalmente, por estar protegido por la inviolabilidad. Igualmente llama la atención el concepto de «regalo», que, de ser cierto, el rey no integró en Patrimonio Nacional, sino que lo hizo suyo y sin pagar impuestos por ello.

En cuanto a las transferencias del «amigo» Sanginés Krause, realizadas de 2016 a 2020, para llegar al rey emérito a través de una persona interpuesta, otro «amigo», la Fiscalía considera que existe la llamada excusa absolutoria de presentación fuera de plazo, completa, espontánea y veraz. Ahora bien, la Fiscalía del Tribunal Supremo avisó por partida triple a la defensa de Juan Carlos de Borbón de que se le habían abierto tres investigaciones. Los fiscales explican que las tres notificaciones escritas de apertura de los expedientes no contenían información concreta sobre las pesquisas y, por eso, el monarca no puede ser juzgado. Después, por cierto, mantienen lo contrario: que el ingreso a Hacienda de cinco millones de euros por parte de Juan Carlos I fue fruto de las diligencias realizadas.

Por lo que respecta a los gastos sufragados por la Fundación Zagatka, la Fiscalía analizó exclusivamente los gastos posteriores al reinado de don Juan Carlos. Eran elevados y se considera que servían para pagar viajes y estancias. Pues bien, en el decreto del fiscal no se informa de por qué la Fiscalía da por buena la presentación de declaraciones complementarias fuera de plazo por el concepto de IRPF. Así, se presentaron alegando que estaban sujetas a ese impuesto «por haber recibido servicios de terceros, abonados por la fundación Zagatka». Advierte de que no se precisaron ni las bases de los ejercicios de cada periodo. Para estar sujeto al IRPF debería realizar alguna contraprestación personal por el importe elevado percibido. Para entender la situación: si se declara por IRPF y no por el Impuesto de Donaciones es porque no estamos ante «un regalo». Lo es porque quien cobra está realizando alguna contraprestación: trabajo, cesión de capitales, ventas de bienes… Dicho de otro modo, para que estemos ante IRPF esos importes se perciben por un trabajo realizado, servicio o comisión percibida. Parecería extraño que la Fiscalía admita un incremento de patrimonio no justificado. Sería muy importante saber por qué se admiten las declaraciones de IRPF como correctas. No podemos dar por buena esta regularización si no tenemos claro que estamos ante hechos que deban tributar en el IRPF. Si estuviéramos ante otros «regalos», no procede esta regularización, porque sería correcta la del Impuesto de Donaciones, que supone un pago muy superior. Por tanto, no sería veraz ni completa.

En todo caso, se admiten esas declaraciones de IRPF como extemporáneas, pero calificándolas de espontáneas, completas y veraces. No hay seguridad de que la regularización sea correcta en este caso. Aquí hay un gran tema de interés al apuntar la Fiscalía la limitación de datos recibidos de Suiza y que no sirvieran para delitos fiscales, cuando sí podrían servir como materia como antecedentes de delito fiscal. Más allá de esto, para cualquier lego en la materia resulta imposible entender que, si a cualquier defraudador le comunica la Fiscalía que le están investigando y, acto seguido, decide presentar unas declaraciones de IRPF o donaciones, no presentadas desde hace años, esto pueda considerarse «espontáneo». Evidentemente, no. Está motivado por lo que le acaban de comunicar. Máxime cuando estas declaraciones tributarias puedan tener una relación íntima con los hechos investigados, aunque estrictamente no sean los mismos. El investigado puede intuir que sí están investigando los hechos que le han comunicado y que tarde o temprano podrán llegar a los datos que quiere ocultar.

La Fiscalía viene a decir algo así como: nosotros le comunicamos hechos indefinidos y generales, diferentes a los que presentó en la regularización. Eso no supone una comunicación formal a efectos de invalidar la excusa absolutoria. Para ello sería necesario haberle comunicado que se están investigando delitos fiscales de 2014 a 2018 de forma clara y precisa. Por cierto, es probable que con usted el comportamiento no sea el mismo por parte de las autoridades, pero urge modificar el Código Penal y aclarar perfectamente ese concepto de «espontáneo» en las regularizaciones tributarias, manteniendo la seguridad jurídica.

Y, luego, está el requisito de «veraz». ¿Realmente el rey emérito recibió todos esos «regalos» de amigos, primos y demás, y fue de forma altruista? El monarca aparece en muchas publicaciones como titular de una amplía fortuna. ¿Dónde está ese dinero?, ¿no gastó nada? Es una cuestión fundamental saber si realmente, en definitiva, estamos hablando de mecanismos de ocultación del dinero, de su origen y de su titular. Puede que alguien decidiera que se pagaran unas pequeñas cantidades regularizadas, antes que reconocer que esa fortuna era completamente suya y que se ha obtenido también durante los años en los que el rey era inviolable. Estamos ante una sucesión de hechos susceptibles de actividades corruptas. Y, si contemplamos la hipótesis de la fortuna oculta, esta produce importantes beneficios en forma de intereses y similares. Igual que cualquier español declara sus intereses del banco, cabe preguntarse: ¿qué pasa con las rentas e intereses que produce una gran fortuna como esta?

La regularización respecto a Zagatka puede no ser veraz ni completa. Tanto por lo que estamos presentando como hipótesis del afloramiento de la gran fortuna como por un hecho mucho más conciso: no queda acreditado que en este caso la tributación por IRPF sea la procedente y pueda serlo el Impuesto de Donaciones, al encontrarnos ante nuevos «regalos», como ha declarado en repetidas ocasiones el conocido como «primo» del rey, el señor de Orleans.

Y, al margen de las explicaciones técnicas, resulta un escándalo que un «rey emérito» se haya librado de todas las andanzas descritas. Más otras que muy probablemente no conozcamos.

Escopeta nacional

«Yo te absuelvo de tus pecados. Reza tres padres nuestros». ¡Y algunos ya se creían que estaban a salvo! Muchos recordaremos frases de este tipo cuando íbamos a confesarnos con el cura siendo chavales, «porque si no te confiesas, no puedes pasar a comulgar», te decía algún redicho. O lo que era peor: «Irás al infierno», decían los que eran más papistas que el Papa. Aún recuerdo cuando íbamos a confesarnos en cuadrilla a la iglesia del pueblo, porque había confesión especial antes de algún día grande. Tendríamos poco más de diez años, es lo que allí se estilaba, porque si no era pecado, y alguno hizo una apuesta para contarle al cura todos sus pensamientos impuros y manejo de las manos como cuando jugaba a los dados… Como la confesión era semipública, ahí subió el artista y nosotros veíamos desde los bancos de abajo cómo le estaba dando detalles de la masturbación al sacerdote. Exactamente no oíamos lo que le estaba contando, pero los gestos eran tales que, por nuestras carcajadas y el cachondeo, nos quedamos sin confesión. Nos echaron de la iglesia. Visto lo visto, si fue por alguna de esas, arderemos en el infierno.

Lo cierto es que contar lo que pasa y rezar unos Avemarías no es lo que está en juego cuando analizamos casos llamativos de la justicia en España, con inviolables, aforados, indultos, prescripciones, regímenes carcelarios abiertos... En España, si abordamos el tema judicial y político, hay casos sucesivos que resultan escandalosos, con órdenes no precisamente para sacar a las personas del templo por echar unas risotadas, como hacíamos nosotros cuando éramos chavales, sino para irse de rositas, mientras otros presos permanecen cumpliendo sus condenas. Detengámonos, por ejemplo, en Manuel Prado y Colón de Carvajal. Entre otras andanzas con el rey Juan Carlos y con la justicia, cuenta con la condena por corrupción por la que le cayeron dos años de cárcel y a los dos meses obtuvo el segundo grado. Este condecorado con la Real Orden de Abdul Asís de Arabia Saudí, buen conocedor del mercado del petróleo y de su «compa» de negocios, el monarca Borbón, decía: «Para mí, la figura del rey es lo más sagrado que existe en este país, porque representa a mi patria, que es España». Muy patriota, pero al menos una cifra cercana a los 2.000 millones de pesetas procedentes de KIO fue a parar a una cuenta en Suiza de Prado y Colón de Carvajal. Cuando obtuvo el beneficio carcelario, la Dirección General de Instituciones Penitenciarias dijo que el socio de Juan Carlos I no había hecho frente a la responsabilidad civil de unos 12 millones de euros, más los intereses devengados desde 1992. Es la fecha en la que se cometió el delito, pero en 2004 obtuvo el beneficio. Años pasaron para la condena, meses para beneficiarse «por razones humanitarias».

En los negocios con las armas y el mercado del crudo, Roberto Centeno, nombrado consejero delegado de la empresa semipública Campsa, en 1979, ha relatado cómo incluso con el Gobierno socialista de Felipe González le trasladaron que Prado y Colón de Carvajal consideraba que Arabia Saudí y Emiratos Árabes eran su territorio para el comercio del petróleo. Administrador privado de Juan Carlos de Borbón, fue considerado uno de los hombres en España del fondo soberano kuwaití KIO. El monarca y Prado estaban ligados al financiero catalán Javier de la Rosa, que también acumuló varias condenas. Una de ellas por apropiarse de más de 375 millones de euros de la sociedad kuwaití y su filial española, y por hacer perder sus ahorros a más de 10.000 pequeños accionistas. Se puede hablar de la guerra del Golfo en muchas acepciones del término, porque hubo una zona geográfica del planeta donde hubo víctimas civiles inocentes y también españoles que hicieron negocios sin escrúpulos.

En julio de 2021, varios partidos pidieron sin éxito que el Congreso de los Diputados investigara «la venta ilegal de armas» por parte de Juan Carlos a raíz de las informaciones reveladas por el diario *Público:* «Hizo fortuna con el dinero que obtenía por la venta de armamento junto Manuel Prado y Colón de Carvajal y traficantes como Adnan Khashoggi». Según estas informaciones publicadas, la sociedad Alkantara Iberian Exports se creó en 1978 con sede en Londres; su presidente era el amigo del rey emérito y estaba participada en un 25 % por el Instituto Nacional de Industria y en otro 25 % por Fomento del Comercio Exterior, que formaba parte del Banco Exterior de España, pero operaba desde Panamá. La iniciativa parlamentaria fue firmada por Más País-Equo, Compromís, BNG, Nueva Canarias, ERC, Bildu, Junts, PDeCAT y la CUP. De forma sucesiva, las investigaciones de este tipo no se han iniciado o han caído en saco roto.

Los nexos con la etapa franquista también afloran. En el caso de Prado y Colón de Carvajal comienza en los años cincuenta trabajando en la Bolsa de Madrid y en una empresa de maquinaria agrícola. Después da el salto con empresas metalúrgicas como Olarra, Llodio y Tubacex. En los años sesenta presidió o formó parte de consejos de administración de empresas como Ericson, la Societé Genérale de Banque en España, Intelsa y Ford España. Ya después presidió la compañía Iberia entre 1976 y 1978. Juan Carlos I lo eligió senador por designación real. Aunque todavía hubo más, entre lo más o menos conocido de cara al público. También fue nombrado presidente del Centro Iberoamericano de Cooperación, embajador de España en misión extraordinaria, lideró la Comisión Nacional de los actos del V Centenario del Descubrimiento de América... Tenía un gran padrino. Toda una carrera para este caballero del Real Cuerpo colegiado de Hijosdalgos de la Nobleza de Madrid. Lo último fue decir que la cuenta en Jersey vinculada a Juan Carlos I era un *trust* creado como protección por si perdía la Corona, y que el origen del dinero eran aportaciones de los años cincuenta y setenta, en tiempos de Franco, que se sumaron a otros *trust* creados en los años noventa por Prado y Colón de Carvajal.

El hijo, Borja Prado, llegó a presidente de la eléctrica privatizada Endesa, que era española y fue puesta en manos del capital público, pero de los italianos de Enel. Borja Prado dejó Endesa con 43 millones de euros de sueldo acumulado y una empresa reducida a la mitad durante su mandato, convertida en mera filial de la empresa de Italia. El traspaso de activos al grupo italiano durante su presidencia fue notable para la antigua empresa pública española. Prado fue también noticia por el control de comunicaciones de su cúpula directiva, lo que algunos medios señalaron como «espionaje» para controlar móviles y ordenadores y monitorizar movimientos. Luego fue nombrado presidente de la italiana Mediaset en España.

Hablábamos antes de Javier de la Rosa y también tiene un afortunado periplo judicial y carcelario. Es otro de los del «grupo». Fue uno de los financieros más poderosos del país al manejar el multimillonario fondo de inversión de los kuwaitíes de KIO. Seguimos el rastro de los países árabes, aunque, para situarnos en el pedigrí franquista, primero hay que remontarse a la historia de su padre. Antonio de la Rosa Vázquez, «franquistón» que se definía como un hombre de «misa diaria», dejó las cuentas del Consorcio de la Zona Franca de Barcelona con un desfalco que rondó los 1.250 millones de pesetas como secretario general. Muy «misicas», pero despilfarró en prostitutas de lujo, pisos de alto *standing,* coches de lujo para sus amantes, Mercedes o Rolls Royce; Rolex de oro y fiestas con sus amigos. Todo pagado con dinero público.

Don Antonio había montado su propio cielo en la tierra, pagado por otros siervos del señor. Y hubo más, porque, lejos de cumplir penitencia, desapareció. Unos dicen que abandonó su «patria española» en agosto de 1979 bajo la falsa identidad de don Juan Antonio Sáenz. Lo cierto es que estuvo en paradero desconocido muchos años, mientras sus hijos, que ya hacían carrera, decían que estaba muerto. Pero había testigos que daban fe de que habían visto a don Antonio, y no eran apariciones marianas. Así era, porque aún vivió hasta los ochenta y siete años. A esa edad murió en la cama. Como otro corrupto, Franco. De la Rosa padre fallecía en una clínica de Barcelona. Fue prófugo de la justicia española. Desaparecido con la mayor parte de un botín de los 1.250 millones de pesetas, fruto de la venta de terrenos inexistentes del Consorcio de la Zona Franca. Consiguió la prescripción del delito. Muy «catolicón», pero hizo que pagaran otros, y después el tipo les enviaba cartas pidiéndoles su perdón. Menudo hijo de… ¿Dios?

La prole continuó con Javier de la Rosa, que tuvo tiempo de entablar jugosos contactos, pero también la «habilidad» de ir sorteando distintos obstáculos judiciales mientras siguen pasando los años. El «pequeño Nicolás» se hizo pasar por agente del CNI y grabó una conversación con De la Rosa interceptada después por la Policía Nacional al incautarse del teléfono del joven. El empresario hablaba del gestor suizo de las cuentas del rey emérito y otros tantos poderosos en Suiza, Arturo Fasana, que abrió la cuenta Soleado en territorio suizo. Estamos ante uno de los nervios que conectan con una muela cariada: la de la podredumbre corrupta de personalidades en lo más alto de la cúspide del poder en España. Sobre Fasana, confesaba De la Rosa: «Tiene en sus cuentas 300 millones donde están los Albertos con el rey, así de claro».

La cuenta Soleado fue abierta en Suiza en 1995. Arturo Fasana reconoció ante el fiscal suizo Yves Bertossa que gestionó decenas de millones para el rey emérito por medio de la fundación Lucum, abierta en Panamá en 2008. Sirvió para recibir una transferencia de 65 millones de euros de Emiratos Árabes. Fasana también ha gestionado la Fundación Zagatka, abierta en Liechtenstein y controlada por Álvaro de Orleans, desde la que hubo pagos para el rey emérito. De la Rosa, Javier, ha contado varias veces que Pujol y su clan fueron algunos de los beneficiados por la corrupción. El «pequeño Nicolás» le grabó también contando que entidades como Banesto, Banco Central, KIO, Ferrovial, ACS, FCC pagaban grandes sumas de dinero a Convergència, por entonces presidido por Jordi Pujol, y cuyo tesorero era Miquel Roca, el abogado elegido por Juan Carlos I para librar de la cárcel a su hija. También hablaba de vínculos de Pujol con Arturo Fasana.

De la Rosa dedica la casi totalidad de la conversación a explicar la financiación irregular de Convergència, los supuestos sobornos a Jordi Pujol y el origen de la fortuna oculta del expresidente catalán y su familia, que él calcula entre 130 y 180 millones. Es justo en ese momento cuando sale a colación el presunto patrimonio oculto del anterior jefe del Estado. Cuando el financiero le explica que es a Arturo Fasana a quien los hijos de Pujol entregan su dinero en efectivo para que se lo esconda desde su sociedad asentada en Ginebra.

Javier de la Rosa fue noticia porque permaneció tres semanas en prisión para cumplir una pena de 20 meses de cárcel impuesta por el Tribunal Supremo por intentar estafar al Grupo KIO en 1992. Fue un escándalo el que De la Rosa cumpliera condena en tercer grado (dormir en prisión y salir por la mañana) después del «boquete» que llevó a una suspensión de pagos del Grupo KIO España de unos 300.000 millones de pesetas. Siguió siendo escandaloso que el Tribunal Supremo absolviera a Javier de la Rosa en 2009 de una pena de cuatro años y ocho meses por prescripción. La condena había sido impuesta por la Audiencia Nacional por delitos continuados de apropiación indebida y falsedad en documento mercantil, a causa de la Operación Croesus, última pieza separada del «caso KIO», que juzgó el desvío de 17,4 millones de euros. Hay más en el escándalo, no se vayan todavía. Después de veinte años de litigio, en 2011, De la Rosa fue absuelto por la Audiencia de Barcelona del «caso Hacienda». Era el juicio por la supuesta trama de corrupción tributaria en Cataluña. El fiscal pedía una pena de ocho años de cárcel para Javier de la Rosa. Por cierto, la saga continúa. Los hijos del empresario catalán han sido relacionados con pelotazos, junto a la familia Pujol, en la venta de oficinas del Santander.

Otros nombres vinculados a la cuenta Soleado en Suiza fueron el expresidente de Repsol, Ramón Blanco Balín, amigo de Aznar; Francisco Correa, cabecilla de la trama Gürtel, y sí, «los

Albertos». En este elenco no podemos dejar de hablar de ellos. No son *Los Soprano,* sino los empresarios Alberto Cortina y Alberto Alcocer. El Tribunal Constitucional anuló su condena de tres años y cuatro meses de prisión que el Tribunal Supremo les impuso por estafa y falsedad en documento mercantil en la venta de la sociedad Urbanor. El Supremo había considerado que los amigos del emérito engañaron a sus socios al negociar la venta de conjunto de Urbanor, propietaria de los terrenos donde se construyeron las Torres KIO, en Madrid. Los Albertos eran también máximos accionistas del Banco Zaragozano cuando la entidad financiera fue vendida al Barclays Bank, en 2003. El diario británico *The Telegraph* publicó que el primo y supuesto testaferro de Juan Carlos de Borbón, Álvaro de Orleans, cobró 39 millones de libras —más de 40 millones de euros— por ejercer como mediador en esta operación. El primo del emérito lo niega.

Si hablamos de «Los Albertos» tampoco conviene pasar por alto la estirpe. Son nietos de Alberto de Alcocer y Ribacoba, alcalde de Madrid durante las dictaduras de Primo de Rivera y de Franco, procurador en las Cortes franquistas. Dejó constancia de su catadura en artículos como este del diario *Arriba* en la posguerra: «Es necesaria la ayuda de todo el vecindario para que en dos meses sea extirpada la mugre que dejaron los rojos». Su hijo, Luis Alcocer Moreno-Abella, fue piloto del bando franquista durante la Guerra Civil y después piloto de la 1.ª Escuadrilla Azul, que combatió junto a los nazis alemanes. Entre sus nietos están «Los Albertos», Alberto Alcocer Torra y Alberto Cortina, hijo del político y ministro franquista Pedro Cortina Mauri. Se casaron con las hermanas Esther y Alicia Koplowitz. A raíz de eso, los dos empezaron a trabajar en la empresa Construcciones y Contratas, que había fundado el padre de ellas durante el franquismo.

Para Cortina llegó el divorcio tras conocerse su relación sentimental con Marta Chávarri, bisnieta del conde de Romanones, nieta del marqués de Santo Floro. A pesar de esto, «Los Albertos» mantuvieron una importante presencia en distintas empresas, como el Banco Zaragozano. «Los Albertos» alcanzaron también un importante porcentaje del grupo ACS de Florentino Pérez. Formar parte del círculo de «amistades de cacería» del rey emérito lleva también a celebrar que el Tribunal Constitucional revoque una sentencia del Tribunal Supremo con una llamativa doctrina sobre la prescripción de los delitos. Alguna crónica cuenta que ambos se presentaron para celebrarlo en el palacio de La Zarzuela a bordo de un helicóptero de su propiedad, que fue también utilizado algunas veces por Juan Carlos de Borbón cuando iba de caza.

Hablando de cacerías y suertudos con la justicia. Hay una célebre foto de Gerardo Díaz Ferrán, presidente de la CEOE por entonces; Jaume Matas, el ministro de Aznar y presidente balear condenado también por corrupción; el presidente de la patronal madrileña por esos años, Arturo Fernández, que tuvo «tarjeta black» de Caja Madrid, y Juan Carlos de Borbón. Díaz Ferrán es un precursor que nos alumbró diciendo que «para salir de la crisis» había que «trabajar más y cobrar menos», que pedía «más externalización de los servicios públicos» y «privatizar empresas». Lo condenaron por unas y se libró de otras. No hace tanto que la Fiscalía de Madrid archivaba, al entender que los delitos estarían prescritos, una denuncia de Avalmadrid contra miembros de su comité de riesgos y de la comisión ejecutiva por posible concesión fraudulenta de operaciones de créditos a sociedades vinculadas a Gerardo Díaz Ferrán y a Arturo Fernández. Las realizadas con Rural Tours Viajes S. A. y Trap S. A., vinculadas a Díaz Ferrán, consistían en siete avales formalizados por importes que iban desde los 200.000 euros a los 917.978 euros.

Lo cierto es que no se trata de la única vez que llama la atención la suerte que Díaz encuentra con «los azares de la justicia». El expresidente de la patronal CEOE consiguió reducir una condena por robar de cinco años de cárcel que pedía la Fiscalía a diez meses y una multa de 540 euros. A Díaz Ferrán, un patriota de esos que declaró ante el juez con su pulsera rojigualda, le concedieron como atenuante el retraso en la instrucción judicial. El proceso se había «dilatado extraordinariamente» hasta los siete años. Ya sabemos que, en España, la justicia, cuando besa, es que besa de verdad. Don Gerardo es un patriota que saqueó empresas, defraudó al fisco, blanqueó capitales, integró «un grupo criminal» y tenía «tarjeta black» de la caja rescatada… Condenado a cinco años y medio de cárcel por la quiebra de Marsans, a dos más por la compra de Aerolíneas Argentinas con Air Comet, a otros dos por apropiación indebida en viajes, otros dos por las tarjetas opacas, le llegaron los diez meses de calderilla… Fue excarcelado «por buen comportamiento».

Hay «liberales» con el dinero de los demás. El caso de Avalmadrid es un buen ejemplo de la gran «mamandurria», que diría Esperanza Aguirre. La impunidad, las prescripciones y la barra libre no deberían ser la alfombra que cubra los desmanes en un «chiringuito ideado solo para unos pocos». Así lo describió Ignacio Aguado, vicepresidente y principal apoyo del PP para que Díaz Ayuso accediera al gobierno de la Comunidad de Madrid. Esperanza Aguirre «es cojonuda», decía el entonces presidente de la patronal CEOE, Gerardo Díaz Ferrán. Hoy sabemos que fue otro de los que se benefició de Avalmadrid cuando la empresa de don Gerardo ya era insolvente. De los 3,3 millones de euros avalados, se perdieron 2,7. Solo alguien tan fan de «Espe» podía lograrlo. Como los 24 millones de euros en créditos que Avalmadrid facilitó a empresas vinculadas a sus consejeros y familiares. Como el préstamo impagado del que se benefició la familia de Isabel Díaz Ayuso, la futura presidenta autonómica. La Comunidad de Madrid es la principal accionista de Avalmadrid, entidad participada con dinero público. Financiada al 30 % por la Comunidad, su fin era ayudar a autónomos y pymes con líneas financieras. Financió a amiguetes, a empresas vinculadas a los propios consejeros, contra el criterio de los técnicos, sin garantías y sin control. La lógica exigiría detallar los millones de euros perdidos, que paguen los responsables, que lo devuelvan, que se asuman responsabilidades judiciales y políticas. Nada.

¿Es casualidad que entre los beneficiados y el dinero no devuelto estén la familia de Díaz Ayuso o los empresarios Díaz Ferrán y Arturo Fernández? Estos dos últimos «emprendedores» fueron donantes de Fundescam, la fundación opaca que el PP de Madrid usó como tapadera para financiar campañas electorales. Los dos están condenados por las «tarjetas black». Ambos con cargos en la patronal. Los dos eran del club de fans de Aguirre, aunque vamos viendo que pagaban la cuota no solo para ver el partido, sino para levantar los trofeos. Avalmadrid otorgó los millones de euros en avales a Gerardo Díaz Ferrán, quince días después de que el consejero de Economía de la Comunidad de Madrid lo pidiera por carta, tal y como contó *eldiario.es*. Una auditoría señala que la operación se aprobó, contra el criterio de los técnicos, cuando la saqueada Viajes Marsans ya era insolvente. Por su parte, las empresas de Arturo Fernández lograron más de dos millones de euros en avales. 1,3 no se han recuperado. Tanto Fernández como Díaz Ferrán se beneficiaron de los créditos cuando sus empresas estaban al borde de la quiebra. Siempre ha habido clases. No olviden que don Gerardo nos decía que de la crisis se salía «trabajando más y cobrando menos». Otro buen cazador del dinero de los demás. Ya ven que *La escopeta nacional* de Berlanga sigue más viva que nunca.

Es curioso que al frente del principal accionista de Avalmadrid, la comunidad madrileña, llegara a estar después Díaz Ayuso, que medió por la empresa familiar beneficiada con otro crédito impagado. También contra el criterio de los técnicos, también con una empresa al borde de la quiebra, hubo un préstamo y el dinero no se recuperó. Hablamos ya de medio millón de euros. El padre de quien llegó a presidenta de Madrid dimitió de sus cargos en la empresa y, cuarenta y ocho horas más tarde, donó las propiedades que habrían sido embargadas por impago. Isabel Díaz Ayuso se quedó con un piso y la mitad de una oficina. Díaz Ayuso, nueva presidenta, afirmó que su familia «tuvo que afrontar problemas económicos como lo hace la inmensa mayoría de los españoles». ¿Estamos seguros de que casi todos en España salen de los apuros económicos de esta forma? Porque, si así fuera, esto sería la cueva de Alí Babá.

Otro de *La escopeta* podría ser Jaume Matas, que ponía mesa y mantel a la realeza como presidente balear. Dos veces ingresó en prisión y las dos accedió a la semilibertad. La primera, después de ser condenado a nueve meses de cárcel por tráfico de influencias. La segunda, por el «caso Nóos». Baleares no era solo tierra de vacaciones para la familia real, también para negocios que llevaron a Urdangarin o a Matas a prisión. El *expresident* balear llegó a decir que, si te llaman de La Zarzuela con propuestas económicas, a ver quién se negaba. Fue también condenado por el «caso Ópera» y vio cómo se finiquitaban causas como la del juicio por una pieza del Palma Arena, en la que resultó absuelto después de que la Abogacía de Balearse retirara la acusación contra él por el presunto fraccionamiento de contratos para suministros del velódromo. Recientemente, la confirmación de la sentencia por el «caso Son Espases» era lo último pendiente para Matas. Diez meses de prisión por el proceso para adjudicar el mayor hospital público de las islas a la constructora OHL, entonces de Juan Miguel Villar Mir, ministro y vicepresidente tercero en el primer gobierno del reinado de Juan Carlos I, presidido por el franquista Carlos Arias Navarro (el mismo que anunció compungido a España aquello de «Españoles, Franco ha muerto»).

Matas se ha sentado en el banquillo de los acusados en más de una decena de juicios, ha sido condenado a penas que suman más de ocho años de cárcel, pero está en tercer grado. Todavía ha visto como su íntimo Enrique Arnaldo llegaba a magistrado del Tribunal Constitucional hasta con los votos de Podemos. Un exalto cargo del PP de Baleares, Rodrigo de Santos, declaró ante la justicia que el partido reclamaba un porcentaje de comisión por contrata de obra pública adjudicada. En el caso del hospital Son Espases, hubo constructoras competidoras como OHL y ACS. Por cierto, De Santos, ultracatólico, con cinco hijos, hacía declaraciones públicas contra el matrimonio *gay*, pero gastó dinero público en prostitución masculina, abusó de menores en un grupo catequista y después lo colocaron de coordinador de una ONG y exigía sexo a presos para no emitir informes negativos sobre ellos. Fue condenado, pero escapó de la acusación más grave: siete presuntas violaciones a un recluso que dependía de él para salir de permiso. Rodrigo de Santos es de los que reconoció que existían pagos de constructoras. Una sentencia del Tribunal Supremo da por bueno el relato que señala a Jaume Matas como principal muñidor de un plan para que la obra del hospital Son Espases fuera para la OHL de Villar Mir.

Hablamos del marqués de Villar Mir desde 2011, porque así lo quiso Juan Carlos I. Fue vicepresidente tercero del Gobierno para Asuntos Económicos en el primer gobierno de su reinado, pero ya tuvo cargos destacados durante el franquismo. Villar Mir fue subdirector general de Puertos y Señales Marítimas, director general de Empleo, presidente del Fondo Nacional de Protección del Trabajo, llegó también a la presidencia de Altos Hornos de Vizcaya, los del Mediterráneo e Hidronitro Española. Todo durante el régimen franquista. También fue presidente de la eléctrica Electra de Viesgo. Se hizo muy rico con la construcción, la energía, la siderometalúrgica o los fertilizantes de Fertiberia... Investigado en la trama de corrupción Lezo, en las obras del tren de Navalcarnero, en Son Espases... La amante del rey emérito, Corinna Larsen, desveló contactos entre el monarca y Villar Mir para lograr la construcción del AVE a La Meca con muchos millones en comisiones. La Audiencia Nacional comenzó a investigarlo, pero lo archivó a instancias de la Fiscalía, alegando que el rey tenía inviolabilidad. Juan Miguel Villar Mir, que apareció en los papeles de Bárcenas como donante del PP, también fue señalado en los cables de WikiLeaks por donaciones a la organización Hazte Oír, que a su vez financia a Vox. El marqués fue reconocido en 2013 como académico numerario con medalla en la Real Academia de Ciencias Morales.

Hacienda no somos todos

Un juez, por muy independiente que sea, suele necesitar informes de la Agencia Tributaria para investigar la corrupción. Hacienda es un ámbito donde los poderosos saben que se pueden jugar mucho. Sobre el control político de la justicia hay capítulos detallados en este libro, pero me detendré en el control que se ejerce sobre la Agencia Tributaria. Son los propios inspectores y técnicos los que critican las tentaciones y episodios de politización con nombramientos a dedo en la Oficina Nacional de Investigación del Fraude (ONIF). Porque, ¿cómo se controla políticamente este organismo para que haya dobles varas de medir? Ya nos dijeron en el juicio de Nóos para defender a la infanta Cristina que eso de que «Hacienda somos todos» debe circunscribirse «al ámbito de la publicidad, exclusivamente como forma de concienciación del país». La Abogacía del Estado defendía los intereses de la hija de Juan Carlos de Borbón y la representante de la Hacienda Pública en la causa, Dolores Ripoll, se alineó con fervor defendiendo esa tesis de que aquello era solo un eslogan. ¿Hacienda no somos todos?, ¿o no somos todos por igual? Y, si es así, ¿qué hacen para tener la situación controlada?

Partamos de algún ejemplo práctico. Contaremos la historia de cómo se crea un organismo en España para centralizar las investigaciones tributarias de corrupción y se pone al frente a cargos a dedo para tener el panorama controlado. Y eso se ha hecho. Sin rubor, con «libre designación», se quita a unos, se pone a otros, e incluso puede haber purgas en mitad de investigaciones sobre asuntos muy feos. Muy español y patriota todo, eso sí. En España, siendo presidente José María Aznar, se creó la ONIF. Pertenece a la Agencia Tributaria. Es un subdepartamento no autónomo dentro del departamento de Inspección. En la ONIF se han centralizado las actuaciones de la agencia respecto a temas de corrupción. Puede ocurrir, y ha ocurrido, que llega un ministro de Hacienda, Cristóbal Montoro, nombrado por Rajoy, y destituye a los cinco jefes de inspección de esta oficina que investiga el fraude, o nombra a un nuevo director al que se relaciona con el PP, Santiago Menéndez, y de número dos pone a Pilar Valiente, que había tenido que abandonar antes la presidencia de la Comisión Nacional del Mercado de Valores por el «caso Gescartera». Estos eran los grandes elegidos a dedo para dirigir la ONIF.

Insisto, no hablamos de cualquier cosa. Es la oficina que, en ese momento, llevaba casos como Gürtel o Nóos. Llegan, destituyen a inspectores y les dicen que saquen sus cosas personales de sus despachos de forma inmediata. Hablamos de inspectores que estaban investigando la contabilidad B del PP o chanchullos relacionados con la Casa Real. Al frente de la ONIF, Montoro decide esos cambios de un plumazo y elige a Menéndez, sobrino de Aurelio Menéndez. Aurelio había sido nombrado poco antes marqués de Ibias por Juan Carlos I, fue tutor de Felipe VI cuando era príncipe y ministro después de morir Franco. Hay más, porque un hermano del elegido para dirigir la ONIF, Adolfo, también había sido elegido secretario general de la Fundación Príncipe de Asturias. Antes fue subsecretario de Defensa y de Fomento en los Gobiernos de Aznar. Otro hermano, Anselmo, había sido elegido subdirector general de Arquitectura en ese Gobierno del PP.

La elegida como número dos de Santiago Menéndez fue Pilar Valiente, que había dimitido en la CNMV tras lo de Gescartera, la agencia de valores que fue intervenida al descubrirse un desfase patrimonial de 50 millones de euros. Valiente renunció tras aparecer un dietario de la presidenta de Gescartera, Pilar Giménez-Reyna, con reuniones, llamadas y supuestas intervenciones de Pilar Valiente para beneficiar a la agencia durante las investigaciones de la Comisión Nacional del Mercado de Valores. Para más señas, el hermano de Giménez-Reyna había sido nombrado secretario de Estado de Hacienda por Montoro en aquel tiempo. Ya ven que todo queda en casa. El hermano reconoció haber propiciado encuentros entre su hermana y la presidenta de la CNMV.

Cuando la pillaron con el carrito del helado, Pilar Giménez-Reyna declaró ante la justicia que ella fue «un florero, un elemento decorativo» en la agencia de valores, «la tonta más tonta de la oficina». Así lo dijo y añadió más: «No sabía que estaba en una cueva de ladrones», aunque «dije que no me importaba ser una mujer objeto», pero «me encasquetaron la presidencia». Ella no creía, eso sí, que la hubieran elegido por la posición de su hermano Enrique en el Gobierno. En su agenda, Pilar había anotado: «Enrique me llama. Pilar Valiente da revés a David Vives. Nos pide que aguantemos. No dar nombres de cheques al portador. No somos la Agencia Tributaria». Al final, no se sabía el destino de 8.356 millones de pesetas. El apoderado y director financiero de Gescartera declaró que estaban en el extranjero, a nombre de sociedades fuera del alcance de Hacienda.

Cuando Rajoy llega al Gobierno y el PP recupera el poder, Pilar Valiente es ascendida a número dos de la Oficina Nacional de Investigación del Fraude, la ONIF. Otros fueron destituidos, como Víctor de la Morena, que era jefe de investigación del «caso Gürtel» y la presunta corrupción en el Partido Popular. Además, Santiago Menéndez nombró a cinco nuevos jefes de equipo, todos a dedo, de libre designación. De Menéndez dependían los nuevos máximos responsables de cada una de las áreas de la ONIF. Como directora general de la Agencia Tributaria estaba Beatriz Viana, procedente de la delegación de Hacienda de Madrid. Viana no atendió la petición expresa del juez Castro de mantener en auxilio judicial a un funcionario de Vigilancia Aduanera que había colaborado estrechamente en las investigaciones del «caso Palma Arena» y en la parte que derivó en el «caso Nóos». No facilitó el trabajo del magistrado, sino todo lo contrario. Aunque a Beatriz Viana finalmente se la llevó por delante la polémica con el DNI de la infanta Cristina y los supuestos errores en la adjudicación de trece operaciones inmobiliarias, la vicepresidenta del Gobierno, Soraya Sáenz de Santamaría, anunció que Beatriz había pedido el relevo... Así que, con la salida de Viana, ¿qué pasará? ¡Ascenso para Santi! Montoro nombró director general de la Agencia Tributaria a Santiago Menéndez.

También cayó meses después una inspectora que investigaba en la Delegación Central de Grandes Contribuyentes a la multinacional cementera Cemex. Había en juego una sanción de unos 450 millones de euros. La inspectora Dolores Linares fue destituida. Investigaba a la cementera de capital mexicano por supuestamente simular pérdidas para rebajar su factura tributaria, según relataron varios funcionarios. Había algún hecho curioso, como que, en actos de la fundación ligada al PP, FAES, coincidieran el principal asesor jurídico tributario de la cementera con Santiago Menéndez y con el secretario de Equipo Económico, el despacho que fundó Montoro. Tras el despido de la inspectora que investigaba a Cemex, llegó la dimisión de su superior, el jefe de la dependencia, y del jefe de inspección de la Agencia Tributaria, entre otros, que criticó lo que estaba ocurriendo con «las notables diferencias que han surgido con la dirección general en los últimos meses en relación con diversos asuntos que, en mi opinión, constituyen ámbitos esenciales de decisión del departamento de inspección, y que se han resuelto en contra de nuestro criterio».

Al ya director general de la Agencia Tributaria, Santiago Menéndez, le preguntaron y declaró que eran cambios «normales», sin «ningún drama humano», para poder hacer equipos «más coherentes y cohesionados»: «No pido el carné político o su ideología» a ningún funcionario. Claro que, en charlas informales con periodistas, el dicharachero Cristóbal Montoro decía que eso estaba lleno de socialistas. El caso es que, controlado lo de Gürtel, lo de la Casa Real… cargos de libre designación aún faltaban por llegar. Cuando «se fue» Viana por lo del DNI de la infanta y pusieron a Menéndez a dirigir la agencia, quedaba libre la jefatura de la ONIF y fue nombrada Margarita García-Valdecasas. Hasta que un día la Guardia Civil se presentó en su casa porque su marido —sí, nada menos que el esposo de la jefa de la Oficina Antifraude— estaba acusado de liderar una red de evasión de impuestos para grandes fortunas. El diario *El Confidencial* contó que hasta quinientas fortunas españolas se aprovecharon de una trama de gestores liderada por Alejandro Pérez Calzada, casado con García-Valdecasas. Otra que parece ser que encajaba en el perfil de los «elegidos».

Margarita, que pide que la llamen Marga, la escogida por Montoro y Menéndez, era la hermana de Julia, que había sido ministra de Administraciones Públicas con Aznar, delegada del Gobierno en Cataluña y diputada del PP. Su padre, Francisco García-Valdecasas, fue rector de la Universidad de Barcelona en tiempos de Franco, conocido por la represión a los estudiantes, y vinculado a la llamada «capuchinada». Manuel Vázquez Montalbán escribió: «El rector García-Valdecasas dejó el listón represivo muy alto. Aún le recuerdo [...]. La carga de una policía brutal y los juicios por rebelión militar por equiparación o del Tribunal de Orden Público. A veces ibas a una manifestación y García-Valdecasas y sus cómplices históricos conseguían que tardaras dos, tres, cuatro años en volver a casa». Era primo hermano de Alfonso García Valdecasas, uno de los fundadores de Falange Española.

Total, que la Guardia Civil entró en casa de Marga, la directora de la Oficina Nacional de Investigación del Fraude de la Agencia Tributaria. La UCO registró la vivienda del matrimonio. El diario *El Confidencial* contó que «de las pesquisas, se desprende que la propia García-Valdecasas recibió transferencias de fondos generados por el grupo de su marido desde cuentas del Banco Santander. La entidad tiene a varios directivos imputados en las derivas de esta macrocausa. La red, bautizada con el nombre de Charisma, toma el nombre del barco del marido, Pérez Calzada, un lujoso velero de 17,02 metros de eslora con el que dio la vuelta al mundo y compitió en regatas de todos los océanos. Según las investigaciones, en la cúspide del esquema defraudatorio se encontraba Venture Finanzas, una sociedad de valores creada por Pérez Calzada, especializada en captar clientes interesados en ocultar bienes o dinero negro a Hacienda. Contaba con una segunda compañía en Suiza y dos firmas instrumentales, una luxemburguesa y otra chipriota. También depositaba dinero en bancos andorranos y tenía ramificaciones en Irlanda y Panamá. La trama usó decenas de sociedades instrumentales y testaferros. Las diligencias tenían su origen en la filtración de la lista Falciani del HSBC».

¿Y por qué no deshojar la margarita? ¿Por qué tenía que ser ella la colocada al frente de la ONIF? ¿No había otra? Para hacernos alguna idea más de la politización de la Agencia Tributaria, en 2015, la jefa de la ONIF, Margarita García-Valdecasas, salió a defender con fervor que había que exculpar al PP de delito fiscal por las donaciones recibidas de constructores contempladas en los papeles de Bárcenas. Antes de que el juez Pablo Ruz terminara destinado a Móstoles, el magistrado vivió cosas muy feas, como que el PP difundiera un argumentario contra sus criterios antes de que el juez recibiera la respuesta oficial que había solicitado a Hacienda. La Asociación de Abogados Demócratas por Europa, ADADE, denunció que el Partido Popular había recibido un informe pericial de la Agencia Tributaria sobre posible fraude fiscal del PP con donaciones ilegales antes de que se enviara al juez Ruz. Según ADADE, quien recibió la filtración de este informe pericial fue Rogelio Menéndez, asesor de Montoro y hermano del director de la Agencia Tributaria, Santiago Menéndez. Hubo más: «Cuando los peritos concluyeron que podía haber financiación ilegal, el informe posterior que elaboró Rogelio Menéndez comparaba los donativos que podía recibir un partido político con los que recibe Cáritas», según denunció José María Mollinedo, secretario general del Sindicato de Técnicos del Ministerio de Hacienda, Gestha. El Ministerio de Hacienda difundió un comunicado basado en parte en el informe fiscal y con varias conclusiones propias. Hacienda comparaba en ese escrito el impago de impuestos del

PP por sus donaciones ilegales con el que pudieran hacer Cáritas o Cruz Roja en caso de recibir «dinero negro» dedicado a «dar de comer a niños».

García-Valdecasas dijo que el cálculo para determinar el fraude fiscal del PP «resulta irreal y contrario al principio de verdad material». El informe de la Agencia Tributaria hacía cálculos y lecturas de cifras de dinero defraudado que beneficiaban los intereses del PP para librarse del delito fiscal y otro informe para delimitar la responsabilidad penal y ante Hacienda por el pago de las obras de la sede del partido con dinero de la caja B. Poco después, todavía gobernando el Partido Popular, la Fiscalía Anticorrupción decidió que no acusaría al PP por un delito fiscal relacionado con el impago del Impuesto de Sociedades por las donaciones ilegales. Cambiando el criterio, Anticorrupción pedía expresamente que se archivara la causa contra el partido por delito fiscal, después de haber apoyado lo contrario durante más de dos años con el criterio del juez Pablo Ruz. El fiscal Antonio Romeral echaba mano de informes remitidos por la Agencia Tributaria que defendían las tesis del Partido Popular.

En 2016 tuvo lugar el registro en la vivienda de García-Valdecasas. En 2021, Marga fue a declarar en los tribunales para exculpar al PP y sostener que el partido no cometió ninguna irregularidad fiscal al no declarar en el Impuesto de Sociedades el dinero recibido como donaciones de empresarios que aparece en los papeles de Bárcenas. Afectaba a 2008, el único año que no habría prescrito. Aun así, la ya exresponsable de la ONIF defendió los intereses del partido en la Audiencia Nacional. A Ruz ya lo habían mandado a Móstoles. El dinero de la caja B se usó, entre otras cosas, para pagar sobresueldos a dirigentes del partido. Defender al PP en la Audiencia era sostener que esas prácticas eran «fines y objetos de los partidos» exentos de tributar, dada la condición de entidad sin ánimo de lucro que la ley otorga a las formaciones políticas.

La Audiencia Nacional condenó ese año al Partido Popular, a su extesorero Bárcenas y a los socios de la empresa de reformas por pagar en negro la obra de la sede de la calle Génova de Madrid. Era la tercera sentencia sobre la contabilidad B tras las dictadas por la Audiencia Nacional en 2018 y el Tribunal Supremo en 2020. Eso sí, el tribunal descartó condenar al PP por el delito fiscal de no declarar las donaciones reflejadas en los papeles de Bárcenas en el Impuesto de Sociedades de 2008. Para ello, los jueces tuvieron en cuenta el testimonio de Margarita García-Valdecasas como exjefa de la ONIF.

Hay más, porque en España, mientras se recortaba en Sanidad o Educación y se abarataba el despido, con aquel equipo de Montoro se aprobaba una amnistía fiscal de la que podían beneficiarse corruptos que tuvieran el dinero en el extranjero. Cristóbal, como ministro de Hacienda, impulsó la medida. Cinco años pasaron hasta que fue tumbada por el Tribunal Constitucional. Tarde. Ya ven que las cosas de la justicia van a un ritmo curioso. Es más, el tribunal avaló las declaraciones que habían hecho los más de 31.000 contribuyentes para regularizar el dinero evadido. Y eso que decía que «afecta a la esencia del deber de contribuir al sostenimiento de los gastos públicos, alterando sustancialmente el reparto de la carga tributaria a la que deben contribuir la generalidad de los contribuyentes, según los criterios de capacidad económica, igualdad y progresividad». Que se hizo mal, pero que circulen.

El Gobierno había estimado que ingresaría unos 2.500 millones y recaudó 1.200. Hacienda exigía pagar el 10 % para que los defraudadores regularizaran capitales ocultos y el 8 % para empresas evasoras que repatriaran dividendos. Enseguida llegaron incluso las rebajas de remate final: Montoro permitió que el gravamen se aplicara solo sobre los rendimientos de los ejercicios no prescritos, con lo que, a efectos prácticos, los evasores blanqueaban el dinero pagando apenas un 3 %. Es un escándalo, porque al mismo tiempo España recibía noticias de fortunas en el extranjero que iban desde el rey hasta exministros, extesoreros de partidos, exjefes de bancos, etc. Para más inri, en esos años hubo una subida generalizada de impuestos que pagaron sobre todo las clases trabajadoras.

Desde UPyD y Ciudadanos llegaron a señalar al equipo de Montoro por haber facilitado amnistías a medida para gente relacionada con el PP. Cs apuntó a preparativos para facilitar que Luis Bárcenas se acogiera a la amnistía fiscal reuniéndose con autoridades de la Oficina Nacional de Investigación del Fraude. Ciudadanos apuntó al director de la Agencia Tributaria, Santiago Menéndez, asegurando que tenían fuentes en el organismo que certificaban esos encuentros. UPyD pidió el libro de registro de la ONIF para conocer las visitas a la sede de la oficina, pero dijeron que la Ley de Protección de Datos obligaba a eliminar los registros de entrada y salida un mes después de que se produjeran.

La amnistía fiscal permitió que se beneficiaran algunos de los protagonistas de los principales casos de corrupción investigados. Bárcenas decía haber regularizado casi 11 millones de euros. Más escandaloso, si cabe, fue saber cómo se benefició un exjefe de Montoro, Rodrigo Rato. El exministro de Economía y Hacienda fue incluido en la lista. La Fiscalía Especial contra la Corrupción y la Criminalidad Organizada señaló que el ex vicepresidente del Gobierno ocultó patrimonio al fisco desde 1999, con sociedades en países como Panamá y actividades de inversión financiera con cuentas bancarias abiertas en Suiza,

Luxemburgo, Mónaco, Bahamas, Isla de Man, Kuwait o Curaçao. Rato se acogió a la amnistía fiscal declarando solo una sociedad y ocultando el resto para declarar un patrimonio en el exterior de poco más de 115.000 euros y pagando a Hacienda unos 11.500 euros. La propia Fiscalía contó que «lejos de haber regularizado ni administrativa ni penalmente [...] la utilizó como vehículo de blanqueamiento o limpieza de las ilícitas cuotas defraudadas que arrastraba desde hacía años por su patrimonio exterior». En la documentación intervenida a Rato podía verse que hubo incrementos patrimoniales no justificados de más de 15,6 millones de euros en diez años, además de rendimientos de capital mobiliario en el exterior, tampoco declarados a Hacienda. ¿Es una vergüenza? Sí, lo es.

Había más con cuentas en el extranjero. El exconsejero de Deportes de la Comunidad de Madrid, Alberto López Viejo, también se acogió a la amnistía con 450.000 euros de una cuenta en Suiza y pagó a Hacienda 4.722 euros. Francisco Granados, exsenador y secretario general del PP de Madrid, tenía una cuenta en Suiza con al menos 1,5 millones de euros aflorados a finales de 2012 y principios de 2013. De la familia Pujol, dos de los hijos, Josep y Oleguer, tiraron de la amnistía para traer al menos dos y tres millones de euros, respectivamente. Del «caso Nóos», Diego Torres, exsocio de Urdangarin, regularizó 160.000 euros de una cuenta en Luxemburgo. Del «caso Lezo», Edmundo Rodríguez regularizó una cartera de fondos valorada en 402.239 euros que estaban ocultos en un banco suizo.

En definitiva, se acogieron a la amnistía fiscal de Montoro 31.000 contribuyentes y regularizaron casi 40.000 millones de euros. Años después, el Tribunal Constitucional dijo que la amnistía supuso «la abdicación del Estado ante su obligación de hacer efectivo el deber de todos» de pagar impuestos, pero no se modificaba por seguridad jurídica. Se permitió regularizar a ese tipo efectivo del 3 % y no pagar por los bienes ya prescritos regularizados gratis; no hubo sanciones, se eximió a los defraudadores de recargos como intereses de demora, y lo regularizado se consideraba «renta declarada a todos los efectos», por lo que no tenían que dar explicaciones a Hacienda. Que ya nos dijeron que somos todos, pero que no, que depende.

En 2015, el diario *El País* publicó que, en los últimos años, cada dos días un inspector de Hacienda ascendía a dedo: «Revisando el *Boletín Oficial del Estado* de los últimos doce años, en las tres últimas legislaturas se han producido 2.169 nombramientos (y ceses) de libre designación. La movilidad y la arbitrariedad en nombramientos y ceses entre un colectivo que no supera los 1.400 inspectores no tiene parangón en la Administración del Estado. Puede afirmarse que entre el 40 % y el 50 % de los inspectores de Hacienda son cargos de libre designación, pero esa condición cambia permanentemente». Y esto afectaba a los mandatos de Montoro, Solbes o Elena Salgado. Las asociaciones de inspectores llevan años denunciando que estos nombramientos a dedo, con ascensos o destituciones, promueven la politización de un organismo que debería ser absolutamente independiente, pero se fomentan las obediencias, las pérdidas de imparcialidad, las afinidades ideológicas o el nepotismo, porque la libre designación supone, además, retribuciones variables que pueden superar el 40 % del sueldo.

Atado y bien atado

Hay cosas que son opinables. Otras son, sencillamente, mentira. Como periodistas, nuestro deber es decirlo. Igual que no hay debates sobre si dos más dos son cuatro, hay que dejar bien claro que Franco fue un corrupto, un golpista y un dictador, que se forró, enriqueció a los suyos, ordenó ejecuciones, encarcelamientos y torturas. Son datos. No es opinión. Por más que determinados voceros intenten confundir y blanquearlo. Aún hay en España una herencia franquista que expande una nebulosa con este asunto. Está en la política, en la justicia, en la economía, en la cultura, en la religión... Décadas de dictadura sirvieron para echar raíces que, todavía hoy, mantienen ramificaciones vigorosas. Gentes que forjaron su fortuna a partir de sus antepasados con el régimen de Franco, partidos creados por hombres del franquismo o que defienden parte de su doctrina, un sistema judicial que arrastra déficits desde tiempos rancios. Hubo crimen y persecución bendecidos en nombre de Dios, sin que se hayan reparado. Hay pensamientos retrógrados aún presentes en sectores sociales... Muchos años de un régimen totalitario dieron como resultado que el franquismo siga presente y que cueste expulsarlo del todo.

Franco no fue ese tipo modesto, desinteresado, que intentó pintar el régimen y sus adeptos. El historiador Ángel Viñas documenta que el dictador fue un corrupto. En *La otra cara del Caudillo,* Viñas cuenta que el general terminó la Guerra Civil con 32 millones de pesetas de la época, el equivalente a 388 millones de euros. Es llamativa la operación del café donado por el dictador brasileño Getúlio Vargas al pueblo español. Franco lo distribuyó y lo vendió haciéndose con 7,5 millones de pesetas, el equivalente a 85,6 millones de euros. Además, de Telefónica recibió una asignación de 10.000 pesetas al mes, 114.000 euros. Según revela el historiador, el general también se embolsó una enorme cantidad de dinero de las donaciones que se hicieron al bando nacional. Se admitían donativos en metálico, en oro y especies para financiar «la gloriosa cruzada de liberación» para «la gran obra nacional». Se llevó su parte. Usó incluso a personas interpuestas para invertir en activos como fincas.

En *Un pueblo traicionado,* el historiador Paul Preston cita la cifra total de «4.000 millones de pesetas, unos 24 millones de euros» en regalos al dictador, «sin incluir probablemente el valor de los cientos de medallas de oro conmemorativas que entregaron poblaciones y entidades de toda España y que doña Carmen mandó fundir para producir lingotes». La mujer de Franco, Carmen Polo, apodada «la Collares», jugó su papel en la rapiña. Por ejemplo, en el décimo Día del Caudillo, el 1 de octubre de 1946, Franco recibió de las autoridades de 50 provincias españolas un escudo de oro y platino con incrustaciones de rubíes, diamantes y esmeraldas. Cuando murió el general, ella supervisó una carga en camiones de «innumerables joyas, antigüedades, cuadros y tapices para trasladarlos a diversas propiedades de la familia o a refugios en el extranjero. Se alega que algunos objetos de valor incalculable pertenecían a la nación, pero que no hubo vigilancia alguna de los responsables de Patrimonio Nacional», cuenta el historiador.

Hay signos de la ignominia, como que Hitler regaló a Franco un todoterreno Daimler-Benz valorado en 33.597 marcos de la época, unos 400.000 euros de hoy. También se daban circunstancias que resultan tragicómicas, como el miedo que tenían los joyeros a que «la Collares» entrara en su establecimiento y le gustara algo, porque había que ofrecérselo como regalo. Paul Preston habla de una alianza de varias joyerías para colectivizar las pérdidas si doña Carmen les «honraba con su visita». Como para negarle algo que le apeteciera a la esposa del criminal.

El periodista Mariano Sánchez Soler, en *La familia Franco S. A.*, cuenta que es prácticamente imposible calcular la fortuna de la familia y sus cercanos durante la dictadura: «Algunos, vinculados durante algún tiempo al círculo familiar de los Franco, pronosticaron más de 20.000 millones de pesetas (120 millones de euros). Otros, tras una investigación aproximativa, multiplicaron esa cifra por cinco (600 millones de euros)».

Joaquín Gil, periodista de Investigación del diario *El País*, publicó en 2019 que «los nietos del que fuera jefe de Estado» manejaban «una intrincada telaraña de 21 sociedades que acumula un patrimonio neto de 102,5 millones y 404 propiedades». Gil escribió que «el pastel inmobiliario incluye un palacio, 89 viviendas, 266 plazas de garaje, 29 fincas, cinco locales comerciales y tres prados. Las relaciones públicas (Ocnarf SL), las guarderías (Servicios infantiles Dulcinea SL) o los hoteles (CM 16 SL) planean en el conglomerado. El esquema societario se extiende a través de una participación del 17 % hasta Dulcinea Nutrición SL, una compañía que llegó a ser adjudicataria de las cafeterías del palacio de La Moncloa, sede del Gobierno de

España en democracia, que ha cobrado tres millones de euros de organismos públicos entre 2016 y 2019. También acumuló huelgas por el impago de salarios a su plantilla. El Estado Mayor de la Defensa, el Consejo Superior de Investigaciones Científicas (CSIC), el Ministerio de Trabajo o el Ayuntamiento de Málaga han contratado los servicios de esta firma». Hay más datos ilustrativos, cuenta Gil, como que «la empresa Montecopel SA, que acumula un patrimonio neto de 12,4 millones, se acogió a la amnistía fiscal aprobada por el Gobierno de Mariano Rajoy en 2012, para regularizar 7,6 millones de "rendimientos en el exterior", según las cuentas de esta sociedad».

«Tabaco, transporte de fertilizantes, cemento, carbón, República Checa, Rumanía, Eslovaquia...» son actividades y países hasta donde llegan los tentáculos empresariales, según el periodista. Pilar Franco, hermana del dictador, llegó a decir: «Aunque se habla mucho de la fortuna de los Franco, no tenemos dónde caernos muertos». Luis Felipe Utrera-Molina afirmaba que el origen de la fortuna estaba en que la mujer del dictador tenía «una familia muy rica» y Franco era un hombre sin ninguna avaricia. Lo cierto es que el «Generalísimo y Caudillo de España por la gracia de Dios» murió rico y dejó una herencia muy suculenta. Joaquín Gil, que firmaba la información «El gran negocio de los nietos de Franco: 102 millones de euros y 404 propiedades», se preguntaba: «¿Dónde radica el origen de este tinglado empresarial? La respuesta conduce a un general que en 1940 cobraba una nómina anual como jefe del Estado de 50.000 pesetas (300 euros)». A él, a los que medraron entonces y a los que han venido después les ha ido muy bien. Muchos siguen ahí. Dirán que es amor a la bandera, pero mientras han llenado su cartera.

Soy de los que cree que este país ha avanzado mucho desde la muerte del dictador. Solo hay que ver cómo era España y cómo es ahora. En libertades, en infraestructuras, en cultura, en modos de vida, en el sistema de bienestar... Eso no quita para ser crítico y detectar los vestigios del franquismo en la España actual. La mayor impotencia es ver que, en no pocos aspectos, ni siquiera hay voluntad de cambiar. Lo más razonable sería condenar un régimen que parte de un golpe de Estado contra un Gobierno democrático. Fue una traición a los españoles, encabezada por militares golpistas, con la ayuda de los nazis alemanes y los fascistas italianos. Hoy en día algunos se llenan la boca con aquello de que «hay que cumplir la ley», pero ignoran este pasado ilegal bastante reciente. Difícilmente se puede construir si se edifica sobre cimientos tramposos. En democracia, lo normal sería que, en pocas fechas, todos los partidos se hubieran puesto de acuerdo para condenar el franquismo y que siempre hubiera consenso sobre la reparación de las víctimas. No ha ocurrido.

El golpismo dio paso a un conflicto bélico con más de medio millón de muertos, otros tantos exiliados y trescientos campos de concentración por los que pudo pasar hasta un millón de españoles. Lo lideró el mismo asesino, Francisco Franco, que después dedicó décadas a masacrar a los perdedores y a sus familias. Él y sus más cercanos partidarios se enriquecieron. Sus herederos disfrutan de la herencia recibida, fruto de la rapiña del criminal. Todavía hay quienes gozan de esa fortuna y sacan pecho. Es una forma de ensalzar al dictador, mientras existen familiares que soportan que sus víctimas sigan en las cunetas y que haya torturadores con medalla. Continúa habiendo más de cien mil desaparecidos cuyos restos no han podido recuperar las familias. Te llaman resentido y dicen que abres heridas, pero pretenden mantener cerrada, a cal y canto, semejante losa sobre cualquier democracia decente.

Lo digno es denunciar esta situación. Los perdedores de la guerra querrían que se hiciera. Debería ser con el acuerdo de todos los partidos y sin hacer de ello una disputa o un culebrón político y mediático. No se ha hecho. Aún hay quienes consideran normales estas cosas o miran para otro lado. También quienes solo se acuerdan de la situación para intentar sacar algún rédito electoralista. La política no ha hecho los deberes que tiene aún pendientes para reparar las gravísimas violaciones de derechos humanos cometidas por la dictadura franquista. Esto parte de no haber impartido justicia con lo que supuso el golpe de Estado del 18 de julio de 1936, que dio origen a que un golpista iniciara una guerra civil, instaurase una dictadura, fusilara, encarcelara, torturara, provocara el exilio y persiguiera a una parte de España. A partir de ahí, un régimen totalitario de cuatro décadas dio paso a una transición que no quiso perseguir a sus verdugos.

En España, a menudo, nos ponen como ejemplo a Alemania para apretarnos el cinturón de la economía, pero no se fijan en la gestión que ambos países han hecho tras dos regímenes autoritarios, el de Hitler y el de Franco. Aquí ha habido manga ancha respecto a crímenes contra la humanidad. Como dice Emilio Silva, fundador de la Asociación para la Recuperación de la Memoria Histórica, «en España hay una discriminación de los poderes del Estado entre víctimas de distintas violencias. Las del terrorismo tienen acceso a derechos como la verdad y la justicia. Las del franquismo no han visto jamás a un solo acusado sentado en un banquillo, en un país en el que los golpistas hicieron desaparecer a decenas de miles de civiles, violaron a miles de mujeres, saquearon los bienes de miles de familias republicanas, torturaron y siguieron asesinando, persiguieron por razones políticas o morales a miles de personas y todos esos gravísimos delitos no han tenido una sola consecuencia penal».

España no ha arreglado las cuentas con su pasado. Hubo una amnistía que permitió, y permite, que no haya justicia. Asesinos y golpistas contra un gobierno democrático quedaron impunes. Eso no es dar ejemplo. Es más, a la impunidad de los verdugos le siguió el lucro. Suyo y de sus herederos. Así continúa. ¿Hubo avances con la Constitución? Claro que los hubo y los hay, pero es justo reconocer estos errores de base y que haya víctimas que lamenten que no ha habido un trayecto justo en materia de derechos humanos. Es más, fueron los nietos quienes empezaron a buscar a sus abuelos, luchando contra la ocultación de los crímenes y con el silencio de los parlamentos. Las víctimas del golpismo y de la posterior dictadura han soportado traiciones y humillación. Todavía hoy, muchas de ellas se sienten una moneda de cambio en un país que no ha sabido consensuar algo que debiera ser la base de un sistema democrático.

Amnistía no es amnesia. En nuestro país, a las víctimas que se niegan a olvidar, a las familias de los perdedores o a quienes les defienden se les llega a acusar de rencorosos o que «abren heridas», pero los familiares de los golpistas y quienes les apoyaron mantuvieron su derecho a repartirse y disfrutar impunemente de los millones de la herencia. Hay torturadores con medallas pensionadas y víctimas en cunetas. Han existido y existen policías franquistas que siguen cobrando pensiones especiales por haber torturado durante la dictadura y familiares que no han podido honrar a quienes fueron su presa. Ellos mismos se constituyeron en asociación para cubrir el lugar de la oficina que debería tener el Estado para atender a las familias, buscar a personas desaparecidas, investigar sobre documentación de familiares de presos o familias de exiliados o deportados a los campos nazis. Como dice Emilio Silva, «se ha optado más por la estética que por la ética, porque si se considerase que hay que hacer justicia, perseguirían a los responsables de estas violaciones de los derechos humanos y el Estado no pasaría de puntillas sobre la asistencia a las víctimas en tantos apartados».

El Tribunal Supremo de España, el 4 de junio de 2019, reconocía al golpista Franco como «jefe del Estado desde el 1 de octubre de 1936», es decir, poco después del golpe que inició la Guerra Civil, con Manuel Azaña aún como presidente de la República. Como decía el hispanista Ian Gibson, «un asco ante los ojos del mundo civilizado. Un desprecio a las víctimas del genocida». El alto tribunal español asumía que una Junta de Defensa Nacional con militares golpistas nombró a Francisco Franco jefe del Gobierno del Estado en septiembre de 1936. La autoridad franquista fue reconocida ese año por los nazis alemanes y los fascistas italianos, colaboradores de Franco en la masacre de cientos de miles de españoles. La Asociación para la Recuperación de la Memoria Histórica señalaba que el Tribunal Supremo no había tenido reparos ni en que uno de sus magistrados, José Luis Requero, fuera padrino de una de las hijas del abogado Santiago Milans del Bosch, que había colaborado con la Fundación Franco. Dicho esto, Francisco Franco no era el jefe del Estado en 1936. Era un traidor que había dado un golpe de Estado contra el Gobierno legal y legítimo de España.

Después, y todavía hoy, no ha habido justicia y sí una élite que proviene de esos tiempos con mucho poder e influencia para tejer incluso una democracia a la medida de sus privilegios. Imaginemos si en 1949 la República Federal Alemana hubiera querido consensuar una Constitución con lo que quedaba del Partido Nacionalsocialista. En España todavía hoy se justifica la obra de Franco, se miente sobre lo que hizo y lo hacen quienes cobran un sueldo público por ello, incluso pagado por sus víctimas. Silva considera que «en España la transición se hizo a través de una transacción. Se hizo lo que se podía hacer, a la sombra vigilante de las bayonetas». Además, con un enorme déficit cultural. Con generaciones que no han estudiado la dictadura, que quedaba para los minutos de descuento del temario en las aulas o era tratada con equidistancia y oscurantismo. Desde la muerte de Franco, los gobiernos han dejado mucho que desear en este aspecto, incluso escondiendo el relato de lo ocurrido en los libros de texto.

La correa de transmisión de un rey educado por el dictador, protegido por él y bendecido como heredero en la Jefatura del Estado, ha tenido también tics de miedo y ocultación de los hábitos del monarca. No se contaba lo que afectara a Juan Carlos I como si fuera un intocable. Inviolable sí. Consagrado así en la Constitución sin pudor. Y el tiempo ha demostrado que otras prácticas, como el llamado «capitalismo de amiguetes», también se han heredado. Ha habido una serie de aspirantes a influencia y enriquecimiento que buscaban el buen árbol al que arrimarse y, como tal, eran beneficiados por esa proximidad al jefe del Estado. El nepotismo y el tráfico de influencias entre lo más casposo de la sociología española se traduce también como reflejo de la corrupción institucional. Intocables. Proteger, no tocar, para ser protegidos. Élites en torno a intereses comunes que marcan escalafones corrompidos entre los de arriba y los de abajo. Colaboracionismo. Que no se sepa, porque nos beneficia. No interesa el bien común, sino lo que a mí y a los míos nos puede reportar.

Mucho se ha hablado en los últimos tiempos, más actuales, de las llamadas puertas giratorias. Esto es, pasar del poder político, de la gestión pública, al ámbito privado, donde el individuo en cuestión podía haber llegado por el privilegio de ser quien era, del cargo que ostentaba, y ponerse a administrar en la esfera privada aquello relacionado con el espacio público en el que se encontraba. No es algo exclusivo de la actualidad. En el franquismo y en la etapa posterior dejó una vergonzante herida. No se ha hecho un listado oficial de quienes asesinaban ni los familiares pueden acceder a ello. Tampoco lo hay oficialmente de quienes se llevaron dinero que no era suyo. Lo que sí hay es una permanencia en el poder —en este caso hablamos del económico— de aquellos que pudieron participar y beneficiarse de la dictadura franquista. Hablamos de un régimen que torturó y firmó penas de muerte. Valga el dato de que hasta 43 ministros de la dictadura se convirtieron en ejecutivos destacados del sector bancario. Otros siguieron en distintas empresas de los principales sectores. Así pues, los ex de Franco en su gobierno dictatorial pasaron a la banca, a la construcción, a energéticas, alimentarias, autopistas, medios de comunicación, hoteleras…

También hay, por otra parte, apellidos que resplandecían económicamente durante el franquismo y lo han seguido haciendo durante la democracia. Villar Mir, March, Entrecanales, Villalonga, Oriol y Urquijo, Espinosa de los Monteros, Domecq, Sagnier, Muñoz Ramonet, Barrié, Fierro, Huarte, Koplowitz, Coca, Banús, Aguirre, Carceller, Cortina, Abelló, Meliá, Fenosa, Letona, Banús, Castell, Gamero, Ridruejo, Garnica, Deleitosa, Arteche, Cadagua… Mariano Sánchez Soler, en el libro citado anteriormente, hace un recorrido en torno a los círculos económicos durante la dictadura y después. En la construcción, en las empresas energéticas, en la banca, en el sector alimentario y agrícola, en los medios de comunicación, en la Iglesia o en la política ha habido y hay nombres que provienen de familias muy favorecidas por el régimen de Franco.

Cabe recordar que Francisco Franco y los suyos favorecieron a sus «familias». Muchas de ellas le ayudaron a ganar la guerra. También en el ámbito económico pagaron los perdedores y hubo empresarios que huyeron durante el conflicto o después.

Otros fueron perseguidos por considerarlos proclives o partícipes del sistema democrático republicano. Los hubo que se adaptaron a la nueva etapa de la dictadura y otros comenzaron a florecer a la sombra del «caudillo» y sus adláteres. Ni devolver lo robado, ni pedir perdón. Es más, muchos se creen que todavía España les debe mucho por ser emprendedores, o los que sacan el país adelante. Ni se hizo justicia, ni hay moral en semejante sinsentido. Hay importantes empresas que hicieron fortuna con los esclavos políticos. No lo han reparado. Es más, siguen siendo muy influyentes en las decisiones que, hoy en día, se toman en democracia, porque siguen siendo grupos de presión. Cuando se habla de cerrar heridas, prácticamente no tienen en cuenta estas circunstancias, porque eso para algunos es cerrar la boca. Dicho de otra forma, siguen siendo muy poderosos.

Aquello del queda «atado y bien atado» tiene su sentido cuando se sabe que el 20 de noviembre de 1975 España llegó al sonrojante acontecimiento de que el viejo dictador muriera en la cama. Aunque no lo es menos que unos cuantos mantuvieran el poder de los privilegiados, sin restituir el botín. Una fortuna acumulada, muchas veces, a cuenta de la sangre de los perdedores. Los contactos, las prebendas y los pelotazos tenían un coto privilegiado. Para quienes se han dedicado también a blanquear la herencia franquista, el dictador era poco menos que un hombre ejemplar y dicen que en España por entonces no se robaba, porque se castigaba duramente. No es verdad. Los ladrones más grandes, los de cuello blanco, proliferaron durante el régimen, beneficiándose del sistema autoritario. Amasaron fortunas que jamás han devuelto, aunque tuvieran su origen en las prácticas corruptas de tiempos dictatoriales.

No siempre fue así. No todo el mundo trabajó y ganó dinero suciamente, por supuesto. Los hubo, eso sí, que se beneficiaron ampliamente de los favores del régimen, y de aquellos polvos, estos lodos. Siguen, por cierto, moviéndose como peces en las aguas movedizas de la corrupción institucional. Muchos hijos y nietos de quienes fueron destacados dirigentes franquistas han mantenido en la sociedad actual un papel dirigente que proviene de ese favoritismo. Unos labraron su vida independientemente de sus orígenes, aunque con una jugosa herencia económica. Otros, básicamente, forjaron su trayectoria a partir de esas fortunas con muchos millones de pesetas que arrancaban del saqueo, el ventajismo y la rapiña durante el régimen totalitario.

Redes clientelares

Decenas de miles de cargos con un sueldo público dependen en España de un partido político. En función de quien gobierne o de su cuota de poder, existen puestos de trabajo que están garantizados o no y van vinculados a esa formación. Hay disputa e intereses creados por esos puestos. Los partidos representan un eslabón clave en el sistema de representación de una democracia, pero suponen también una serie de particularidades a tener en cuenta en un espacio donde se debe aspirar a la representatividad, no a acomodarse por el sueldo, trepar o tejer redes clientelares que son un tapón para que la democracia se mueva y esté más viva. Partidos, sí, pero más democracia, más conexión con la sociedad, menos servidumbres y menos culto a los líderes y sus círculos de poder. Si un partido político va relacionado con una serie de aportaciones de dinero público, se trata de hacerse merecedores de esas partidas, no de beneficiarse de un sistema de reparto como si se tratara de una competición por hacerse con una clientela con un salario pagado por todos.

Cuando hay unas elecciones, está en juego que cambie un gobierno, ya sea europeo, central, autonómico, provincial o local, pero también va ligado a cargos y empleos con designaciones a dedo. No se trata solo de un candidato o un grupo de candidatos que dan la cara. Detrás puede haber una auténtica maquinaria de puestos que se juegan su futuro con esa elección. Cargos de libre designación, de confianza, directores, secretarios, subsecretarios, asesores, ayudantes... Son decenas de miles de empleados públicos que dependen de los partidos políticos, de sus afinidades y de sus círculos de confianza. Es una gran estructura que pagamos con los presupuestos de todos. El mérito debe ser la causa de un nombramiento, no establecer un tejido que anquilosa la toma de decisiones con cargos que ocupan el puesto con actitud de apacentar.

No deja de ser curioso cómo, en España, se sumaba a este debate un líder político, como el de Vox, que criticaba los llamados chiringuitos políticos, cuando él cobró por ocupar puestos a dedo, de escaso trabajo, en la Comunidad de Madrid, muy bien remunerados, por tareas que destacaron por su falta de transparencia. Santiago Abascal experimentó lo que Esperanza Aguirre bautizó como las «mamandurrias». En mi pueblo se le llama «chupar del bote». Y Abascal, que no ha detallado la labor que desempeñó, si es que la hubo como para justificar ese salario, ni ha devuelto el dinero ni representa, por desgracia, el único caso. En España son unos cuantos los dirigentes políticos que prácticamente no han hecho otra cosa que vivir de la política. Todavía si los resultados de su labor como servidores públicos lo justifican, tendría un pase, pero los hay absolutamente prescindibles.

El clientelismo no anida solo en la política. Desde ahí tiene ramificaciones con el sistema judicial, las Fuerzas de Seguridad del Estado, la Agencia Tributaria, las empresas públicas, las que están relacionadas con ellas, los medios de comunicación, la

Administración en general. Hay casos en los que el currículum del cargo en cuestión le puede hacer merecedor del puesto. Sus méritos son acordes a la función que debe desempeñar. En otros, simplemente es una determinada afiliación, lealtad o cualquier cercanía de un rango parecido. El clientelismo también es, de alguna forma, corrupción. Vicia el sistema, no llegan los más preparados e impiden regenerarlo, que se revitalice, que mejore, que avance. Las redes clientelares son el colesterol de nuestra sociedad. No es de ahora, porque varios de nuestros autores clásicos ya lo reflejaron en su obra.

Por encima de ellos aparece el papel del cacique o los caciques. Son aquellos que reparten. Son vistos y se hacen ver como los valedores, los que conceden los favores, los amos, que tienen, por así decirlo, sus siervos. Entiéndase esto como las servidumbres que cultivan respecto a aquellos que les van a deber lealtad. No por su valía, sino por lo que puedan obtener a cambio. El riesgo es hasta qué punto estas redes clientelares han acabado acaparando importantes parcelas del espacio público. Difícilmente se encuentra parangón en Europa y tampoco parece que se estén tomando medidas para combatir y descongestionar esos tapones. Digamos que es un clientelismo que ha echado raíces, que en unos casos viene ya de regímenes incluso anteriores al franquismo, que no fue desarticulado del todo, que con la dictadura se amplió enormemente, que tampoco se regeneró completamente y que, con el sistema de partidos, ha ido añadiendo también sus capas. Democracia, sí; partidos, también, pero con apertura de miras y no levantamiento de muros a modo de búnker. Llevamos un acumulado que debe regenerarse todo lo posible.

Hay un problema porque, a menudo, quienes podrían emprender esa regeneración de la vida pública son aquellos que se deben a estas redes clientelares. Esos mismos mandatarios pueden haber adquirido compromisos, por una parte, y por otra, piensan que les conviene tener un buen número de parroquianos a su servicio, que le deban el puesto a él. Por tanto, puede ser un obstáculo a tener en cuenta que esas reformas para democratizar la vida pública limitarían el poder de esos dirigentes que deben emprender esos cambios. ¿Pensarán que es disparar piedras sobre su propio tejado?, ¿pueden creer que a cubierto se está más calentito? Que ande yo caliente... Por eso la necesidad de cambios y de regeneración en este sentido no debería quedar solo en manos de los políticos. Es la propia sociedad la que debe empujar para que esos avances se lleven a cabo. Con más transparencia, con más méritos, con más contrapesos y mecanismos de control. Un pueblo dormido, despistado o con resignación es materia prima fundamental para que las redes clientelares se cronifiquen.

En España hemos vivido experiencias no tan lejanas en las que pareció que las demandas sociales supondrían grandes cambios en este sentido. Movimientos como el 15M y distintas corrientes intelectuales han abogado por la regeneración, por las listas electorales abiertas, por combatir las oligarquías, las castas, las viejas guardias de poder anquilosadas en la poltrona desde hace décadas, las enormes diferencias entre los de arriba y los de abajo... También los hay decepcionados. Los movimientos cívicos pueden demostrar que la democracia no consiste, simplemente, en votar cada vez que somos convocados. Esta posibilidad de depositar un voto tiene un enorme valor, sin duda. No olvidemos que venimos de una dictadura. Pero el sufragio universal no es el único modo de que una sociedad avance y mejore democráticamente. Un pueblo activo, vivo, reivindicativo, despierto, no resignado, es un activo imprescindible para las conquistas sociales. Ahora bien, las promesas se cumplen, pues, de lo contrario, generan frustración. Y siempre hay buitres dispuestos a capitalizarla.

Lo que pasa es que, en España, como en otros países, del mismo modo que las movilizaciones con demandas de regeneración tuvieron su foco y su momento, también llegaron los episodios de decepción, porque unos cuantos de esos principios prometidos no se han cumplido. En nuestra sociedad hay demasiado empleo precario, desigualdades, dificultad para el acceso a una vivienda, excesiva politización de la justicia, falta de ejemplaridad con la corrupción, restricciones a la libertad de expresión en los grandes medios, incertidumbre por el futuro... Eso es abono para la desconfianza. Y en un país que, afortunadamente, goza de una alta esperanza de vida, con servicios públicos sanitarios o educativos vigorosos, aunque afrontando ataques para debilitarlos, una enorme riqueza medioambiental, grandes dosis de talento, creatividad y sentido del humor... Eso no quita para ser conscientes de que vivimos un momento que es una encrucijada, frente a leyes de hierro de los que mandan. Y unos dan la cara y otros, por detrás, siguen moviendo los hilos y nos la parten.

Creo que es necesario, por tanto, que haya testigos. Y que los testigos hablen. Que no sean ninguneados ni llevados a un rincón, ni que sean solo un número, ni formen parte de un rebaño. La sociedad no puede ser una manada. El ejercicio de la administración tampoco puede consistir en ser maquinarias llenas de personas, con intercambio de favores y seres cuya carrera ha sido ascender en un partido, aprender a sobrevivir o a medrar en ese entorno, que tampoco tiene tantos afiliados, pero que puede marcar los designios de un país. Los partidos políticos son esenciales para el ejercicio de la democracia, pero debemos exigirles la mayor representatividad, debate interno, apertura a la sociedad, conexión con los problemas reales, regeneración, baremos que premien a los mejores y no a los incondicionales, menos tiempo dedicado a liquidar las disidencias internas y más para gestionar los desafíos del tiempo en el que vivimos. Los partidos y la política deben ser agentes de acción y de cambio, no trampolines para ocupar un puesto público y, desde ahí, otro y luego otro y, después, dar el salto a la empresa privada para consuelo suyo y desprecio a los que les votaron.

Ejercer la representatividad que otorga la soberanía popular no es hacer el juego de la silla, un ahora me siento yo y luego tú. Tampoco ser como un mueble colocado en una sala durante años. Ni un adorno con el que completar el fondo de una fotografía. Representar no es ser el *atrezzo* de un líder, ni hacer de espejo en el que, cuando se mire, simplemente le digamos lo guapo que es. Hacer política no es cobrar un sueldo ni ocupar la sala para que otros no la ocupen. No es un nosotros para que no sean ellos. También hay que saber sentarse a la mesa juntos y tener la capacidad de abrir las ventanas, levantar alfombras y renovar el mobiliario.

CALAMBRAZO

¿Cómo alguien que no ha trabajado en una compañía energética en su vida termina en su cúpula directiva? Igual no ha cambiado ni una bombilla en casa ni entiende el recibo de la luz. Puede ser que ni tan siquiera tenga conocimientos mínimos en la materia, pero termina en el consejo de administración de una eléctrica. ¿Cuál puede ser su principal activo? Quizá su agenda, sus contactos, su poder de influencia, haber facilitado en su momento determinadas gestiones y ser una garantía de que las puede garantizar en el futuro. Se trata de algo tan opaco e interesado como esto. En España, tenemos expresidentes del Gobierno, exministros, exaltos cargos y expolíticos tertulianos que han terminado en la dirección de una energética. Al mismo tiempo, el precio de la energía ha ido subiendo para los consumidores, que le han pagado el sueldo al tipo o tipos en cuestión en su carrera política y en la empresarial.

La ley contempla que los políticos, «durante los dos años siguientes a la fecha de su cese, no podrán prestar servicios en entidades privadas que hayan resultado afectadas por decisiones en las que hayan participado» ni en las de su «mismo grupo».

Pasado ese tiempo, sí es posible. Al mismo tiempo, la Oficina de Conflictos de Intereses puede examinar incompatibilidades de los miembros del Gobierno y de los altos cargos del Estado, pero no es independiente del Ejecutivo. Dicho de otra forma, las competencias para ese control siguen estando en manos de la política. En la misma línea de esta falta de efectividad, las incompatibilidades suelen reducirse a aquellos asuntos en los que los cargos en cuestión han tenido una involucración directa en la materia. La imposibilidad de acceder a la puerta giratoria es ridícula y el Grupo de Estados contra la Corrupción, GRECO, dependiente del Consejo de Europa, también ha instado una y otra vez a España a actuar. No se hace. Quizá porque hay demasiados intereses de los partidos en juego, se quedaría mal con determinada gente de «los suyos» y se cierran vías de salida tras la actividad política. ¿Perro no come perro?

En España, hemos visto cómo políticos que han participado en procesos de privatización han terminado luego en ese sector privado al que le facilitó el negocio. También hay dirigentes que facilitaron marcos regulatorios para empresas y después han trabajado en ellas. Y consta que otros han pasado de un sector empresarial determinado a la política. Por ejemplo, desde el negocio de las armas, en el cargo político se han concedido contratos a esas empresas y luego han vuelto desde la política a la empresa. Son un activo más en el negocio de determinados empresarios y una rémora para el pueblo, que paga. Muchas veces no se les contrata como exaltos cargos públicos por su talento, sino para que se apliquen en la influencia y presión sobre sus compañeros de gobierno o partido. El sistema se corrompe de ida y vuelta. En el cargo público se pueden hacer cosas contrarias al interés común para ganarse el puesto y en el sector privado se puede actuar aprovechando espuriamente su trayecto en la política. Por tanto, si un exalto cargo político puede conseguir así un trato de favor para una gran empresa a costa del sacrificio de los intereses públicos, es obvio que tiene que regularse con incompatibilidades mucho más estrictas.

Uno puede ser ministro de una materia que no es la bancaria y terminar en el consejo de administración de un banco. ¿Por su conocimiento de los balances financieros y su experiencia en entidades de este tipo? Seguramente no. Su agenda es un grado. Lo que le valoran. Tiene buenos contactos y les da igual que no sea del sector. Lo que importa es la capacidad de influencia que tiene luego sobre la Administración y quienes trabajan en ella. Por eso, como vemos, el grupo de poder se reduce, trabajan muy cerca y no solo en el día a día, sino también en la actividad laboral, entre política y poderes económicos, como la energía, la construcción, la banca, los medios, que es donde estamos viendo que terminan inmediatamente los expolíticos. ¿Por su sabiduría? Algunos igual la tienen, pero su capacidad de influencia es determinante. Y hasta es posible que en política no hayan hecho nada especialmente lúcido, que no hayan cambiado la vida de nadie, pero se han garantizado el futuro laboral fuera de la actividad política, si hicieron algo por lo que a un determinado empresario le merezca la pena devolverle el favor o tenerlo en su empresa como ariete de influencia.

Vivimos en un país donde, de los cincuenta últimos ministros de la dictadura de Franco, la mitad continuó en política durante la democracia y la otra mitad pasó a los consejos de administración de las grandes empresas. En los Gobiernos de la Transición, entre 1975 y 1982, también la mitad acabó en esas cúpulas directivas empresariales. Adentrados ya en la democracia, ocurre con un 40 %. En España, la puerta giratoria entre la política y los consejos de administración se usa porcentualmente mucho más que la de las bibliotecas. Básicamente, muchos de estos destinos son eléctricas, constructoras, armamentísticas, banca... El Grupo de Estados contra la Corrupción señalaba en un informe que la Oficina de Conflictos de Intereses creada en España ha emitido desde 2006 un 98 % de autorizaciones entre las solicitudes para la incorporación al sector privado. Dicho de otra forma, casi todas. Esto ha llevado al GRECO a pedir limitaciones en las puertas giratorias para la prevención de la corrupción y la integridad de los Gobiernos. Hay países como Francia donde las incompatibilidades están castigadas en el Código Penal.

Imaginen el calambrazo al entrar en la compañía de enchufes de expolíticos en las eléctricas. Hablamos de un sector estratégico que se privatizó mientras nos decían que habría más competencia y bajaría el precio de la luz. No ha sido así. Lo que ha bajado es el nivel de vergüenza para pasar de la política a las energéticas, al mismo tiempo que los usuarios pagaban más por la electricidad. Muchos exaltos cargos públicos han acabado en los consejos de administración de las pocas empresas que controlan la generación, la distribución y la comercialización de la energía. Luego, no se extrañen si hasta desde las propias compañías te reconocen en privado que los contactos entre el oligopolio eléctrico y los políticos son estrechos, tanto como las enormes presiones cuando está en juego cualquier normativa. ¿Por qué? Porque las empresas se juegan unos millones de más, que lógicamente ganan a costa de exprimir a los consumidores. No crean que piensan en el usuario más que en sus propios beneficios. En esta combinatoria, los políticos juegan el papel de acceso a la regulación. Podrán ser premiados por ello en el presente o en el futuro. Dicho esto, también diré que hay mentes brillantes entre algunas de las personas que voy a nombrar y que tomaron la puerta giratoria. Gente con talento fuera de toda duda. Está también el factor de cuánto pudo influir en la decisión de ficharlos esa inteligencia o su paso por los Gobiernos.

Si repasamos los nombres de presidentes que ha tenido España desde la muerte de Francisco Franco, terminó a sueldo de una eléctrica Leopoldo Calvo-Sotelo, en Unión Fenosa. El dirigente de UCD también pasó de la política a las cúpulas directivas de una constructora, Dragados, y de la banca, el BSCH. En el caso de Felipe González, tras dejar la presidencia pasó por Gas Natural. El político del PSOE llegó a la energética en 2010 y dijo que dejaría el puesto cuando terminara el periodo para el que fue elegido «no porque haya incompatibilidades, sino porque es muy aburrido. Me interesaba conocer el tema de la energía, me hubiera ido mejor asesorando a empresas con domicilio fiscal en las islas Caimán». Al hacerse público su fichaje, se informó de que cobraría 126.500 euros. En cuatro años y medio en el consejo, el exdirigente socialista ingresó más de 560.000 euros. El expresidente también ha tenido presencia en grupos de comunicación, como el comité editorial de PRISA, editora de *El País* o la SER. El Felipe González de los últimos años dice cosas como: «Nunca he creído» que Pujol sea un corrupto y «me cuesta creer» lo que se cuenta del caso. Por entonces, el *expresident* catalán ya había reconocido que tuvo una fortuna escondida en Andorra. Pujol proclamó: «Si todo hubiera sido tan corrupto, yo no habría aguantado tantos años gobernando», y avisó: «Si vas segando la rama de un árbol, pueden caer las otras ramas y todos los nidos». El mismo Felipe ha defendido también al rey emérito, a pesar de todo lo que hemos ido sabiendo: «Es una campaña contra el régimen del 78». Cosas de «una señora tal», «el rey hizo servicios fantásticos…».

Es curioso que haya políticos que, tras los procesos de privatización, terminen en esas empresas que privatizaron. La privatización de Endesa la inició Felipe y la completó José María Aznar, que fichó por la eléctrica presidida por Borja Prado, hijo del condenado por corrupción Manuel Prado y Colón de Carvajal, relacionado con el rey Juan Carlos. Se supo que González fichaba por Gas Natural y apenas un mes después Aznar le siguió los pasos en las eléctricas. En el caso del dirigente del PP, fuentes cercanas informaron de que cobraría una cifra cercana a los 200.000 euros. Por entonces, José María Aznar ya estaba en el consejo de administración de News Corporation, del grupo de medios de comunicación de Rupert Murdoch. Según informó *eldiario.es,* el expresidente español había superado, a finales de 2021, los 3,5 millones de dólares de sueldo acumulado en el gigante mediático de Murdoch, al que asesora desde 2006 y por el que acababa de renovar. El también presidente de FAES asesoraba, además, desde 2011, a la minera Barrick Gold Corporation, la mayor compañía de extracción de oro del mundo y «a través de una sociedad en Bermudas es consejero de Afiniti, empresa dedicada a la inteligencia artificial, cuyo negocio en España dirige su hijo Alonso Aznar». Este medio contó también que Aznar se desvinculó del Instituto Bussola, un opaco *lobby* que contribuye a lavar la cara de los Emiratos Árabes Unidos en Bruselas: «Fue presidente del consejo de honor».

Aznar llegó con la frase de «váyase, señor González». Hizo una dura oposición con el caballo de batalla de escándalos de corrupción que salpicaban al «felipismo». Varios de ellos terminaron en nada. Aunque Felipe no terminó nada mal económicamente, pero Aznar ni mucho menos. Josemari, que dijo que venía a dignificar la política española, eligió a una serie de personajes que terminaron encarcelados, otros con imputaciones, y lo de los casos de corrupción fue en aumento. No por entonces, como suele ocurrir, sino por lo que supimos después. Y en el tránsito del «felipismo» al «aznarismo», hablando de las puertas giratorias y las eléctricas, es fundamental detenernos en el caso de las privatizaciones y en Endesa.

En España existe actualmente un oligopolio eléctrico. Entre tres empresas se reparten casi todo el mercado. De hecho, incluso se confirma que han llegado a pactar precios y se les han impuesto multas por ello. Sus gabinetes jurídicos son de los más potentes sobre la tierra. Defienden fuertes intereses privados, pero es bueno recordar que Endesa era pública, fundada como Empresa Nacional de Electricidad, destinada a un sector considerado estratégico como el energético. Siendo Felipe González presidente se inició el proceso de apertura a accionistas privados. Endesa pasó a ser semipública. Aznar llega al poder y el 67 % del capital de la compañía era público. La eléctrica se privatizó por completo en ese mandato. Si la liberalización del sector eléctrico ya había empezado con el Gobierno de Felipe González, una ley de 1997 renunciaba abiertamente «a la noción de servicio público». El ministro de Industria, Josep Piqué, auguró una bajada de precios para los consumidores, por aquello del liberalismo, de la oferta y la demanda, la competencia y tal y cual. Habría más competidores y, por tanto, correrían por captar más clientes bajando precios. Ya. Aquí el que no corre vuela y la electricidad fue subiendo y nosotros pagándola.

Así pues, con las eléctricas entramos en una suerte de oligopolio, con pocas empresas repartiéndose lo mejor de la tarta, al mismo tiempo que iban llegando «regalos» para las empresas energéticas, como los «beneficios caídos del cielo», los «costes de transición a la competencia» o el «impuesto al sol». Nos hemos ido poniendo en cabeza del escalafón europeo por pagar la factura de la luz más cara. Por cierto, Abengoa es una empresa multinacional española especializada en energía, agua o infraestructuras. Fichó a Piqué, otro baluarte de la privatización. También fichó a Josep Borrell, uno de los cerebros económicos del PSOE, que estuvo en los Gobiernos de Felipe González y de Pedro Sánchez, además de llegar a destacados puestos europeos. Borrell fue sancionado por operar con acciones de Abengoa valiéndose de información privilegiada cuando era consejero de la compañía. Infracción de carácter «muy grave». Después fue la voz de la Unión Europea en la guerra de Ucrania, como alto representante de la UE para Asuntos Exteriores y Política de Seguridad, además de vicepresidente de la Comisión Europea.

El caso es que perdimos la eléctrica pública española. Después se evitó el control accionarial de Endesa por parte de Gas Natural, empresa de España, catalana, pero más tarde llegaron los italianos de Enel. Ya con Zapatero, la compañía de Italia pasa a ser ampliamente mayoritaria en Endesa. En Enel, el principal accionista es el Estado italiano. Es la historia de una compañía que hizo el tránsito desde los intereses de España hasta los de Italia. También, por cierto, en diferentes etapas, y cobrando tras atravesar la puerta giratoria, han ido pasando por Endesa distintos expolíticos. El precio de la luz ha ido subiendo para los españoles y los beneficios para la economía de Italia también.

Eran los tiempos de Solchaga como ministro de Economía, que venía del Ministerio de Industria y Energía, cuando se sacó a Bolsa el 18 % de Endesa. Después, José María Aznar impulsó que la SEPI, la Sociedad Estatal de Participaciones Industriales, nombrara presidente de la empresa a Rodolfo Martín Villa, que había tenido cargos en la Administración franquista, en la de Adolfo Suárez y era diputado del PP. Por entonces, estaban en el accionariado de Endesa bancos como el Santander, Argentaria y el BCH. Manuel Pizarro, presidente de Ibercaja, era también consejero. La compañía podía alcanzar beneficios de 160.000 millones anuales. Martín Villa llegaba así a la eléctrica. Había sonado como candidato del Partido Popular para presidir Caja Madrid, pero Aznar optó para ese puesto por su amigo Miguel Blesa, que terminó apareciendo muerto con las noticias de su suicidio de un tiro con los pleitos pendientes de la corrupción en la entidad financiera.

Era Rato ministro de Economía de las privatizaciones y Josep Piqué el titular de Industria y Energía cuando Rodolfo Martín Villa fue colocado al frente de Endesa para completar la privatización. Martín Villa no era precisamente conocido por su perfil económico, sino más bien por su relación con la cartera de Interior. En tiempos de Franco fue nombrado gobernador civil de Barcelona y jefe provincial del Movimiento. Muerto el dictador, como ministro de la Transición, sus críticos le recuerdan por las torturas que hubo en comisarías y la represión a los obreros, en protestas como las de Vitoria, con varios muertos y sin que todavía se haya hecho justicia. Lo apodaron «la Porra de la Transición», pero no hubo solo porrazos. Son tiempos de duras cargas, torturadores y terrorismo de Estado. De hecho, transitar no es que se transitara del todo, aún con mandos policiales que venían de la dictadura. El caso es que Martín Villa llegó a la eléctrica Endesa y aún tuvo tiempo después para ser presidente de Sogecable en el negocio de los medios de comunicación, dentro del grupo PRISA. También fue nombrado por Rajoy y Luis de Guindos consejero de la Sareb, el banco malo al que fueron a parar los activos tóxicos de la banca, que terminaron cargando en deuda los españoles con decenas de miles de millones de euros.

Ya privatizada Endesa, mientras nos decían que esto haría que hubiera más competencia y que la luz bajaría, llegó a la presidencia Manuel Pizarro. También fue diputado del PP tiempos después, hombre fuerte en la estrategia económica del partido. De padre procurador con Franco y abuelo gobernador civil de Granada y de Teruel en el franquismo. En Aragón, su «yayo» la emprendió contra combatientes antifranquistas, como los maquis, con una sangrienta represión. El nieto Pizarro se hizo fuerte con los negocios en tierras aragonesas como presidente de la poderosa Ibercaja. Ya en Endesa, se opuso a la OPA de la española Gas Natural, participada por la catalana La Caixa, por «hostil e insuficiente». Las inclinaciones por la oferta de la alemana EON —el culebrón que iba en aumento— y, al final, la empresa italiana ENEL terminó haciéndose con Endesa y el Gobierno de Zapatero metido en una gran polémica económica. En 2007, Pizarro había abandonado la eléctrica española al recibir 18,5 millones de euros. Se afilió al PP, dejó el consejo de administración de Telefónica... Llegó también a vicepresidente de la Fundación FAES de José María Aznar. Por cierto, puesto que estábamos hablando de los Gobiernos de Aznar y la puerta giratoria a las energéticas, su primer portavoz, Pío Cabanillas Alonso, hijo de Pío Cabanillas Gallas, que fue ministro de la dictadura franquista, llegó a director general corporativo de Endesa. Luego fue consejero de la empresa del juego Codere, donde también terminó Rafael Catalá, exministro de Justicia de Rajoy, que tanto les gustaba a Ignacio González y a Zaplana. «Rafa», hombre clave en las maniobras ante los tribunales en momentos muy feos para el partido.

En las relaciones con Endesa y el proceso de privatización llama la atención que el propio Aznar acabara cobrando de la eléctrica y que también lo hiciera su ministro de Economía,

Rato, del que dijeron que era «el milagro económico». Terminó entre rejas, castigado por muchos menos asuntos de los que fuimos conociendo, porque sabemos que sacó tajadas varias. Rodrigo Rato emprendió el proceso de privatización de sociedades públicas y luego conocimos que varias empresas familiares del exministro les facturaron a esas compañías unos 82 millones de euros. A la que más, a Endesa. Según un informe de la Guardia Civil, Cor Comunicación, que solo tenía un empleado, logró millonarios contratos publicitarios de las antiguas compañías públicas: la eléctrica fue una de ellas, pero también la energética Repsol. Hubo más, como Telefónica, BBVA, Azucarera, Iberia, Aldeasa, Logista. Entre 1998 y 2013, Endesa pagó más de 60 millones de euros a Cor. Cuando yo era pequeño me decían que las gallinas cantaban «coco, coco, cocolé». Y esto de Rodrigo sonaba a que le soltaban la gallina simplemente por ser quien es. Rato fue un espabilado como vicepresidente económico, director gerente del Fondo Monetario Internacional, en la presidencia de Bankia... Este último caso de la extinta Caja Madrid, con rescate público incluido, que pagamos entre todos, nos deja una frase lapidaria de Rodrigo «rata», como le llamaban los preferentistas: «Es el mercado, amigo», declaró el ex vicepresidente.

Había «informes verbales» por los que le pagaban 40.000 euros. Y si solo hubiera sido eso... A Rato le hicieron saltar del barco antes de que se hundiera, claro. Y hemos tenido que verlo después en el yate, enseñándonos el culo tras su bañador amarillo, tirándose de bomba. Seguramente todavía hoy piensa que para los que son como él siempre habrá una tabla de salvación. Porque, en la España de las raíces vigorosas, puedes morir como un preferentista arruinado o ser recibido por el ministro del Interior por «amenazas en Twitter» (que dijeron que fue la causa por la que lo recibió). Las ratas comen con avaricia, se mueven entre lo sucio, trepan hábilmente, tienen gran capacidad de intimidación y se reproducen con gran facilidad. Caerá una rata, pero erradicar la plaga es imposible. En la película *El reino,* sobre la corrupción (que les recomiendo), enuncian una máxima también muy potente: «Los reyes caen, los reinos continúan». Rajoy eligió a Rato, igual que Aznar al fallecido Miguel Blesa. Hundieron la principal entidad financiera madrileña. En el reparto de lujos participaron representantes de varios partidos, sindicalistas y todo aquel que intervino en lo que el fiscal definió como un sistema «depredador». Hay más de la puerta giratoria y la banca en este libro.

En los Gobiernos de José María Aznar estuvo Luis de Guindos, que luego fue fichado por Endesa y después volvió a un Ejecutivo del PP con Rajoy. Con Aznar, De Guindos fue uno de esos gurús de la economía que nos dijo que en España no había burbuja inmobiliaria, sino una evolución de precios al alza que se iría moderando. Durante el «aznarismo» ocupó cargos en el equipo económico de Rodrigo Rato, como la Dirección General de Política Económica y la Secretaría de Estado de Economía. Fueron años de fervor privatizador, de una ley del suelo que cebó el auge desmedido del ladrillo, de crédito incontrolado en las entidades financieras, de gasto de dinero negro antes de la llegada del euro y la corrupción. En cambio, para el ideario liberal, Rato y De Guindos, con Montoro y otros, formaban un equipo milagroso. Terminaron los Gobiernos del «aznarato», Rato ya venía haciendo de las suyas, que le llevarían a terminar en la cárcel, y De Guindos fue fichado por la banca de Lehman Brothers. Allí estaba durante la quiebra de la entidad, en el origen de la crisis financiera internacional. También trabajó en el consejo de administración del Banco Mare Nostrum, otra entidad que acabó sumida en el pinchazo de la burbuja y los rescates. En Endesa, Luis de Guindos podía cobrar 368.413 euros en el último año antes de volver a los Gobiernos del PP de la mano de Rajoy. A esto había que sumarle los, al menos, 65.000 euros que ganó ese año como consejero del Banco Mare Nostrum y también sus remuneraciones como director del Centro del Sector Financiero, de PwC y del IE Business School. También hizo trabajos en la FAES de Aznar. Lo gordo estuvo en Endesa, pero es que, en el consejo de administración de la eléctrica privatizada, el hijo de Manuel Prado y Colón de Carvajal, Borja Prado, como presidente ejecutivo de la compañía, cobró casi dos millones de euros ese año.

De Guindos iba y venía, la puerta giratoria daba vueltas sin parar y todavía tuvimos que ver el episodio nacional en el que el rescate a la banca no iba a costarnos «ni un euro». Años después supimos que eran decenas de miles de millones. Quién lo podía imaginar. En España sabemos ya lo que es rescatar la Bankia de Rodrigo Rato y, respecto al Banco Mare Nostrum, del que Luis de Guindos fue consejero, el Fondo de Reestructuración Ordenada Bancaria, dependiente del Ministerio de Economía del propio De Guindos, optó por la integración con Bankia «como estrategia más adecuada para optimizar la recuperación de ayudas públicas». El ministro de Economía, el propio Luis de Guindos, había sido presidente del comité de auditoría de esa entidad. La organización 15MpaRato denunció que esta decisión del FROB consumaba «el continuo engaño a la ciudadanía en relación con el rescate bancario». Eran dos entidades que, por entonces, habían recibido en conjunto unos 40.000 millones en ayudas públicas y 57.000 millones en garantías estatales.

España seguía tragando. En contraste, no olvidemos que los recortes fueron otra de las señas de identidad de la gestión de

De Guindos. También habían prometido que no recortarían la Sanidad o la Educación, pero llegó el tajo. Igual que el vaciamiento de la hucha de las pensiones, la reforma laboral que empeoró aún más los derechos de los trabajadores o una amnistía fiscal de la que se beneficiaron corruptos que tenían el dinero fuera de España. Como Francisco Granados, íntimo amigo de Luis de Guindos. Los dos siguieron hablando y facilitándose contactos después de que supiéramos que Suiza había alertado a España de que Paco, el hombre fuerte de Esperanza Aguirre en la Comunidad de Madrid, tenía dinero oculto en el país helvético. Otra rana. El policía que escuchaba a Granados por orden judicial transcribió: «Granados llama a Luis [ministro de Economía]. Este último dice que acaba de llegar de Bruselas. Granados le pregunta quién lleva en su ministerio lo de la privatización de AENA y este le dice que Íñigo Fernández de Mesa, el secretario del Tesoro, que le llame, que él [De Guindos] le dirá que le vas a llamar». Al día siguiente, Granados recibió la llamada del director general del Tesoro, que le confirma que ha recibido la indicación de contactar. Fernández de Mesa da a su vez instrucciones a Granados para que llame a su jefe de gabinete y así «coordinen una reunión con él». A Granados aquello le pareció «perfecto». Y a partir de ahí le contó a un buen número de personas de su entorno la conversación con De Guindos, sus planes para reunirse con Fernández de Mesa y el interés de Société Générale en la privatización de AENA.

Cuando acabó el paso de Luis de Guindos por el Gobierno de Rajoy, llegó a vicepresidente del Banco Central Europeo. Nunca un ministro había pasado directamente de un Gobierno a la cúpula del Eurobanco. Supo dar el salto a tiempo. Una vez más. Un no parar. El Eurogrupo respaldó su nombramiento, el Ecofin siguió el trámite y lo nombraron en la cumbre de líderes de la Unión Europea: De Guindos se convirtió en número dos de Mario Draghi, en este caso el artífice de las grandes privatizaciones de empresas públicas italianas. Y, si el español nos dejaba el marrón del rescate bancario y los recortes, Draghi fue vicepresidente para Europa de Goldman Sachs cuando esta compañía asesoró a Grecia para ocultar la verdadera magnitud del déficit. Después estalló la crisis griega. Luis y Mario, por supuesto, fueron con traje limpio a dirigir la economía de toda la zona euro. Desde su cargo, después de dejar un país con grandes desigualdades y sobreendeudado, todavía nos dice que subir los salarios es peligroso, se ha lavado las manos en el juicio de Bankia o alaba la creación del banco malo a pesar de los 35.000 millones de deuda. Sigan circulando.

El ministro de Economía de Zapatero, Pedro Solbes, otro hombre fundamental en el pinchazo de la burbuja y las ayudas al sistema bancario, fichó por el consejo de administración del grupo italiano Enel, que era propietario del 92 % de Endesa, la exeléctrica pública española que ya estaba participada por el Estado de Italia. El nombramiento de Pedro Solbes como consejero fue a propuesta de la Asociación de Gestores de Fondos Assogestioni, que presidía el exministro italiano de Finanzas Domenico Siniscalco. Como miembro del Gobierno, el ex vicepresidente económico de Zapatero estaba en el Consejo de Ministros que facilitó la «solución» con Enel en la pugna por el control de Endesa, donde en varios años «combatieron» Gas Natural, las resistencias de Pizarro, la alemana E.ON y, finalmente, la compañía italiana, que se llevó el gato al agua. El fichaje de Pedro Solbes fue también contradictorio, puesto que en 2007 había declarado a *El País* que no se veía en un cargo así:

—¿No le tienta la empresa privada?

—Llevo cuarenta años en el ámbito público. La empresa privada es para profesionales de la empresa. Yo puedo asesorar, comentar, pero no soy un gestor privado.

Si no quieres caldo, tomas dos tazas. Solbes también fichó por la banca. Barclays España contrató al ex vicepresidente socialista para compaginarlo con el cargo de consejero de la eléctrica Enel, propietaria de Endesa. Por entonces, Barclays estaba negociando un recorte del 20 % de su plantilla y de su red de oficinas en España, lo que suponía unos 700 empleados y 120 sucursales. Era además uno de los bancos que más estrechamente trabajaba con el Ministerio de Economía para la colocación de emisiones del Tesoro desde hacía unos años. Pedro Solbes había formado parte de varias listas electorales del Partido Socialista Obrero Español. Con Felipe González había sido ministro de Agricultura, Pesca y Alimentación y, después, ministro de Economía y Hacienda. Con José Luis Rodríguez Zapatero fue vicepresidente segundo y también ministro de Economía y Hacienda.

Cuando faltaban unos años para que Pedro Solbes fichara como consejero de la eléctrica Endesa, allá por 2008, había empezado a pinchar la burbuja inmobiliaria y Solbes, vicepresidente económico, aseguró que, con la aprobación de un fondo de 30.000 millones de euros, ampliable a 50.000 millones, con cargo al Tesoro público, «no hay ningún concepto de ayuda pública, porque, por supuesto, en nuestra concepción, el sistema no debe costar ni un céntimo a los contribuyentes». Pedro Solbes dijo más: «Prestamos un dinero que nos van a devolver con intereses y gastos de gestión. Es una operación que se autofinancia. El Gobierno interviene para reparar un fallo de mercado, pero debe sustituirlo en el menor tiempo posible. No debe tener impacto presupuestario. No responde a un programa de apoyo a las entidades financieras por razón de solvencia. Hay inversiones significativas en activos de buena calidad que por un fallo del mercado no pueden colocarse». Era un plan «para la adquisición de activos de máxima calidad de las entidades con el fin aportar liquidez al sistema financiero». Pues menos mal que adquiríamos la flor y nata, porque si llega a ser lo chungo... Nos los comimos con patatas, vaya. Por más que quisieran envolverlo con papel de celofán.

El Gobierno socialista también aprobó en un Consejo de Ministros extraordinario avales para operaciones de financiación de la banca por valor de 100.000 millones. Además, Zapatero anunció como medida preventiva la autorización al Ministerio de Economía de adquirir títulos de entidades para reforzar los recursos propios y recapitalizar a los bancos que puedan necesitarlo en un futuro. El presidente reiteró la opinión de Pedro Solbes de que los bancos y cajas españolas eran «solventes». En 2011, poco antes de perder la presidencia, José Luis Rodríguez Zapatero aseguró que el Estado había obtenido un beneficio de 3.000 millones de euros con los apoyos públicos al sistema financiero español: «No estamos perdiendo dinero con el apoyo a los bancos, más bien estamos ganando. Cerca de 3.000 millones de euros que les hemos ya cobrado en comisiones por avales y por intereses». Su ministro, Pedro Solbes, llegó a asegurar que España no se vería afectada por la crisis de las *subprime,* las hipotecas tóxicas que estallaron en Estados Unidos, mientras avalaba la solvencia y solidez del sistema financiero español. Años después hemos ido sabiendo que el Estado perdía decenas de miles de millones de euros o que las ayudas europeas vinieron acompañadas de exigencias de recortes que pagamos todos.

Seguimos con Endesa, la eléctrica que era pública y privatizaron. Cuando Solbes dejó el Gobierno, fue sustituido por Elena

Salgado, que posteriormente también fichó por esta energética como consejera. Fue tres meses después de dejar el Ejecutivo. Y ojo a cómo juntaron los cables. La ex vicepresidenta del Gobierno y ministra de Economía fichó como consejera de Chilectra, la filial chilena de la empresa. Por eso se consideró que no incurría en incompatibilidad tras su reciente pertenencia al Gobierno. La legislación impedía a un exalto cargo trabajar para una empresa privada durante los primeros dos años tras abandonar su puesto, pero se interpretó que no era el caso por no ser una empresa radicada en España, sino en una filial del extranjero. Elena no tuvo bastante. Además, también meses después de dejar su cargo público, fichó como vocal de uno de los consejos asesores de Abertis Telecom, la filial de telecomunicaciones del grupo que fue controlado por La Caixa y la ACS de Florentino Pérez, en el que también eran accionistas de referencia el fondo de capital riesgo CVC y la constructora OHL de Villar Mir. Abertis también es una empresa que se beneficia de concesiones públicas.

Salgado, durante su paso por el Ministerio de Economía, fue consejera del operador público Renfe. Después también fichó por Motion Rail, donde llegó a la presidencia de esta filial de transporte ferroviario de Talgo. Hubo más, porque, tras las ayudas a la banca, Elena Salgado fichó como consejera de Saba, la empresa de aparcamientos de CriteriaCaixa. También lo hizo por Nueva Pescanova como consejera de la firma pesquera en la que la banca hizo cambios de su cúpula directiva tras la reestructuración de la deuda que le dio el control. La banca tenía en el momento del fichaje el 80 % de Nueva Pescanova.

Elena Salgado, que también fue en las listas del Partido Socialista Obrero Español, fue vicepresidenta económica cuando se ayudó al sistema financiero, se rebajó el sueldo a los funcionarios o se congelaron las pensiones. En política ocupó cargos desde el primer Gobierno de Felipe González hasta el de Zapatero, en ramas como Industria, Economía, Hacienda, Obras Públicas o Sanidad... Salgado fue ministra económica entre abril de 2009 y diciembre de 2011. En la comisión de investigación sobre la crisis financiera en el Congreso de los Diputados, señaló, entre los propósitos de su gestión, limitar el coste para el erario público de las ayudas a la banca: «En parte logramos los objetivos y en parte no, porque las circunstancias no pudieron ser más adversas. Sería insensato mostrar satisfacción. Contribuimos a paliar, que no evitar, el sufrimiento de los sectores más vulnerables de nuestra sociedad».

Socialmente, está muy asumido que el recibo de la luz es imprescindible en la vida cotidiana, que llega con una factura que buena parte de la ciudadanía no comprende y que supone un pago mensual que se ha ido disparando en diferentes etapas de crisis para los Gobiernos. En la sociedad también ha calado, de sobra, que hay poderosos que se mueven entre unos y otros centros de poder. Y que ni la economía ni la política ni la justicia son, muchas veces, igual para ellos que para los demás.

Vamos con una más, partiendo de una historia del juez José Castro, que cuenta que, siendo instructor del «caso Nóos», Miquel Roca Junyent, elegido por Juan Carlos I como abogado de la infanta Cristina, intentó tenderle una trampa. A través de un intermediario, Roca le propuso quedar en una finca. Castro tiene claro que, si hubiera sido tan tonto de ir a ese lugar alejado, le habrían fotografiado yendo a reunirse en secreto con el letrado de una de las partes y eso le habría supuesto perder el caso y el prestigio como magistrado independiente.

José Castro no pasó por el aro. Estaba por decidir si imputaba a la hija del rey emérito y las presiones e intentos de influir en lo que ocurriera no paraban. Querían que acudiera a esa cita y le animaban a hacerlo porque no habría periodistas ni fotógrafos, sino la más completa intimidad. Ni se le pasó por la cabeza picar. Quien le llamó fue Jaime Riutort, integrante del equipo de Miquel Roca en la defensa de la hija de Juan Carlos de Borbón. El juez instructor de Palma respondió que estaría encantado de recibir a Roca, pero en su despacho, que esas puertas siempre estaban abiertas. Nunca más supo de esas pretensiones de reunión. No hubo ni respuesta.

Miquel Roca Junyent no llamó a la puerta del despacho del juez Castro, pero sí a la giratoria. Es otro de los que estuvo en Endesa. Expolítico que entró en el consejo de administración de la eléctrica, fue elegido consejero del grupo energético cuando la italiana Enel se hizo con la mayoría del capital. Roca podía llegar a cobrar en un año 268.000 euros, pero es que, además, la compañía contrataba al despacho de abogados de Miquel Roca para el asesoramiento jurídico. El expolítico tenía el bufete Roca Junyent, con una exitosa facturación. También ha sido consejero de ACS, la constructora de Florentino Pérez, que podía pagarle en un año más de 170.000 euros, más el despacho, que prestaba servicio a la compañía. Presidente de la Fundación Abertis, trabajos en Abertis Infraestructuras, Banco Sabadell... Es amplio el periplo del nieto de Miguel Junyent, dirigente carlista, diputado y senador durante la Restauración. Su padre fue uno de los fundadores de Unió Democràtica de Catalunya. Miquel optó por ser uno de los hombres fuertes de Convergència Democràtica junto a Jordi Pujol. Tenía al *molt honorable* de las corrupciones cerca. Roca también lanzó con Florentino la candidatura del Partido Reformista. No les fue bien. Con la candidatura. Con el resto ya sabemos que les fue de perlas.

Se compran espías

Iberdrola es un curioso paradero de expolíticos. También de una serie de noticias escandalosas. Desde las contrataciones a Villarejo hasta los sueldos de sus dirigentes, en contraste con la defensa del *statu quo* en tiempos de escalada de la tarifa. El precio de la luz puede subir para el consumidor, el mundo verse inmerso en una pandemia, pero el presidente de Iberdrola, Ignacio Sánchez Galán, puede ganar 12,20 millones de euros, un 18 % más que en el año anterior. Los cálculos nos dicen que son 33.424 euros al día. La eléctrica presenta los mayores beneficios de todo el Ibex 35, con 3.600 millones de euros, y todavía puede lamentarse de que las medidas de un Gobierno para intentar que baje un poco el recibo le afectan negativamente y quiere más. Y llega más. En 2021, el presidente de Iberdrola cobró 13,20 millones, con un incremento del 8,23 % respecto al año anterior, en plena escalada del precio de la electricidad. Su empresa registró un nuevo récord de ganancias, con 3.885 millones, superando sus mejores previsiones y anunciando que esperan seguir aumentándolas hasta superar los 4.000 millones, ya en el siguiente ejercicio.

La subida del precio de la electricidad llegó a niveles de récord, pero sin decisiones que hagan temblar a una empresa energética así, que ha demostrado moverse como pez en el agua si los gobernantes osan tocarles un pelo. En las eléctricas no solo le dan candela al fogón; es que tienen la sartén por el mango. Cuando se formó el Ejecutivo de PSOE y Unidas Podemos, venían de lanzar mensajes contra ese encarecimiento de la energía y a favor de meter en cintura a las empresas. No parece que hayan alterado el lucro de una empresa como Iberdrola, en contraste con el recibo que pagan los consumidores. El Gobierno de Sánchez se mostró incómodo con algunos programas de televisión por tratar esa escalada del precio de la luz, que disparaba el coste de la vida. Para más inri, una de las caras más conocidas del PSOE en las tertulias televisivas fichó como vicepresidente de Iberdrola en mitad de toda esta situación de encarecimiento tan polémica. Antonio Miguel Carmona dio el salto a la eléctrica de Ignacio Sánchez Galán. Carmona no estaba precisamente en la órbita más cercana a la actual dirección socialista. Se pensó incluso que fue una forma de Galán para «chinchar» al Gobierno.

Y todo esto ocurría con Galán inmerso en la causa de la contratación de Villarejo, pendiente ante la justicia. Ocurrió cuando la ciudadanía veía cada mañana datos como el vaciamiento de embalses para encarecer los precios de la energía o el dilema de los diferentes horarios a los que tenía que poner los electrodomésticos. La puerta seguía girando y se beneficiaban algunos políticos con jugosos sueldos. Los precios de la electricidad continuaban subiendo y pagaban los ciudadanos. La Guardia Civil hizo informes de maniobras de la multinacional para vaciar embalses. En Ricobayo (Zamora), las reservas del pantano pasaron del 98 % al 11 % para maximizar sus beneficios, lo que llegó a causar problemas de abastecimiento en varias poblaciones de la zona, además de pérdidas en el campo y en el turismo de la comarca. Los trabajos del Servicio de Protección de la Naturaleza, Seprona, permitieron conocer los hechos. El pantano quedaba a un nivel mínimo en la época más seca del año. El desembalse permitía la producción masiva de energía hidroeléctrica a un precio baratísimo y la venta a los precios altos que estaba marcando el mercado. Iberdrola negaba que fuera algo ilegal y alegaba que tiene permisos para llevar a cabo estas prácticas. Sus abogados suelen ser de esos que ganan pleitos o van retrasando las causas, recurriendo las multas... Intentando irse de rositas.

En el ámbito judicial van bien armados. En el político, está claro que a las empresas energéticas les conviene tener influencia y ahí encontramos las razones para que se hagan determinados fichajes. Se contrata a personas influyentes, se pagan servicios prestados... No hay que perderse las siguientes historias. Arrancando por una que señala que no solo el marido de Cospedal fue contratado por Iberdrola. Unos con tanto trabajo y millones a sus años, mientras que a otros los tienen apretándoles las clavijas con el recibo. ¿Se acuerdan de Báñez y sus charlas con la Virgen del Rocío? También se fue para Iberdrola. ¡Vente a Alemania, Pepe! Con la llegada de Rajoy a la Presidencia, Fátima Báñez, ministra de Trabajo, hizo una reforma laboral dura para los trabajadores. Hubo meses de recortes en el sistema del bienestar y dijo: «Es verdad que muchos jóvenes, y no tan jóvenes, han salido de España en busca de oportunidades por la crisis. Eso se llama movilidad exterior». Ella se movió a una eléctrica. Siendo ministra, afirmó que tener que irse de España a trabajar era también un «intercambio», porque había europeos que venían a nuestro país. Lo afirmó cuando los ciudadanos estaban pagando las consecuencias de la crisis y la precariedad se extendía. De hecho, el año había cerrado con una tasa de paro juvenil del 55 %. «Este Gobierno está haciendo todo lo que está en sus manos tras quince meses de reformas sin descanso», declaró Báñez. A veces en política se llama reformar a recortar. Y suele recortarse siempre a los mismos. Para rematar, Fátima Báñez aseguraba que la Virgen del Rocío «nos ha hecho un regalo con nuestra salida de la crisis». El obsequio y la salida fue para ella: hacia Iberdrola.

Aunque Fátima, la exministra, salió del Gobierno y terminó, mira tú por dónde, en varios empleos muy bien pagados, como el de consejera en la eléctrica o en la CEOE, la patronal que tan satisfecha quedó con la reforma laboral. Ya ven que no se cortan. Iberdrola la incorporó como consejera de su filial en México (lindo y querido). Por entonces, la exministra de Empleo ya estaba también en la patronal. La misma Fátima que decía que hablaba con la Virgen y que estuvo al frente de la reforma laboral de Rajoy fichó como responsable del proyecto solidario «Empresas que ayudan» (por ejemplo, a ella) y como presidenta de la Fundación CEOE con sueldo de «personal directivo» de la patronal. Allí no se paga mal. Se conoce el sueldo de su presidente, que son 300.000 euros anuales, más otros 50.000 en conceptos variables. Y, con estos mimbres, Antonio Garamendi afirmó en una entrevista en *El País* que el salario era «humilde». Dicho de otra forma, más pruebas de la desigualdad, incrementada con el abaratamiento del despido, por ejemplo. La precariedad en aumento bajaba el poder adquisitivo de los españoles, muchos debían sumar varios puestos de trabajo para intentar llegar a fin de mes, pero María Fátima Báñez sumaba cargos, porque también había fichado como consejera de los Laboratorios Farmacéuticos Rovi, que lo mismo hacía a los enchufes que a los fármacos. Rovi la presentó como una profesional de «reconocido prestigio y dilatada experiencia en la gestión del talento y su compromiso con las personas».

Como ministra, de Báñez son otras declaraciones lapidarias y absolutamente alejadas de la realidad, como «la recuperación es social», «hay más empleo y de mejor calidad», «se firman más contratos indefinidos que temporales» o «desde la recuperación todo el empleo creado es a tiempo completo». Sin duda, toda una conexión con la calle la de esta señora. Así lo veía desde el ministerio que dirigía. Fue fichada para verlo también desde una eléctrica, una farmacéutica o desde la patronal. Más del 90 % de los nuevos contratos eran temporales. La temporalidad en la contratación había aumentado un 60 % desde el inicio de la crisis. Los ingresos anuales de los asalariados caían un 22 % desde el estallido de la burbuja inmobiliaria y para los jóvenes la caída era del 33 %. Si mirábamos las jubilaciones, estaba prácticamente agotada la hucha de las pensiones. El 70 % de los hogares no sentía la «recuperación económica» de la que les gusta hablar a políticos como Báñez. No es necesario apuntar muchos más datos, porque basta observar hoy en día nuestro entorno para apreciar cómo se ha precarizado el empleo, salvo que no queramos verlo, porque no conviene.

Tampoco convenía reconocer la autoría islamista de los atentados de Atocha antes de que los españoles votaran, después de haber llevado a España a la guerra en Irak. Ángel Acebes insistió antes de las votaciones en que ETA había cometido la masacre del 11M para intentar despejar cualquier posible relación con la invasión en territorio iraquí decidida por Bush y seguida por algunos como Aznar. Entre los hombres preferidos de José María estaba Acebes. Tenía Ángel de la guarda y terminó pronto en Iberdrola y también en la banca. Como Rato, fue a Caja

Madrid. Allí estaba Acebes en la matriz de Bankia cuando se produjo el hundimiento. Nos dijeron que había beneficios y tuvimos que pagar el rescate. Eso sí, a Ángel Acebes, años después, también lo absolvieron. Esta justicia que tenemos tan poco politizada. El exministro llevaba vinculado a Caja Madrid desde 2008 como consejero de su filial de participadas, Cibeles, y se incorporó a Bankia, la continuación de la entidad y del fiasco que se preparaba con tanto abuso. Cuando la cosa reventó, ¿ustedes creen que Angelillo se asustó mucho? Lo ficharon en Iberdrola. La eléctrica lo fichó el mismo día en el que cesó de lo anterior.

A Acebes se lo rifaban por su talento. Hubo más, y esto no tiene parangón: al estallar el caso de Bankia, Ángel dejó la eléctrica, pero le guardaron el puesto, porque volvió tras su absolución, en un precedente inédito entre los consejeros independientes del Ibex 35. No se recordaba algo así. Volvió como vocal independiente y miembro de la comisión ejecutiva de Iberdrola, la más importante de la energética. En un año, Acebes Paniagua podía recibir de la empresa energética 314.000 euros brutos. El exministro de Justicia e Interior de Aznar volvía a la eléctrica inmersa en sus complicaciones judiciales por la contratación descubierta del comisario policial Villarejo, hombre de espionajes y trapos sucios. Eso sí, no lo olviden, espía y sucio porque alguien lo contrataba. Iberdrola lo hizo. El hombre del parche en el ojo cobró más de un millón de euros por ello, que sepamos.

No se olviden de los líos de la eléctrica con José Manuel Villarejo. Pues igual tampoco es casualidad que, poco antes de la reincorporación de Acebes, Iberdrola contratara nada menos que al exdirector general del Centro Nacional de Inteligencia de España, Félix Sanz Roldán. Yo me ficho al jefe del CNI sin cortarme ni un cable. Toma castaña. Mientras el juez investigaba los trabajos contratados desde Iberdrola a la empresa epicentro de la trama societaria del comisario Villarejo. Según la compañía, Sanz Roldán se incorporaba como asesor del presidente de la energética para temas internacionales. También pasó el filtro de la Oficina de Conflictos de Intereses en España, que consideró que este fichaje no era incompatible con los dos años de cuarentena que marca la ley tras dejar su puesto. El exjefe del CNI, directamente a la eléctrica. Y no crean que Iberdrola se lo monta mal, porque, para que veamos algunos de los fichajes políticos que hace, ese consejo asesor internacional reúne a expolíticos como Ernesto Zedillo, expresidente de México; Ken Salazar, antiguo secretario del Interior de Estados Unidos; Joschka Fisher, exministro de Exteriores alemán; Jonathan Hill, antiguo comisario europeo de Mercados de Capitales, o Laurence Tubiana, exdirectora general de la European Climate Foundation, representante especial del Gobierno francés para la COP21 de París.

Sanz Roldán son palabras mayores en la trastienda de la política española. Gran protector del rey emérito. Según Corinna Larsen, la examante emérita, Félix es quien protegía las andanzas borbónicas. Corinna contó que el monarca hasta planeó casarse con ella, pero, en cosas así, Sanz trataba de poner algo de orden. El accidente que sufrió el Borbón cuando cazaba elefantes en Botsuana precipitó el desenmascaramiento, España descubrió a qué dedicaba Juancar su tiempo libre (que era casi todo), pero esa crisis fue aprovechada para intentar reorientar ligeramente su vida sentimental. Poco después del trompazo real, el general Félix Sanz Roldán viajó a Londres para reunirse con Corinna en un hotel. Según ella, la amenazó para cortar la relación, pero no logró impedir que siguiera el idilio entre Juan Carlos y Larsen algunos años más. Y se lo iban tapando. Unos y otros. ¿Por qué será que Félix fue nombrado jefe de los espías en tiempos de Zapatero, siguió con Rajoy y continuó con Sánchez hasta que se jubiló? Y antes de ser nombrado máximo responsable del CNI, ya había sido jefe del Estado Mayor de la Defensa. Llegó con la etiqueta de hombre de José Bono, que recordarán que fue ministro de los Ejércitos y del espionaje.

Inquietante es también lo que el excomisario Villarejo soltó en la Audiencia Nacional en 2022, sobre «el famoso atentado del imán de Ripoll» y «el error grave de Félix Sanz Roldán, que calculó mal las consecuencias por darle un pequeño susto a Cataluña». Villarejo *dixit*. Hablamos de un atentado con muertos. ¿Creen que se ha investigado después? El ex del CNI ya trabajaba para Iberdrola. Según *El Confidencial,* con un sueldo de 240.000 euros para quien lideró el Centro Nacional de Inteligencia de España durante diez años. Todo muy normal. Y sin guardar ni el par de años de «reposo» antes de saltar de un cargo público a la eléctrica privada.

Tampoco esperó esos dos años para irse a Iberdrola otra expolítica, la protegida por Villar Mir, Isabel García Tejerina. La exministra de Agricultura y Pesca, Alimentación y Medio Ambiente, apenas dos meses después de dejar el Gobierno, fue nombrada consejera de Neoenergía, la filial brasileña de la eléctrica de Galán. De nuevo estamos ante un caso en el que la puerta giratoria no tuvo que esperar ni los dos años, porque se argumentó que iba a una sección de otro país, Brasil. Con Tejerina, las puertas han girado sin parar. Estuvo en el Ministerio de Agricultura primero, con Aznar, a las órdenes de Loyola de Palacio, Jesús Posada y Miguel Arias Cañete. Cuando perdieron el poder, fue fichada por el grupo de Villar Mir Fertiberia, dedicado a los fertilizantes, entre otras cosas, como directora de planificación estratégica. Por cierto, Juan Miguel Villar Mir aparece como donante del PP en la contabilidad B de Bárcenas, con frentes judiciales también en Púnica y Lezo; tuvo cargos en la administración franquista y fue ministro con Arias Navarro. Y García Tejerina fue del Gobierno de Rajoy a Iberdrola.

Villar Mir no es cualquier cosa. Ha gozado de adjudicaciones públicas por valor de miles de millones de euros. Hablamos de uno de los hombres fuertes de este país, también cercano a Juan Carlos de Borbón, y que brilló con esplendor hasta que empezaron a estallarle casos de corrupción. Si bien es cierto que iba librándose de ellos. También apareció en los escándalos su yerno, López Madrid, «compiyogui» para la reina Letizia, o el comisario Villarejo, que también es el perejil de varias salsas. El caso es que Isabel García Tejerina se mantuvo ocho años en el Grupo Villar Mir y volvió a un Ejecutivo del PP, ya con Rajoy, que la nombró ministra de Agricultura, Medio Ambiente… García Tejerina es la autora de la frase: «En Andalucía, te dicen que lo que sabe un niño de diez años es lo que sabe un niño de ocho en Castilla y León». Levantó una buena polémica, con malestar hasta del PP andaluz. Ella nació en Valladolid y ha demostrado que sabe mucho.

Aunque a Iberdrola puedes llegar sabiendo mucho o reconociendo que eras un poco cantamañanas. Entre los fichajes de la eléctrica merece también una mención especial el personaje de Juan Pedro Hernández Moltó, autor de la frase: «Yo era un animador sociocultural». Hombre del PSOE de José Bono, fue secretario general del partido en esta región desde 1990 a 1997, consejero de Transportes, Comunicaciones, Economía, Hacienda, Comercio, Turismo… Llegó a diputado en el Congreso entre 1989 y 1999. Pasó por el consejo de Iberdrola Renovables y presidió la caja de ahorros autonómica hasta que fue intervenida con dinero público. Es el expresidente de CCM, la primera caja quebrada, que había presentado ante el Banco de España un beneficio de 29 millones, pero el supervisor vio que había 1.066 millones de pérdidas. Liberbank la compró con 1.740 millones de ayudas del Fondo de Garantía bancario.

La Caja de Castilla-La Mancha fue la primera en caer y necesitó una línea de liquidez de 9.000 millones. El exdiputado socialista se comparó con «una reina madre» y dijo que «haciendo uso del término taurino, no era un don Tancredo inmóvil. Sabía lo que pasaba, pero como presidente no ejecutivo no tomaba decisiones». También declaró: «Mi sueldo era de 150.000 euros brutos anuales». La intervención de la caja fue en 2009. En 2016 la justicia decidió que Moltó no entraba en la cárcel. Fue condenado a dos años de prisión por un delito societario de falsedad contable cometido al manipular las cuentas de la entidad y a una multa de 29.970 euros. Sin antecedentes, no pasó a estar entre rejas. Para completar esta historia, ironías de la vida, Hernández Moltó había sido portavoz socialista de Economía del Congreso y, durante la comisión de investigación del «caso Ibercorp» contra Mariano Rubio, interrogó a quien había sido gobernador del Banco de España. Moltó le dijo a Rubio: «Míreme a la cara de frente. ¿Es consciente de las consecuencias que está generando en la sociedad española su proceder?». Añadió que Mariano tenía una última oportunidad «para salvar la poca dignidad» que le quedaba y que no quedaría impune ni él ni «aquellos que hayan faltado a la honestidad». Mariano Rubio estuvo dos semanas en la cárcel. Años después, Juan Pedro Hernández Moltó ni la pisó después de quebrar la caja.

Rubio, miembro de la Asociación Socialista Universitaria, había ocupado distintos cargos en la Administración franquista. Tuvo en su equipo a Boyer y a Solchaga. Pasó a dirigir Enagás y Felipe González lo eligió como gobernador del Banco de España. No siguió en el cargo en aquellos años de ocaso del «felipismo». En 1992, lo relacionaron con una venta irregular de acciones a través del Banco Ibercorp, gestionado por su amigo Manuel de la Concha. En 1994, Rubio fue detenido por orden de un juez de guardia por supuestos delitos contra la Hacienda Pública y falsedad. Durante quince días estuvo retenido en las prisiones madrileñas de Carabanchel y Alcalá-Meco. Fue al publicarse que hizo inversiones en una cuenta opaca mientras ocupaba su cargo en la máxima entidad financiera. Al final, quedó excluido del sumario del «caso Ibercorp», pero fue incluido en otra instrucción judicial. Cuando murió, Emilio Botín escribió en *El País:* «Gracias a su gestión, España pasó de un sistema bancario altamente regulado e intervenido a otro cada vez más abierto y liberalizado [...]. Hoy, gracias a esa apuesta liberalizadora, los bancos españoles están entre los más solventes, eficientes y rentables de Europa». Era 1999.

De signo distinto fue la trayectoria de otro hombre del PSOE en Castilla-La Mancha, el respetado Manuel Marín, que fue presidente de la Fundación Iberdrola y había sido presidente del Congreso de los Diputados. Tuvo escaño socialista por Ciudad Real, trayectoria en políticas europeas y falleció de cáncer en el cargo para el que le eligió Sánchez Galán.

Como vemos, la puerta giratoria no conoce distinciones entre territorios. Al Partido Nacionalista Vasco le han reprochado que su presidente, Josu Jon Imaz, terminó cogiéndola y presidiendo Repsol, y también lo hicieron otros de sus hombres más destacados. Como Juan María Atutxa, exconsejero de Interior y expresidente del Parlamento Vasco. Fue a Iberdrola Ingeniería y Construcción, además de haber sido consejero de Bahia Bizkaia Gas, en representación de la propia Iberdrola. La oposición en Euskadi también ha reprochado al PNV los casos de puertas giratorias de Mario Fernández, Xabier Balza, Jon Azua, Xabier Sagredo y Joseba Aurrekoetxea. Y ha relacionado estas influencias con la posición de esta formación política en mitad de los debates para tomar medidas que intentaran bajar el precio de la energía. Influencias de las energéticas en el Partido Nacionalista Vasco no faltan. El caso reciente más paradigmático es el de Imaz, consejero delegado de Repsol. Antes fue consejero de Industria en el Gobierno de Euskadi, el presidente del PNV que sustituyó a Xabier Arzalluz y terminó dejando la política para pasar a las energéticas. Con una formación en el sector previa y posterior. Fichó por Petronor, por la dirección de la Unidad de Nuevas Energías de Repsol y luego se puso al frente de esta empresa petrolera. Josu Jon Imaz puede cobrar en un ejercicio más de 3,5 millones de euros.

La Red

Cuentan los que conocían al «Cuco», por sus jóvenes andanzas en Ferrol, que era básicamente un facha. Que no solo hacía levantamiento de brazo frecuentemente, sino que también corría detrás de los rojos para darles escarmientos. En la zona eran temidos los «cadeneros», que gozaban de impunidad ante los guardias civiles y que se creían los vigilantes de la playa al «modo fascista». Arsenio, también conocido como «el Estirao», se labró un currículum como auxiliar de jardinería y con algunos cursillos, que luego vendió con títulos rimbombantes, agrandó verdaderamente su leyenda haciéndose concejal, después diputado durante veintitrés años, delegado del Gobierno, director de la Guardia Civil… Vamos, que lo mismo te podaba un rosal que aparecía años después en un cuadro vestido de benemérito y cargado de medallas. Arsenio Fernández de Mesa, «el Estirao», muy amigo de Mariano Rajoy, llegó a cobrar al frente de la benemérita unos 120.000 euros y fichó después por Red Eléctrica. Entonces lo hicieron diciéndonos que era «idóneo» para el cargo. Habría gestionado la electricidad en su casa.

Fernández de Mesa, como «consejero independiente» de REE, fue distinguido con un sueldo que no bajaba de los 150.000 euros y con unos conocimientos de la materia que ya se pueden imaginar. Estar en los orígenes de Alianza Popular con Fraga o ser amigo de Rajoy contaba para nota. Tanto Arsenio como Mariano son recordados en Galicia cuando, con el Prestige derramando combustible cerca de la costa, Rajoy dijo que eran «hilitos de plastilina» y Fernández de Mesa pronosticó que «el destino del fuel en el fondo del mar» era «convertirse en adoquín». Y tanto que adoquines. Como para llamar a Arsenio si nos quedábamos sin luz en casa. Y es que los enviados de Aznar a la catástrofe no venían precisamente de un equipo de operaciones especiales. Hicieron una gestión nefasta, pero no les fue nada mal en la vida y, sobre todo, en sus carreras políticas por lo que les fue llegando después.

Explíquenle ustedes a uno de esos españoles que no tiene ni para pagar el recibo de la luz cómo el bueno de Arsenio Fernández pasó de jardinero a consejero de Red Eléctrica. Háganlo sobre esa imagen del cuadro que reprodujeron los periódicos en la que «el Estirao» posaba repeinado, repleto de medallas y con guante blanco. Tieso como el bastón de mando que le habían dado. Y con banderas de España. Muchas banderas de España: al fondo del despacho, en las condecoraciones de la pechera o en la banda que luce sobre el frac. Imaginemos que hubiera muchos Arsenio Fernández de Mesa. A ver quién iba a pagarnos a nosotros la luz y a ellos las medallas. Una vida trepando en política, cuentan sus críticos, desde esos orígenes nostálgicos: juventud falangista, presidiendo Nuevas Generaciones en Ferrol, dirigió el partido en esta localidad, fue secretario general adjunto en el PP de A Coruña, en la Junta Directiva Nacional del PP, diputado durante veintitrés años, delegado del Gobierno en

Galicia… En la gestión del Prestige dijo: «Hay una cifra clara y es que la cantidad que se ha vertido no se sabe».

Con Rajoy al frente del Gobierno le llegó ese nombramiento como director de la Guardia Civil. Y llegó la muerte de quince migrantes en la playa de El Tarajal, que es cuando nuestro hombre negó que los agentes hubieran utilizado material antidisturbios contra quienes trataban de llegar nadando a la costa para sobrevivir. Muy católico todo. Un vídeo mostraba cómo los guardias civiles dispararon pelotas de goma e Interior dijo entonces que querían «disuadir» a los migrantes. Años después, la jueza aplicó la doctrina Botín y archivó la causa contra dieciséis agentes procesados por la tragedia. Fernández de Mesa respaldó a los guardias civiles de El Tarajal en todo momento.

Red Eléctrica es fuente de jugosos repartos giratorios, que paga la gente. El caso de la meteórica trayectoria del «Cuco» es paradigmático, pero hay más. Vamos a remontarnos al «felipismo» para detenernos en otro trayecto que termina en las revistas del corazón. Con el PSOE de comienzos de los ochenta llegó Miguel Boyer. Entonces, el Partido Socialista contaba con un apoyo electoral apabullante y grandes esperanzas de cambio. Hubo muchas cosas que cambiaron. Otras no tanto. También le cambió la vida a Boyer. Tras estar en el Gobierno de Felipe González, don Miguel y sus polémicas políticas liberales se fueron, entre otras, hasta el consejo de administración de Red Eléctrica de España por unos 147.000 euros al año, o a la presidencia de la Compañía Logística de Hidrocarburos CLH, la antigua Campsa. Eso entre las energéticas, porque para Boyer hubo más. El exministro socialista, que llevó las carteras de Economía, Hacienda y Comercio, había sido el elegido por Felipe para liberalizar España en materia económica, junto a Carlos Solchaga, que era ministro de Industria. Miguel Boyer puso el embrión del contrato temporal, de reformas laborales, de las pensiones, defendió retrasar la edad de jubilación, la revisión de los alquileres, aceleró la reconversión industrial… Estallaron las protestas en las calles y la decepción para muchos españoles de izquierdas que creyeron que con el PSOE llegaba otra cosa. Unas cuantas llegaron. Es cierto que el desengaño de unos no impidió que otros apoyaran mayoritariamente al Partido Socialista de González, que ocupó la Presidencia desde 1982 hasta 1996, pero el cambio de vida giratorio alumbró a muchos de ellos. Boyer se había ido antes. Quedó Solchaga, otro liberal, que le encomendó la presidencia del Banco Exterior, pero Miguel Boyer pasó posteriormente a la industria del ladrillo, fichado por Construcciones y Contratas, la posterior FCC de las Koplowitz y «los Albertos». También se hizo patrono de la Fundación FAES, presidida por José María Aznar.

Boyer terminó apareciendo más en las revistas del corazón que en la prensa económica. Se emparejó con Isabel Preysler y llegaron las polémicas, como la de la casa de catorce baños y otros contrastes entre aquel socialismo de comienzos de los ochenta y los modos de vida de algunos de sus dirigentes. Unos formaban la denominada *beautiful people* y otros irían pasando del «arriba los pobres del mundo» a ir sumando millones y puertas giratorias. Carlos Solchaga, el otro hombre fuerte de ese equipo económico, también tuvo su contrato como consejero de una empresa relacionada con las energías, Duro Felguera, donde podía cobrar 180.000 euros en un año; la farmacéutica Pharmamar, que uno lo mismo le hace a la energía que a los medicamentos; el fabricante de componentes para automóviles CIE Automotive, empresa participada desde un paraíso fiscal… En un ejercicio, Solchaga podía sumar más de 335.000 euros. Al mismo tiempo, el exministro socialista ha ido dejando perlas como:

«Los pensionistas no tienen razón, no han pagado ni la mitad de lo que perciben», o no es «prudente» revalorizar las pensiones con el IPC.

De los Gobiernos de Felipe González es demasiado detallarlo todo, pero no nos olvidaremos de Luis María Atienza, que estuvo con Felipe como secretario general de Energía o ministro de Agricultura. Después, presidente de Red Eléctrica de España, consejero de Redes Energéticas Nacionais, Fortia Energía... Por su parte, Ángeles Amador, licenciada en Derecho, fue secretaria técnica del Ministerio de Obras Públicas, ministra de Sanidad y pasó al consejo de administración de Red Eléctrica, donde estuvo como consejera el tiempo máximo posible legalmente, doce años. Cobró desde su nombramiento en 2005 unos dos millones de euros brutos, con una media de 178.000 euros anuales.

El «aznarato» también tuvo su ración en Red Eléctrica, por supuesto. Escandalosos fueron los sueldos de José Folgado. Otro hombre del equipo de José María Aznar y Rodrigo Rato. Folgado había sido secretario de Estado de Presupuestos y después de Economía. Llegó a la presidencia de Red Eléctrica de España. Relevó al exministro de Felipe González Luis María Atienza. José Folgado podía ganar en un año un millón de euros. Solo por dejar REE cobró una indemnización de 718.000. Fue un pastizal. Años más tarde, se lo llevó la pandemia. Murió de coronavirus. La COVID-19 fue mortífera en ese tiempo, fueron los meses iniciales y Folgado cayó en mitad de esas semanas en las que España vivió la crisis sanitaria con mayor contundencia. Algunos dicen que era el hombre que había enseñado a Aznar y a Rodrigo Rato a entender unos presupuestos.

Si seguimos hablando de los «puestazos» en Red Eléctrica y de las enseñanzas a los líderes, unos micrófonos abiertos nos permitieron oír la conversación entre el entonces secretario general del PSOE, José Luis Rodríguez Zapatero, y dos hombres de su equipo económico, Jordi Sevilla y Jesús Caldera. Fue tras una reunión con diputados de su grupo para explicarles las líneas generales de su propuesta presupuestaria:

JORDI SEVILLA: Se te nota todavía un poco inseguro, has cometido un par de errores. Has dicho que aumenta la progresividad en lo del sistema fiscal y lo que aumenta es la regresividad, pero son chorradas…

ZAPATERO: Bueno, pero eso es lo mismo.

JESÚS CALDERA: Nada, nada, di que has estado muy bien. Has estado muy bien.

JORDI SEVILLA: Lo que te quiero decir, lo que tú necesitas saber para esto son dos tardes.

Zapatero llegó a la Presidencia de España, y Sevilla, a ministro. Después, Red Eléctrica, una de las compañías que mejor paga a sus cargos, esperaba a Jordi. Allí llegó Sevilla, que había sido secretario de Política Económica del PSOE y ministro de Administraciones Públicas. De la política pasó a la consultora PricewaterhouseCoopers, a Llorente y Cuenca y a la presidencia de Red. Allí lo puso Pedro Sánchez, que había trabajado a las órdenes de Sevilla en el Partido Socialista en años más mozos. Jordi fue también el responsable de su programa económico. Como presidente de Red Eléctrica, el exministro de Zapatero podía tener una retribución de 546.000 euros anuales. Entre las decisiones durante su mandato estuvo la compra de Hispasat por 933 millones de euros a Abertis, controlada por la ACS de Florentino Pérez y la italiana Atlantia. Levantó polémica por el alto precio pagado, según varios analistas. Después, Hispasat registró pérdidas récord de 88,6 millones de euros en 2020. Por cierto, al frente del operador de satélites pusieron a Jordi Hereu, exalcalde socialista de Barcelona. Sevilla acabó saliendo de Red

Eléctrica y llegó otra exministra de Zapatero, en este caso la ex de Vivienda, Beatriz Corredor, que cobró 464.000 euros en su primer año al frente de la compañía.

El precio de los pisos y los alquileres eran ya un quebradero de cabeza para los españoles, algo imposible para muchos, a compartir para otros, y eso que es un derecho recogido en la Constitución: tener una vivienda digna. Especuladores y abusos economicistas empujaron a una situación que se ha ido complicando. Para los trabajadores, más. José Luis Feito, ese hombre de fino bigotito, tan característico de otras épocas, embajador en los tiempos de Aznar, que ha tenido cargo en Bankia o en la CEOE, también tuvo su puesto en Red Eléctrica. Feito afirmó: «Aunque sea en Laponia, si no acepta la oferta de empleo, no cobra el paro». Y se quedó tan ancho. Eran años de rescates a entidades financieras con el dinero de todos por la explosión de la burbuja inmobiliaria. También se estaban intensificando los ajustes para los trabajadores. Eran los tiempos finales del Gobierno de Zapatero y los iniciales de Rajoy. El hombre del bigotito dijo más: «El paro, a diferencia de otros países, es muy generoso en la primera parte. Eso se podría cambiar. Sin deteriorar los derechos de los trabajadores, sino todo lo contrario». El ex de Bankia defendió públicamente los «efectos beneficiosos» de las reformas laborales y pedía profundizar en ellas. Sus tesis ya venían de atrás: «Cuanto más caigan los salarios por persona ocupada y hora trabajada, mayores serán las posibilidades de aumentar el empleo e impulsar la actividad productiva».

José Luis Feito fue fichado años después como miembro del consejo de Red Eléctrica de España. Igual que fue miembro del consejo de administración de Bankia, alto cargo de la patronal CEOE, presidente del Instituto de Estudios Económicos o presidente de la Asociación de Sociedades Españolas Concesionarias de Autopistas. En 1996, año de la llegada de Aznar al poder, había sido nombrado embajador de España ante la OCDE en París, que es uno de los puestos mejor remunerados. En ese cargo acabó también José Ignacio Wert después de recortar la inversión en la enseñanza pública: unos 10.000 euros mensuales, chófer, servicio y residencia de 500 metros cuadrados por otros 11.000 euros al mes. A la ciudad del amor envió Rajoy a Wert junto a la que era su número dos en el ministerio, Montserrat Gomendio, que también cobraba otro tanto en Francia. El nombramiento del exministro que quería «españolizar» a los niños catalanes se produjo en plena operación salida de vacaciones. El mantenimiento de los jardines que comparte la embajada española y la cancillería de la delegación permanente de España en la OCDE salía por entonces por 331.825 euros, según publicó el BOE.

Vaya ganado. Y no olvidemos que hay escuchas, pinchazos telefónicos practicados por las Fuerzas de Seguridad del Estado que dan más fe de los bajos fondos de la historia de España que muchas resoluciones judiciales que, o no llegan, o lo hacen edulcoradas y a destiempo. Conviene destacar que, a veces, los grandes titulares de los medios se reservan para los personajes de la política más conocidos por todos, pero que la chicha está en los detalles. En esos lugartenientes que mueven hilos y que pueden intervenir en varios tejemanejes. Siempre al servicio de alguien, habitualmente al calor del dinero. José Manuel Serra Peris llegó a consejero de Red Eléctrica de España, pero también lo fue de Endesa, Bankia, Iberia o la Corporación Financiera Alba de la familia March, apellido clave en la financiación del golpe de Estado que dio paso a la Guerra Civil. Seguir la pista de Serra Peris es adentrarse en el mundo de Zaplana, Ignacio González, los casos de corrupción y los ámbitos para enriquecerse, como la política, que da paso a las eléctricas, la banca o cualquier empresa, pública o privada, pero con ramificaciones en todos esos ámbitos. Ahí se mueven como pez en el agua determinados tipos de tiburones. Para Serra fue fundamental en sus orígenes el vínculo con Zaplana, con José Luis Olivas y con el PP valenciano. Con eso dio el salto a Madrid cuando Aznar llegó al Gobierno. Como hicieron otros que pasaron del Mediterráneo a la capital, sin perder contactos y negocios a ambos lados.

En el primer Gobierno de José María Aznar ya estaba José Manuel Serra Peris, y varios puestos en la Administración del Estado le dieron paso a ser secretario de Estado de Energía e Industria. Fue en esa época en la que se privatizaba Endesa y Rodrigo Rato pilotaba privatizaciones y un liberalismo salvaje, mientras algunos se enriquecían. Lo pagaron otros. Cuando todo estallaba, a Serra Peris le pilló en movimientos como ser consejero de Martinsa-Fadesa, teniendo en cuenta que la promotora de Fernando Martín, que hasta llegó a ser presidente del Real Madrid, se hizo con Fadesa por 4.000 millones de euros. Los contactos de Zaplana, Olivas e Ignacio González fluían. Gobiernos, Caja Madrid, la banca valenciana… A Serra lo pusieron en la comisión de auditoría de Bancaja, que ni siquiera vio la quiebra y el boquete que nos dejaron. Se daba dinero para inversiones inmobiliarias de infamia. Se buscaba provecho, claro. Serra Peris, en BFA, la matriz de Bankia, llegó también a la cúpula y coincidió de nuevo con Rodrigo Rato. Verán que son los mismos asnos en distintos pesebres. Todos en la cúpula, sin que nunca faltaran alforjas, ni amiguetes ni compañeros de política y negocios. Con este establo, era previsible que ardiera la cuadra. Y ardió. La quema bancaria tuvieron que apagarla los contribuyentes. Eso sí, Zaplana, Olivas, Ignacio González o Rato por allí seguían.

Es de vergüenza, pero Serra Peris terminó en otra comisión de auditoría, en el consejo del Canal de Isabel II de Madrid, apadrinado por «Nacho» González. Aguas sucias. Es un porrón de dinero el que se gestiona ahí. Y eso que Serra ya estaba imputado por el fiasco anterior. Siguieron sus andanzas. Están el «caso Bankia» y en el «caso Lezo». Sí, porque habían viajado a Cartagena de Indias en busca de nuevas tierras y nuevos dineros y eso da nombre a un nuevo dispositivo anticorrupción. Hay sectores de la derecha que sacan pecho con el personaje histórico de Blas de Lezo. Vergüenza le daría a ese hombre saber hoy que, siglos después, se inspirarían en él para poner nombre a uno de los casos corruptos más lamentables de nuestra historia reciente: el «caso Lezo». No por Blas, que él no tuvo la culpa, sino por algunos tipos de patria en la cartera. El saqueo de lo público, una vez más, básicamente. De Lezo es el almirante que defendió el puerto colombiano de Cartagena de Indias del asedio de los ingleses. Hasta el lugar fueron muchos años después Serra Peris o Ignacio González, y no precisamente para defender los intereses de España. Por este viaje la Guardia Civil lo bautizó como «caso Lezo».

Los nombres de José Manuel Serra Peris, Ignacio González y Edmundo Rodríguez Sobrino son determinantes. El viaje fue seguido y grabado. Fue cuando Serra Peris aún era consejero de la constructora Martinsa, vinculada al mayor pelotazo de la trama Gürtel en Arganda del Rey. De ese pelotazo se investigó si venía el pago del ático para Ignacio González en tierras malagueñas. Para Serra, el viaje no suponía tanta alteración. Estaba acostumbrado al *jet lag.* Las Fuerzas de Seguridad fueron recogiendo sus «numerosos vuelos» a República Dominicana, Reino Unido, Puerto Rico, Panamá, Estados Unidos o Colombia. Qué frenesí. Tanto viaje es equiparable a tanto puesto desempeñado en su vida. Y a tanta impunidad. Fueron grabados en Cartagena de Indias. Portaban bolsas. La autoría de las grabaciones no se supo. Eran tiempos en los que había rivalidad entre González y Granados, que se peleaban hasta por las corrupciones, y hubo espionajes. La famosa «gestapillo».

Más gordo es el saqueo del dinero público del Canal. Los investigadores sospechan que hubo operaciones en América que se inflaban para quedarse con dinero público, que luego terminaba en paraísos fiscales. El caso es que el Canal de Isabel II de Madrid llegó a meter dinero en negocios en Colombia, Ecuador, Haití, Panamá, República Dominicana, Venezuela, México, Brasil... Para la entidad madrileña eran posibles operaciones como la Sociedad Acueducto, Alcantarillado y Asco de Barranquilla SA ESP (más conocida como la Triple A colombiana). Y, si había que hablar con el presidente colombiano, Álvaro Uribe, para que les ayudase con el alcalde de Barranquilla, lo hacían.

Serra Peris, nuestro hombre para todo; Ignacio González, expresidente madrileño; Ildefonso de Miguel, exdirector gerente del Canal; Edmundo Rodríguez Sobrino, presidente de la filial suramericana del Canal, Inassa, por allí estuvieron. El viaje de las bolsas es solo la punta del iceberg. Quizá para ver lo cutres que pueden llegar a ser. Lo gordo es que la Guardia Civil consideró a José Manuel Serra Peris una de las personas que pudo facilitar la formación de un «grupo criminal». No le dio solo para estar en Red Eléctrica. Hablamos de alguien que también está imputado en «Lezo» por participar presuntamente en una trama de blanqueo de capitales. Los investigadores creían que puso dos de sus sociedades como pantalla para que Ignacio González cobrara comisiones. Y otro aspecto muy preocupante, en otra de las líneas habituales, es que agentes que hicieron su trabajo dejaron por escrito en informes que había «sólidos indicios» de que desde los tribunales daban chivatazos a los implicados para protegerlos.

Informe de la UCO: «Sólidos indicios de que José Manuel Serra Peris puede haber sido una de las personas que habría facilitado a Edmundo Rodríguez información sobre asuntos de carácter secreto», «estas circunstancias podrían haber causado un grave perjuicio a la investigación, provocando que se hubieran destruido pruebas, ocultando patrimonio, etc.». «La certeza que Edmundo Rodríguez parece tener respecto a la intervención de sus comunicaciones, su conocimiento sobre actuaciones de la Fiscalía en la presente causa penal, así como del grado de detalle de los departamentos del ministerio fiscal que intervinieron en el curso de la denuncia presentada por el presidente de Canal Gestión en Fiscalía General del Estado el 13 de julio de 2016, y evidentemente la coincidencia con la realidad de estas cuestiones, constituyen indicios claros de que alguien con capacidad de acceso, directo o indirecto, a la presente causa habría estado informando a Edmundo Rodríguez Sobrino de aspectos relevantes de la misma, siendo preciso incidir en el carácter secreto de las informaciones». Ya ven que los enchufes llegaban mucho más allá de Red Eléctrica. Y Serra Peris fue mucho más lejos.

Hay más. Muchas medallas, origen político en Fuerza Nueva, salto al PP y luego consejero de Red Eléctrica es el caso de Agustín Conde, que tiene la Gran Cruz de la Orden Española del Mérito Civil, la Cruz de Honor de la Orden de San Raimundo de Peñafort, la Cruz de Gran Oficial de la Orden del Mérito de Portugal, la Medalla de Oro de la Ciudad de Toledo, la Medalla al Mérito al Servicio de la Abogacía... Le gusta presumir de medallas y, sin embargo, tiene prohibido de por vida su acceso a cualquier sede del Consejo de Europa por no aclarar acusaciones de corrupción y vulnerar el código de conducta. Lo «violó seriamente», «no respondió» a la convocatoria de la comisión de investigación. El exsecretario de Estado de Defensa con María Dolores de Cospedal fue acusado de actuar en favor de Azerbaiyán cuando acudió como observador a las elecciones parlamentarias y como ponente de la comisión de seguimiento.

El PP exculpó a Conde, su diputado por Toledo, tras ocultar al Congreso parte de sus actividades privadas al margen de su actividad parlamentaria. Incluían asesorías al Banco Santander, a pesar de que la ley prohíbe trabajar en entidades de crédito. Vamos, que le gustaba lucir medallas, pero los problemas con la transparencia los ha tenido en Europa y siendo parlamentario en España. Varias veces. Como cuando se intenta ocultar el sesgo con la homosexualidad y se muestra uno como portavoz del PP en una comisión del Senado, en esos tiempos en los que el partido se oponía al matrimonio homosexual. Sí, esa época en la que fue invitado al Parlamento el psiquiatra Aquilino Polaino para explicar sus teorías sobre la los *gays.* Conde felicitó a Polaino: «Usted nos ha descrito perfectamente la psicopatología de la homosexualidad». Tras el escándalo, Agustín dijo después que lo valoró así «por cortesía». Aquilino Polaino, llamado en calidad de experto, declaró que «se les puede ayudar con terapia reparativa», «aunque se haya desclasificado (como enfermedad) no quiere decir que no haya trastornos». Para Polaino, eran niños «con ausencia de identificación con sus iguales, de destrezas motoras para los deportes violentos, incapacidad de defenderse, fobia social» y es frecuente la coexistencia con «depresión grave, trastorno obsesivo compulsivo, crisis de ansiedad, elevado consumo de drogas, narcisismo patológico, suicidio...». Pues «perfectamente», según Agustín Conde.

Aquilino aún se puso fanfarrón y aprovechó la invitación del PP para interpelar a algún senador en la sala: «Si usted piensa que la homosexualidad no es ningún problema, le invitaría a que viera usted cinco horas de terapia que tengo esta tarde». Y compartió sesión parlamentaria con Martínez Peroni, otro de los nombres que, como Polaino, estaban en un informe divulgado por Hazte Oír. La asociación ya había difundido que es habitual que los padres *gays* abusen de sus hijos y había recibido el premio Juventud 2004 del Gobierno de Esperanza Aguirre, que les entregó el consejero de Educación.

Una andanza más para Agustín Conde fue esta escena del Senado. Escenificación parlamentaria para este hombre que venía de los tiempos del ultraderechista Blas Piñar, que fue concejal del Ayuntamiento de Toledo con el Partido Popular, que a los treinta años ya era alcalde de la ciudad, que fue líder del partido en Castilla-La Mancha, senador, diputado y... consejero de Red Eléctrica. También fue hombre fuerte con Cospedal, lo que explica muchas cosas que sucedieron durante una parte de su carrera. Agustín fue número dos en el Ministerio de Defensa, como secretario de Estado con María Dolores.

Limpieza de papeles

A María Dolores de Cospedal le preguntaban por las anotaciones de «López H» o «López Hierro» en los papeles de Bárcenas, la contabilidad B del partido manuscrita por el tesorero, y ella respondió:

—Bueno, es mi marido, pero no tiene por qué ser ese señor, que no lo es.

La Policía concluyó que los papeles del tesorero recogían pagos a «ese señor del que usted me habla» de 19 millones de pesetas en dinero negro. El juez rechazó imputarle porque había prescrito. Ignacio González, otro insigne nombre de la corrupción en España, expresidente de la Comunidad de Madrid, de los que salió «rana», según Esperanza Aguirre, decía de «López H» «cobra bajo cuerda de 27.000 sitios», o «Villarejo me dice que es amigo del marido de Cospedal desde hace treinta años y que ayuda a María Dolores». Ella, para el comisario, era «la parienta», «tu amiga» o «la Cospe». Un lenguaje a la altura de las películas de gangsters. «El Bigotes» definió a «López del Hierro» como un «atizante». Su trabajo para varias constructoras, las concesiones, las contratas, dan buena pista para seguir el hilo. No solo Gürtel o Kitchen, porque súper López también apareció en los sumarios de los casos Lezo, Pujol, Liberbank...

Al poco tiempo de que llegara Rajoy al gobierno, con María Dolores de Cospedal como secretaria general del PP y presidenta de Castilla-La Mancha, a su marido, Ignacio López del Hierro, lo colocaban en Red Eléctrica de España, empresa participada por el Estado a través de la SEPI. El sueldo, entre 130.000 y 180.000 euros brutos anuales, sumados a otros puestos que ya acumulaba. Lo del esposo de Cospedal fue un gran escándalo. Y, además, Mariano acababa de llegar a la presidencia, por lo que igual se asustaron. Más adelante fueron manteniendo entuertos sin problema. El caso es que, ante semejante polvareda, se echaron atrás. López del Hierro no terminó en Red Eléctrica, pero sí tenía doble cargo en Iberdrola. López, consejero de Iberdrola Inmobiliaria e Iberdrola Ingeniería y Construcción. Y no crean que le daba solo a la eléctrica, porque en su trayectoria hay mucho más.

Por aquel entonces, ya existía la rivalidad entre Dolores de Cospedal y Soraya Sáenz de Santamaría, la vicepresidenta. Si Soraya tenía al marido recién fichado por Telefónica, Dolores debió de pensar que ella no iba a ser menos. Las eléctricas podían ser un escándalo, pero tampoco podía faltar la banca y el negocio del ladrillo. López del Hierro, con la sombra de los papeles de Bárcenas o las conspiraciones con el comisario Villarejo, es todo un personaje de película italiana; si a esto le sumamos la política, los cargos o los sueldos, da para trama, subtrama y serie de varios capítulos.

El comisario Villarejo le llamaba «El Polla de Hierro». Es un hombre de larga trayectoria profesional. Llegó a consejero de Itínere, la segunda concesionaria de autopistas de España, antigua filial de la constructora Sacyr, en representación de

Liberbank, la entidad financiera que absorbió Caja Castilla-La Mancha. De la caja de ahorros autonómica, la primera que quebró y fue rescatada, también fue consejero. Liberbank fue uno de esos compendios en tiempos de rescate y ayudas públicas que fusionó Cajastur, Caja Extremadura, Caja Cantabria y la caja castellano-manchega. La andadura de López del Hierro por la corporación de Caja Castilla-La Mancha, *holding* de participaciones desmantelado tras la quiebra de la caja, le valió para acceder a Liberbank, que lo tuvo en nómina y lo nombró consejero de Itínere. En la banca, también llegó a Société Générale como *senior advisor* del banco francés en España. También ha sido asesor o consejero para el fondo Thesan Capital o para bancos de negocios como Lincoln International. Súmenle operaciones con Amper, Avanzit/Ezentis y Neoris.

La Comisión Nacional del Mercado de Valores impuso sanciones por infracciones «muy graves» cometidas por la constructora Bami e Ignacio López del Hierro al proporcionar «indicios falsos o engañosos en cuanto a la demanda y el precio de las acciones» de la inmobiliaria. López del Hierro ya era consejero de Metrovacesa, procedente de Bami. Su paso por el mundo de la construcción y las contratas fue amplio. En sus orígenes conoció al empresario jerezano Joaquín Rivero y desde Bami llegó Zabálburu y Metrovacesa. También fue consejero de Renta Corporación, que solicitó concurso de acreedores. Renta negó que don Ignacio hubiera participado en la operación para comprar cinco edificios habitados de la Empresa Municipal de la Vivienda y el Suelo del Ayuntamiento de Madrid. Izquierda Unida señaló que debía de ser una casualidad que López del Hierro fuera consejero de la compañía inmobiliaria.

En Castilla-La Mancha, el Gobierno socialista también contó que una empresa vinculada a Ignacio López del Hierro cobró

37 millones de Enresa para hacer el almacén de residuos nucleares de Villar de Cañas (Cuenca) «sin mover ni una sola piedra», «cuando los informes técnicos desaconsejaban la elección» de esa localidad, que era «una quimera en ojos de algunos que proponían esta auténtica barbaridad». La portavoz del gobierno autonómico dijo: «A las pocas semanas, Ignacio López del Hierro fichó por una empresa que sería beneficiaria de contratos multimillonarios».

Claro que, junto a ese hombre de negocios —«atizante», «Polla de Hierro»—, lo más turbio está quizá en sus relaciones con José Manuel Villarejo. Cospedal y López del Hierro pidieron a Villarejo «trabajos puntuales». Cospedal decía: «No puede trascender». Villarejo: «Hay que intoxicar con que Bárcenas está amortizado. Mientras le vayan las tortas a él, no le dan a nadie más. Si está amortizado, al camión». Dan miedito estas conversaciones. Y eso que, según Rajoy, Gürtel «no era una trama del PP, sino contra el PP» y Dolores Cospedal denunciaba ser víctima de «la utilización de la Policía» y nos explicaba con desparpajo el finiquito «diferido simulado» para el tesorero. La secretaria general lamentaba que el estallido del escándalo corrupto era manejado para dañar al partido: «Terrible», «dramático», «propio de otros momentos históricos de nuestro país y de otros Estados que no son democráticos».

Mientras, el comisario Villarejo se movía por la sede del PP como contrata ávida de dinero negro. Al comisario le llamaban «Pepe» para disimular: «Yo te recojo en un coche con los cristales tintados, entramos por el garaje, subimos al despacho de María Dolores y ¡pum!», le decía por teléfono «El Polla». Con el escándalo Gürtel en ebullición, hablaban de una clara obstrucción a la justicia y a las Fuerzas de Seguridad del Estado. El comisario corrupto se jactaba del «retraso» de informes, la «limpieza de papeles» antes de los registros, «boicotear mil cosas», «descafeinar» investigaciones para que diera tiempo a «exonerar» a presuntos culpables, «romper el puto *pendrive...*». En otro país esto habría sido un escándalo de primer nivel, pero aquí nos quedamos con lo de «doña finiquito». La secretaria general del PP advertía: «No puede trascender. Yo soy la primera que a mí también se me vendría abajo».

El marido, súper López, prometía pagar a Villarejo, que respondía: «¿Al partido cómo le voy a cobrar?». López del Hierro respondía: «Naturalmente, pasa lo que tengas que pasar». Y Cospedal sentenciaba: «Pero claro, para él». Mientras esto ocurría, la dirigente popular afirmaba públicamente que su partido era víctima de un «Estado policial». La documentación incorporada al sumario sobre el «caso Kitchen» revela la extensa relación que el comisario José Manuel Villarejo mantuvo durante años con María Dolores y López del Hierro. Las Fuerzas de Seguridad que trabajaron para descubrir el pastel hicieron una labor que nos deja reflejada la realidad de estos tejemanejes. Otros agentes y superiores se prestaron a operativos parapoliciales para proteger a los presuntos corruptos. ¿Y el juez?

Villarejo reflejaba los contactos y tareas en su agenda. Junto a las siglas «MD», que los investigadores identifican con María Dolores de Cospedal: «Charla larga desde 18.30. Comprende que hay que pagar lo pendiente», o también: «Toque para hablar. Aviso de pago pendiente. Queda en comentarlo con la Cospe». Hay más: «Cospe: Muy preocupada con los cinco pagos de 200». Esto mientras, en distintas conversaciones y escuchas, se hablaba también de «El Polla» o «Polla de Hierro», «la Cospe», «Cospedín», «El Gordo», «El Cocinero», «La Pequeñita»... Según la investigación policial, los seguimientos ilegales de policías a los Bárcenas comenzaron escasos días después de que el extesorero confesara la caja B del PP. El juez apunta a un espionaje ilegal con el llamado Operativo Kitchen para torpedear el «caso Gürtel», destruyendo documentos comprometedores para altos dirigentes del PP. Un informe policial señala que fue una operación que Rajoy conocía. La Policía también señala esos contactos entre Villarejo, Cospedal y López del Hierro.

«Te garantizo que, si yo tengo que declarar, también irá probablemente MR». Esta advertencia del exnúmero dos de Jorge Fernández Díaz en el Ministerio del Interior iba acompañada de otras: «Mi grandísimo error fue ser leal a miserables como Jorge, Rajoy o Cospedal». Martínez, imputado en la causa, aseguraba que se estaba comiendo él solo el marrón y lamentaba que le dejaran «tirado». «Chisco» era el apodo de Francisco Martínez. Junto a las siglas de «ILH» —¿Ignacio López del Hierro?—, Villarejo escribió: «Toque porque Chisco me pidió comprobar si la Cospe había pactado ser citada». Citaciones a medida con la justicia, «marrones» que se «comen otros», policías y guardaespaldas utilizados para defender a presuntos corruptos con cargo a los fondos reservados… El exministro del Interior, Jorge Fernández Díaz, nos dijo que «cuestionar la Monarquía como forma de Estado es más letal para España que el coronavirus», también que su «ángel Marcelo» le ayudaba «a aparcar», pero asegura que no se enteraba de cosas más terrenales, como estas operaciones propias de la mafia para proteger a los corruptos.

Cuando, según Fernández Díaz, Benedicto XVI le dijo que «el diablo quiere destruir España», no sé si le contó el poder de destrucción que tiene que los poderosos se corrompan, abusen del poder en beneficio propio, obstaculicen la labor de la justicia, pongan a los policías a eliminar pruebas, empleen fondos reservados, recurran a espías y a matones para conseguir que desaparezcan documentos que pueden demostrar que en un partido había una trama de corrupción, con mordidas, sobresueldos, cuentas opacas, dinero negro, y años de más empeño por lucrarse o mirar hacia otro lado que por colaborar con los jueces y que todos seamos iguales ante la ley. Esto es pecado en el catecismo. Bien lo sabe el ángel Marcelo.

Jueces que entran y salen, pruebas que desaparecen, delitos que prescriben, algunas condenas a un determinado nivel, pero sin llegar muy alto. Sin ir más lejos, Fernández Díaz alegaba recientemente, en defensa del rey emérito, que el Estado español «tiene su clave de bóveda en la monarquía parlamentaria». Pujol venía a explicarlo con aquello de que «los nidos caerán si tocamos mucho las ramas del árbol».

Y, ¿qué pasó con María Dolores de Cospedal? Pues que se incorporó a la Abogacía del Estado en el Tribunal Supremo. ¿Pero qué broma es esta? Hemos leído y escuchado grabaciones de Villarejo, pero el juez de la Audiencia Nacional, Manuel García Castellón, terminó la instrucción del caso del espionaje a Bárcenas con fondos reservados archivando la causa contra Dolores de Cospedal y su marido, en contra de la Fiscalía Anticorrupción y del resto de acusaciones. La imputación a Cospedal y López del Hierro, según el juez, sería «resultado de una inferencia voluntarista sin fundamento en indicio alguno, pues no hay reflejo de ello en las actuaciones». Es el mismo juez que, por ejemplo, también rechazó imputar a Cospedal en el «caso Púnica».

Importante. Recuperemos la conversación de Ignacio González y Eduardo Zaplana.

IGNACIO GONZÁLEZ: Vamos a ver, Eduardo. Tenemos el Gobierno, el Ministerio de Justicia no sé qué y tal. Y escucha, tenemos a un juez que está provisional… Tú lo asciendes… Yo le digo, a ver, venga usted *pa' acá*. ¿Cuál es la plaza que le toca? Onteniente, a tomar por culo a Onteniente y aquí que venga el titular, que ya me las apañaré con el titular, coño. Yo le llamo a este y le digo, oye, ven aquí, el titular aquí, y a este… a tomar por culo. Pero ¿qué te cuesta eso? Y a este tío lo pones a escarbar cebollinos, joder, y ya está. Al titular, magistrado de enlace en Londres, no sé qué, después gana una pasta, o Roma, vive como Dios y el tío no quiere saber nada, claro. A mí me vas a meter en líos. Y una mierda, y está encantado

EDUARDO ZAPLANA: El problema está en la instrucción, Nacho… es que aquí no manda nadie.

El juez titular que estaba en Italia era Manuel García Castellón.

Por cierto, otro episodio de película mafiosa, del que nunca quedó clara la orden ni la estrategia, fue el de enviar a un hombre disfrazado de cura a la casa de los Bárcenas pidiéndoles la información que guardaran. En 2022 murió el falso sacerdote, Enrique Olivares. No llegó a declarar «al no estar bien mentalmente». El día del asalto a la casa, el chófer al que atribuyen formar parte del operativo parapolicial de Villarejo, Sergio Ríos, no trabajaba, tenía el día libre, pero aparece en el atestado policial por estar en la puerta del domicilio. Ríos dijo que estaba casualmente por la zona y que, al avisarle el portero, subió a actuar. Antes, en el informe policial se lee que, dentro de la vivienda, Olivares, el tipo que había entrado vestido de sacerdote, sacó un arma, apuntó a la mujer de Bárcenas y empezó a gritarle a su hijo, Willy: «Túmbate en el suelo o le pego un tiro a tu madre» o «ahora me lleváis al despacho de tu padre», «los *pendrives»,* «o me das la información o te doy un culatazo…». El hombre disfrazado de cura llevaba un revólver sin marca ni número.

En un auto, el juez destaca una «cadena de anotaciones» encontradas al comisario Villarejo «que permiten inferir la participación de la Sra. Cospedal y el Sr. López Hierro en la captación de Sergio Ríos», el chófer de Bárcenas, en el espionaje. Fue señalado por otros comisarios como la persona captada por la presunta trama para vigilar a la familia del extesorero del PP. En público, Ríos no ha aclarado su relación con José Manuel Villarejo, ni ha respondido a preguntas en la comisión de investigación sobre su «paso de portero del prostíbulo» a chófer de Francisco Granados y Luis Bárcenas, «y de ahí a la Policía», con una de las peores notas del examen de acceso. El comisario Andrés Gómez Gordo fue cargo de confianza de Dolores de Cospedal como presidenta de Castilla-La Mancha y ha sido señalado por otros mandos como quien captó a Sergio Ríos. Enrique Olivares, el hombre que entró en la vivienda de los Bárcenas vestido de cura, tampoco respondió, porque murió nueve años después sin contar los detalles de quién le enviaba. López del Hierro y Cospedal siguen impunes.

Morocho: callar al policía

Los Gobiernos pueden intentar controlar a las cúpulas policiales. La elección de mandos puede hacerse por criterios estrictamente profesionales o, todo lo contrario, para obstaculizar sus investigaciones. El presidente puede acordar con su ministro del Interior una serie de decisiones para poner palos en las ruedas al trabajo policial. Apartar a los investigadores puede ser una de estas trabas. El policía Manuel Morocho, inspector de la Unidad de Delincuencia Económica y Fiscal, contó cómo intentaron apartarle de las investigaciones de corrupción relacionadas con el Partido Popular. Morocho relató en la Audiencia Nacional que fue citado por el jefe de la UDEF, José Luis Olivera, y le propuso, entre otras cosas, pagarle más si se iba al extranjero.

Morocho: Seis mil euros al mes, más o menos. Yo le digo que bueno, que estamos con mucho trabajo, con las comisiones rogatorias de Suiza, y que no voy a ir. Él me dijo, ¿dónde quieres irte?, ¿a una embajada?, ¿a cuál?, desde Pekín… ¿Adónde quieres irte? Yo digo que no, que tengo un compromiso con la investigación, con el magistrado, con la Fiscalía y no voy a ir…

El inspector Morocho declaró ante el juez que, en ese encuentro, su jefe recibió una llamada telefónica y le dijo que era el ministro del Interior. Jorge Fernández Díaz ocupaba el puesto en aquel momento y se interesaba por la marcha de esas conversaciones con la oferta de nuevo destino.

MOROCHO: Entonces recibió la llamada. Yo estaba enfrente de él. Y dijo: «Hola, ministro. Sí, estoy con él... Luego te llamo». Y colgó y me dijo: «¿Ves?, me llama el ministro».

El inspector Manuel Morocho, agente 81.067, le contó al juez que su superior le hizo ofertas variopintas para quitárselo de en medio. Iban desde las más cercanas a algunas más lejos. Desde ser trasladado como agregado de Interior a alguna embajada, como la de Lisboa, Viena o la ONU. También le ofrecieron «destinos a la carta, incluso en el sector privado». El PP había llegado al poder y, de esta forma, en 2013, querían apartar al principal investigador policial del «caso Gürtel» y de la caja B del partido. La mano de Morocho estaba tras los informes más jugosos de esas investigaciones de corrupción. Por eso el inspector ha declarado en sede judicial y en comisiones de investigación del Congreso de los Diputados que hubo un momento en el que se dedicaron a torpedear sus avances.

Curiosamente, las revelaciones de Manuel Morocho coinciden con las inquietudes que el comisario José Manuel Villarejo dejó anotadas en sus agendas intervenidas después por la Policía:

«Morocho-Lisboa».

Además, bajo el nombre «Cospe», Villarejo apuntó: «Este Moroc nos necesita a Losa y a mí. Morocho-Lisboa».

Losada llegó a comisario general de la Policía. Villarejo hablaba con María Dolores de Cospedal, secretaria general del PP, y con gente de su entorno, como su marido Ignacio López del Hierro. El comisario apuntaba el 29 de abril de 2013:

«Aviso de problemas sobre el último informe de Moroc». Y añade el nombre de «Orti».

José Luis Ortiz era el jefe de Gabinete de Cospedal durante esa época como presidenta de Castilla-La Mancha. Se da la circunstancia de que el inspector Morocho había firmado en esas fechas un informe que decía que «M. R.» estaba en los papeles manuscritos de la contabilidad B del PP del extesorero Luis Bárcenas. En esos mismos documentos también aparece el esposo de Cospedal. El Juzgado Central de Instrucción número 5 investigaba el «caso Gürtel» y encargó a la unidad policial de Morocho analizar la contabilidad manuscrita de Bárcenas, donde había altos cargos del partido y empresarios que entregaban dinero a la formación política. En mayo de 2013, Villarejo anotó las siglas ILH (¿Ignacio López del Hierro?): «Dice que MD hablará con Chisco y con Oli y, si puede, también conmigo. Muy decidido a todo».

El número dos del ministro del Interior, Fernández Díaz, era el secretario de Estado de Seguridad, Francisco Martínez, al que apodaban «Chisco». José Luis Olivera era el comisario policial. Como Villarejo, que apuntó también:

«Chisco muy mosca porque Cospe le dio gran bronca».

El inspector Manuel Morocho comenzó a investigar a partir de datos como la denuncia del entonces concejal del PP de Majadahonda, José Luis Peñas, que confesó sobre los pagos que recibía el partido a cambio de adjudicaciones públicas. Una parte de ese dinero iba destinado a financiar actividades de la formación política, como las electorales; otra se la quedaban dirigentes y otra, los intermediarios. Morocho tiraba del hilo y magistrados como Pablo Ruz encontraron su apoyo en esta labor policial. Ruz terminó destinado en Móstoles y a Manuel Morocho le fueron haciendo el trabajo cada vez más difícil. Con la llegada al Gobierno de Rajoy, sus superiores se dedicaron a entorpecer su labor.

MOROCHO: A mí se me conminó a que no pusiera en el cuerpo del informe ningún nombre de responsables políticos, concretamente se me expresó el nombre de Mariano Rajoy. No querían que apareciera en el cuerpo del informe su mención.

Eran sus mandos directos en la UDEF de la Policía Nacional los que le decían a Morocho que no pusiera nombres de políticos del PP en los informes que enviaba al juez Ruz, o que quitara las menciones a Ignacio López del Hierro, marido de María Dolores de Cospedal.

MOROCHO: Me decían que López del Hierro es amigo de Villarejo.

Manuel Morocho buscó alternativas para hacerle llegar al magistrado sus avances. El inspector de la UDEF esquivaba las trabas añadiendo nombres en anexos.

MOROCHO: Le tenía que decir al juez «esto es lo que me han obligado a quitar y esta es mi percepción o esto no lo he puesto en el cuerpo del informe y lo he tenido que poner en el anexo», porque me impedían ponerlo. Le decía lo que me habían obligado a quitar. Me decían que lo quitara desde toda la cadena de mandos, desde el entonces comisario general Losada hasta Manuel Vázquez, jefe de unidad; Gudiña, jefe de brigada y los dos jefes de sección... Había nervios para proteger a los políticos.

Me transmitían, ¿tendrá recibís de Rajoy, Soraya, Cospedal o Arenas? Les preocupaba qué tendría el juez de Bárcenas.

El inspector Morocho también contó que su superior, el comisario Olivera, le pidió que le enviara previamente los informes a un correo electrónico para poder valorarlos antes de remitírselos finalmente al juez Pablo Ruz, que estaba investigando en la Audiencia Nacional. Morocho asegura que se negó a hacerlo.

En otros casos le habían subrayado hasta párrafos enteros para eliminarlos. Manuel Morocho hizo estas confesiones ante el juez y en comisiones de investigación del Congreso, pero hay otros investigadores que no se han atrevido a reconocer las trabas que les ponen sus mandos. Las directrices que emanan con los cambios de Gobierno pueden llegar a estos extremos. Un nuevo ministro elige a nuevos jefes policiales y estos pueden seguir una cadena de mando que, en estos años, con la corrupción del PP en ebullición, se tradujo en prácticas irregulares y presiones al máximo nivel.

Una de las abogadas de la acusación preguntó a Morocho:

ABOGADA: ¿Usted ha sufrido intentos de apartarle de esta investigación, o presiones o represalias?

MOROCHO: Sí, varios de los que estamos aquí. Lo que se buscaban era generarnos tensión para que nos doblegáramos y no esclareciéramos los hechos. Han intentado que me apartara de la investigación.

Al inspector Manuel Morocho lo trasladaron. Contó que le llamó al despacho el director adjunto operativo de la Policía, Eugenio Pino, nombrado por el ministro Fernández Díaz, y le dio la «orden» de trasladarse a la Dirección Adjunta Operativa para estar bien cerca de él.

MOROCHO: Me dijo que, a partir de ese momento, necesitaba que estuviera allí [...]. No tenía posibilidad de decir que no.

Y Manuel Morocho fue trasladado. Empezó en enero de 2015 y duró un año y medio.

MOROCHO: Era una especie de... tenemos por aquí un animal salvaje que hemos cazado y me enseñaban por allí...

Un día fue a tomar café y vivió un momento terrible con Pino y el comisario Enrique García Castaño, otro de los mandos policiales de la etapa de Jorge Fernández Díaz, que aparece en el dispositivo para controlar y arrebatarle información a la familia Bárcenas. García Castaño le dijo algo terrible.

MOROCHO: Me dijo: «¿Y tú qué haces aquí? ¡Si tú tenías que estar muerto!». Yo no le contesté, seguí mi camino y ya está.

Los mandos policiales utilizados para dificultar las investigaciones sobre la corrupción en el PP usaban recursos públicos para entorpecer la labor de la justicia por orden de sus superiores políticos. A Manuel Morocho lo trasladaron, pero estaba comisionado como policía judicial por el juez instructor de la Audiencia Nacional, Pablo Ruz, y por ley tenía que seguir trabajando también para su juzgado. Al tener que «compatibilizar», sus mandos le complicaron la tarea.

MOROCHO: Lo hacían para dificultarme y hacerme abandonar... Cargarme de trabajo, llamándome al despacho constantemente, buscaban crearme una situación insostenible hasta en lo personal, para que yo abandonara. Fue una presión persistente.

Esto sucedía mientras Morocho percibía «la ansiedad» de sus mandos «por lo que podía sacar o no y si podía involucrar a determinadas personas del PP o del Gobierno».

MOROCHO: Mi primera impresión fue: me quieren quitar de aquí con el fin de que no pueda desarrollar mi actividad normal. Me tuve que mover físicamente y compartía despachos en ambos sitios, tratando de cumplir lo que se me había obligado hacer. El tiempo que estuve allí, pese a que intenté llevar a término y compatibilizar ambas cosas, lo que generó es que el procedimiento fuera decayendo y se generaran retrasos en la elaboración de informes que se han ido acumulando en el tiempo. Se resintió mi labor de dirección de los informes en el procedimiento. La intención que tenían era «apartarme de la pieza separada» sobre la contabilidad paralela del PP.

En el Congreso, Manuel Morocho ha vivido cómo diputados del PP le amenazaban por contar estas cosas. El portavoz Carlos Rojas le dijo que podía caerle una multa de 10.000 euros por revelar hechos que estaban siendo investigados. Portavoces de la oposición acusaron al parlamentario de intentar intimidarle. Morocho medía, frío, concienzudamente. Y, ¿cómo le contaron el traslado sus mandos?, ¿qué le «vendieron» para completar la orden con apariencia de que iba a ser útil en el nuevo destino? Manuel Morocho ha confesado que era obvio que, por fin, lograban moverlo de sitio, pero intentaron envolverlo como una buena noticia, como una supuesta encomendación para mejorar las tareas policiales.

MOROCHO: Se me dijo que era para apoyar investigaciones o análisis de documentación financiera que estaban trabajando allí, y que necesitaban un experto para evaluarlo.

El fiscal le preguntó entonces a Manuel Morocho si tuvo la sensación de que estaba viviendo «un apartamiento» que iba a afectar a las pesquisas del «caso Gürtel». El inspector Morocho respondió con concisión policial.

MOROCHO: Efectivamente.

Afirmativo, vaya. Y una vez en la Dirección Adjunta Operativa, Manuel Morocho comenzó a comprobar que elaboraba documentos que le encargaban sus superiores y que los despreciaban o que le iban dando largas porque «ya no eran de interés». En otros casos, se dio cuenta de que había intocables. Morocho también contó que recibió un documento sobre el comisario José Manuel Villarejo procedente del Sepblac, el Servicio de Prevención del Blanqueo de Capitales. El inspector se dedicó a investigar los negocios del comisario analizando las sociedades en las que aparecía, inmobiliarias y operaciones diversas. Vio que había «elementos indiciarios» de blanqueo:

estructuras societarias, testaferros, operaciones inmobiliarias, movimientos de dinero sospechosos, utilización de territorios que no son «cooperantes en materia de información financiera»... Morocho se lo trasladó a sus superiores. Confiesa que se lo indicó al entonces inspector jefe José Ángel Fuentes Gago, que trabajaba para Pino, pero se desentendió del tema. El inspector asegura que le dijeron «que no lo querían» e incluso cree que Villarejo se enteró de que había preparado ese informe.

MOROCHO: No había ningún interés objetivo en contar con un apoyo de inteligencia policial para potenciar la investigación del delito de blanqueo de capitales.

Sus mandos sí mostraron interés en que investigara a Podemos en una época en la que el nuevo partido político aparecía en algunas encuestas como la primera fuerza en intención directa de voto. Varios medios habían empezado a airear acusaciones contra sus dirigentes y Morocho también fue consciente de la intención de sus jefes de llevarle a poner su firma en indagaciones de este tipo. Le pasaron el llamado Informe Pisa (acrónimo de Pablo Iglesias S. A.,). Manuel Morocho reveló que fue el imputado inspector José Ángel Fuentes Gago quien le entregó el informe para que lo firmara, pero Morocho se negó. Consideró que contenía «una visión no neutral», que era un documento «apócrifo», con datos de procedencia desconocida, redactado «sin cumplir los protocolos», «se introducían titulares no neutrales desde el punto de vista político», pero el informe fue filtrado después a distintos medios de comunicación. El inspector comprobó que habían querido endosárselo: «Si yo daba el visto bueno al informe, iba a tener mayor veracidad».

El inspector Morocho ha recibido siete denuncias de miembros del PP y del propio partido, le han acusado de actuar contra la formación política, pero los tribunales le han ido dando la razón. El juicio de la Época I del «caso Gürtel» terminó con la primera condena para el Partido Popular como partícipe a título lucrativo. Eso provocó la moción de censura que tumbó a Mariano Rajoy como presidente del Gobierno. En esas sesiones judiciales, los trabajos de Morocho fueron decisivos. Más tarde, en 2021, Manuel Morocho compareció en el juicio de la caja B para explicar el sistema de pagos en negro y la contabilidad paralela y opaca en la formación política. Hubo una segunda condena.

Manuel Morocho Tapia, licenciado en Económicas, que entró en la Policía Nacional en 1999, fue ascendido a inspector en 2006. Llegó a la UDEF cuando la unidad tenía un año de existencia y se dedicó desde muy pronto a investigar casos de corrupción, como Malaya. Morocho Tapia es el agente número 81.067. Otros muchos reconocen que las presiones que han tenido de distintos Gobiernos han influido en diversos informes. En esa unidad, son varios los policías que han terminado «quemándose» y ya no están. Morocho formó «equipo» con el juez Ruz, que terminó en Móstoles. Manuel Morocho Tapia pidió el traslado y obtuvo destino como nuevo jefe de la Sección de Documentación y Extranjería del puesto fronterizo de Canfranc, en Huesca. Allá por los Pirineos.

A TODO GAS

Política, puerta giratoria, empresas energéticas y banca. Es un cóctel servido en bandeja a unos cuantos expolíticos de postín en España. Igual que Moltó, el del primer rescate manchego, dijo que no se enteraba de nada, Narcís Serra hizo lo propio. Mucho se ha hablado de cómo tuvimos que rescatar Bankia, pero lo de Catalunya Caixa tiene también su miga. Serra es uno de esos hombres que pasaron del puño y la rosa a coger los billetes de algún consejo de administración. Otro de los que pasó de ser hombre fuerte del Gobierno de Felipe González a la puerta giratoria. De las promesas izquierdistas a acomodarse en el sillón de grandes empresas, que valoraron sus grandes méritos, claro. Como Gas Natural. A esta empresa fue el propio Felipe o Narcís, que llegó a ser vicepresidente de España, que fue miembro fundador del Partido de los Socialistas de Cataluña y también llegó al consejo de administración de la gasista.

El paso que Serra dio a Gas Natural vino facilitado por su presencia en Catalunya Caixa. En pleno estallido de la burbuja inmobiliaria, en abril de 2008, Narcís Serra entró en el consejo de la gasística como vocal propuesto por la caja catalana, la entidad de la que era presidente en aquel momento. Esta caja terminamos rescatándola entre todos con dinero público y Narcís Serra fue absuelto, después de, entre otras cosas, haberse subido el sueldo tras reclamar el rescate del FROB. Lo hizo en plena crisis económica. Narcís podía llegar a cobrar más de 260.000 euros en un año, sobresueldos para la cúpula, había acumulación de activos tóxicos inmobiliarios en cartera... La cosa derivó en la intervención por el Banco de España. Serra fue llamado a declarar como imputado, pero en 2019 fue absuelto por la Audiencia de Barcelona, junto con el resto de la dirección. Ya ven que, tras el estallido de la burbuja en 2007-2008, todo fue rápido para un plan de Zapatero y Rajoy rescatando a la banca, al mismo tiempo que banqueros como Narcís Serra dieron el salto en el momento oportuno y se fueron librando ante la justicia con el paso de muchos años. Demasiados. Pagó y paga el pueblo. Gas Natural se lo supo agradecer al exministro Serra, que ya ven que lo mismo hacía a la banca que a la energía para sumar números a su particular cuenta de resultados. Por supuesto, quedó impune.

Banca, eléctricas y riqueza para unos, con pago de deudas para la ciudadanía y falta de castigos ejemplares. No falla. En España ha ocurrido también que alguien trepe en la UCD, vaya ocupando cargos desde muy joven, luego se pase a las filas populares, siga sumando puestos, llegue a presidente autonómico sin que le hayan elegido en las urnas para ello, pase por un banco y lo deje quebrado, vaya a otro y quede también en quiebra; todo eso lo vamos pagando con dinero público y súmenle que el tipo en cuestión ocupa los consejos de administración de Ibedrola y Enagás, llega a ser juzgado por algunas de sus andanzas bancarias, pero no pisa la cárcel. Esto ha pasado.

Nos detenemos en José Luis Olivas, siempre en una especie de sombra, mano derecha de Eduardo Zaplana. Tiene todo este currículum y más. El sucesor de Eduardo Zaplana en la Generalitat valenciana llegó a cobrar 300.000 euros por hacer «informes verbales». Otro perejil de varias salsas que se embolsó mucho dinero, que fue condenado, pero con una pena que no le supuso entrar en prisión. Bancaja, Banco de Valencia, Bankia… De la salida a Bolsa previa al hundimiento financiero que pagamos entre todos fue absuelto.

Lo más rimbombante para José Luis Olivas Martínez comenzó cuando Zaplana lo nombró consejero de Economía y Hacienda. Llevar las cuentas con alguien como Eduardo, que quería «ganar mucho dinero» en política, ya prometía. En una conversación grabada en 1990, la investigación policial captó a Eduardo Zaplana conversando con Salvador Palop, exconcejal del PP imputado en las investigaciones:

ZAPLANA: Voy con un planteamiento fácil. Me sentaré a comer con él y le diré a ver cómo puedo rascar yo aquí. Así, pura y simplemente, ¿eh? Que me dé diversas opciones y me quedo con la más fácil. Pero me tengo que hacer rico porque estoy arruinado, Boro. Tengo que ganar mucho dinero, me hace falta mucho dinero para vivir…

Llegó Aznar al poder y fichó a Eduardo Zaplana como ministro de Trabajo y Seguridad Social. Sí, vaya puesto para alguien así. El caso es que José Luis Olivas pasó de la vicepresidencia a ser presidente valenciano. Ocupó el puesto que le dejó «Edu». Olivas ya venía de ser secretario general del Partido Popular de la Comunidad Valenciana. También fue miembro de la Junta Directiva Nacional del PP. A José Luis le habían caído los puestos a cascoporro. Zaplana ya estaba con sus andanzas para «hacerse rico» que le costarían, años después, la cárcel. Solo por un tiempo, pues se consideró su enfermedad y pasamos de ver a don Eduardo saliendo de prisión a sus paseos por la playa.

Antes, Olivas Martínez ya había dejado la política y se estaba forrando como banquero. Fue nombrado presidente de Bancaja, la Caja de Ahorros de Valencia, Castellón y Alicante, y del Banco de Valencia. Se mascaba la tragedia. No para él, sino para los contribuyentes. Eran tiempos de especulaciones, burbujas inmobiliarias, corrupción… José Luis Olivas alcanza la vicepresidencia de Enagás, la empresa energética. Para Olivas todo era una balsa de aceite. Lo mismo había ocurrido en Caja Madrid. Por tierras madrileñas hubo una guerra «pepera» para ocupar esa presidencia que al final recayó en Rodrigo Rato, otro genio. Total, que también con la aquiescencia del Gobierno central socialista empiezan las fusiones. En 2010, José Luis Olivas se convierte en vicepresidente de Bankia.

En realidad, Bankia era un agujero negro formado por varias entidades financieras. Y estalló, claro, pero, en 2015, Olivas aún tuvo tiempo de entrar en el consejo de administración de Iberdrola. Tenía también una empresa donde figuraba con su mujer. Cobró a un conglomerado del negocio del juego con el que tenía relaciones desde los tiempos de Zaplana. De esa etapa «zaplanista» también se le imputó por cobrar comisiones a cambio de adjudicaciones públicas. En 2015, Olivas fue detenido como exalto cargo de Bancaja y de Banco de Valencia, acusado por estafa y malversación. En 2017, fue condenado a un año y medio de prisión por falsificación de facturas. Lo procesaron por la salida a Bolsa de Bankia. Los inversores no la olvidan. En 2020, la Audiencia Nacional lo absolvió, como al resto de los acusados.

Cabe preguntarse cómo otro de los vicepresidentes de esta entidad financiera pudo declarar ante la justicia que tampoco se enteraba «de nada» de lo que allí ocurría. Sin embargo, este también podía cobrar más de un millón de euros al año. Hablamos del ex vicepresidente de Bankia, José Manuel Fernández Norniella, que se lavó así las manos en la Audiencia Nacional. Estamos ante otro miembro fundador de Alianza Popular y un amigo de Rodrigo Rato. Fue diputado del PP por Madrid y secretario de Estado de Hacienda y de Comercio. Claro que Norniella, para no saber nada, no solo era uno de los hombres fuertes de la máxima confianza de Rato, si no que también estuvo en gobiernos de los populares y es otro de los que fue consejero de Enagás, el gestor de la red gasística, que como ven da para mucho. Fernández Norniella fue también consejero de Endesa, vicepresidente de Chilectra y miembro del consejo asesor de otra energética, Abengoa, también encargada de labores de infraestructuras. Pero es que, además, Norniella fue presidente de Ebro-Puleva, del Consejo Superior de Cámaras de Comercio, consejero de Iberia, International Airlines Group, Argentaria, Televent, Campos Chilenos, IANSA, RTVE...

Los retrasos en la justicia pueden servir para prescribir, para que haya muertos o para lavarse las manos. A Norniella le preguntaron en el juicio por la salida a Bolsa de Bankia y dijo:

FERNÁNDEZ NORNIELLA: Se ha dicho que soy un anciano y eso ocurrió hace siete años

FISCAL: ¿Usted no se enteraba de nada? Perdone que se lo pregunte así...

FERNÁNDEZ NORNIELLA: No conocía nada.

Ya ven que las duplas son también habituales. Olivas aparecía con Zaplana, Norniella con Rato, etc. También hay perfiles que pueden tener una preparación en la materia y otros que van subiendo peldaños en la política y acaban en los consejos de administración, como aquel que ve subir el recibo de la luz. Por ejemplo, a Enagás fue a parar también José Montilla. La historia de Montilla es la de un hombre que se afilió al Partido de los Socialistas de Cataluña (PSC) con poco más de veinte años y su carrera ha sido un continuo escalar en la política. En la veintena, arrancó con varios cargos en el Ayuntamiento de Sant Joan Despí, luego fue alcalde de Cornellá de Llobregat, todavía en los años ochenta llegó a la Diputación de Barcelona y allí ocupó varios cargos hasta alcanzar la presidencia. Previamente fue ascendiendo en el partido hasta llegar a liderarlo, llegó a ser ministro de España, presidente de Cataluña, había estado en el Congreso de los Diputados, luego fue senador por designación autonómica y... consejero de Enagás. Sin renunciar a la oficina de *expresident* catalán. Montilla puede mirar atrás y comprobar que hacer carrera en política le ha salido muy a cuenta. Es la única por la que finalmente apostó y prácticamente solo le falta ser presidente del Gobierno de España, aunque por ahora está en el consejo de la empresa gestora de la red del gas en nuestro país, con un buen sueldo, y eso no es poca cosa.

Compaginar es otra de las características de Montilla. Fue a la vez ministro, primer secretario del PSC y miembro de la Ejecutiva Federal del PSOE. Tras ser ministro de Industria, cuando llegó a la empresa Enagás dijo que aceptaba, entre otras cosas, porque no lo veía incompatible con mantener la oficina de *expresident* de la Generalitat de Catalunya, que le permite acceder a tres asesores, chófer, seguridad... Tiene también una asignación mensual por el tiempo equivalente al que estuvo en el cargo y la pensión vitalicia de 61.000 euros (el 40 % del sueldo del *president).* El sueldo, eso sí, es incompatibles con acceder a otro puesto remunerado. Montilla dijo que renunciaba a ello, pero es que viene marcado por la ley. La oficina, con todo su gasto y despliegue, la mantenía. Todos los partidos, menos el PSC, le pidieron que renunciara. Desde su formación política, Miquel Iceta, que también ha llegado a ministro, dijo que «no es una puerta giratoria» y que «es correcto» que mantenga la oficina de *expresident* y consejero de una empresa cotizada.

Cuando José Montilla fue nombrado consejero de Enagás, se daba la circunstancia de que el presidente de la compañía gasística era Antonio Llardén, que a su vez había sido nombrado consejero de la misma empresa cuando Montilla era ministro de Industria. Se considera que Llardén es considerado cercano al PSC, y ya tuvo cargos en el Gobierno con Felipe González. La compañía dijo al fichar a José Montilla que era «la persona idónea» para el refuerzo del consejo. Montilla era ministro de Industria cuando se lanzó la OPA de Gas Natural sobre Endesa, que no logró el control de la eléctrica. Por entonces, la prensa publicó los préstamos y deudas millonarios del PSC y La Caixa, máxima accionista de la gasista. También salió a pedir explicaciones nada menos que Eduardo Zaplana, que pedía «limpieza». Meses después, la junta general de accionistas de Enagás nombró a Antonio Llardén su nuevo consejero a propuesta de Gas Natural. Como se ve, las guerras políticas y los juegos de intereses no son ajenos a un mundo donde se mueven muchos millones de euros y en el que a los ciudadanos solo les queda pagar el recibo con el precio que digan.

El nombramiento de José Montilla en Enagás no llegó solo. Le acompañó José Blanco, exministro de Fomento, ex vicesecretario general del PSOE y ex eurodiputado. Blanco fue un hombre clave en la llegada de Zapatero al liderazgo socialista y al gobierno. Dejó los estudios de Derecho para incorporarse a trabajar en la Secretaría de Organización del PSdeG-PSOE, fue secretario general de las Juventudes Socialistas de Galicia, presidente del Consejo de la Juventud gallego, miembro de la ejecutiva del PSdeG o secretario general del partido en Lugo. Llegó a senador a finales de los años ochenta y luego a diputado. Estuvo en el grupo Nueva Vía, que impulsó a Rodríguez Zapatero como candidato a liderar el PSOE. Como secretario de

Organización socialista y ministro de Fomento fue una de las piezas fundamentales en el círculo de confianza del presidente. En Enagás se valoró su «profundo conocimiento» del sector energético y de las renovables.

Mientras era ministro, España declaró el estado de alarma por primera vez en la historia de la democracia ante el paro masivo de los controladores aéreos, con cientos de miles de pasajeros afectados. Rubalcaba declaró: «Si no acuden a sus puestos de trabajo, pasan a incurrir en un delito de desobediencia». Desobedecer así estaba castigado con prisión. Blanco dijo: «No les puede salir gratis». Había «bajas masivas» del 70 % de los controladores, pero pasaron a estar bajo las órdenes de la autoridad militar. Coroneles del Ejército del Aire se trasladaron a las torres de control de los aeropuertos civiles para asumir el mando. Los controladores fueron incorporándose a sus centros de trabajo.

Siendo José Blanco ministro se anunció la constitución de la sociedad mercantil AENA Aeropuertos, que implicaba la entrada de capital privado de hasta un 49 % en la empresa pública española que gestiona los aeropuertos de interés general. Blanco defendió el objetivo: «No es recaudatorio, sino maximizar el valor de los ingresos y garantizar el máximo valor para la empresa». El PSOE perdió las elecciones y con Rajoy se produjo la privatización parcial en 2015. En solo cuatro ejercicios, el beneficio neto acumulado por la compañía era de 4.554 millones de euros y superaba lo que obtuvo el Estado por su venta, 4.263 millones de euros. El Sindicato Alternativa Sindical AENA-Enaire lo calificó de «escándalo económico, pues el precio de salida al mercado con la OPV se ha más que doblado en Bolsa, lo que siembra dudas sobre una infravaloración que ha hecho perder a las arcas públicas mucho dinero». Ya el mismo día de su salida a Bolsa, el valor de la acción se disparó el 20 %.

Poco después, se triplicaba. El PSOE calificó la operación de «gran negocio para los amigos del Gobierno del PP».

Cuando Enagás fichó a Montilla y Blanco, en mitad de la pandemia de coronavirus, la empresa dijo que «en los actuales tiempos de emergencia y excepcionalidad» lo hacía «en aras del interés social» y que había «necesidad de reforzar» el consejo «con nuevas aportaciones». Pasó de trece a dieciséis miembros y los expolíticos eran mayoría en esta compañía que gestiona la red de gas y de la que el máximo accionista es el Estado a través de la SEPI. La empresa reconoció «un ligero deterioro de algunos parámetros recomendados en materia de buen gobierno». Los exministros de Zapatero se sumaron al consejero delegado de Enagás, Marcelino Oreja, hijo de uno de los hombres clave en los orígenes de Alianza Popular y del PP; a Antonio Hernández Mancha «el Breve», el líder de AP antes de Aznar; a otro de los nombres que acompañaron a Fraga, la exministra de Medio Ambiente, Isabel Tocino, o a Ana de Palacio, la exministra que todos recordarán más por el «No a la guerra», que se convirtió en lema ciudadano frente a la invasión de Irak y que ella se pasó por el arco del triunfo, igual que José María Aznar.

En efecto, Ana de Palacio, hija del marqués de Matonte, después fichó por Enagás. La exministra de Exteriores de Aznar defendió la participación de España en el conflicto en contra del criterio mayoritario de los españoles e incluso de dirigentes notables del PP. De la entonces ministra constan para la historia sus declaraciones asegurando que la existencia de armas de destrucción masiva en territorio iraquí estaba «acreditada». Luego ya matizó que la operación de encontrarlas resultaba «dificultosísima», porque «Irak es un país muy grande». Hubo miles de víctimas inocentes. Esas armas no aparecieron. El «número dos» del Pentágono aseguró que la guerra tuvo su origen en ese país porque Irak «nada en un mar de petróleo». Aznar nunca pidió perdón. Ana Palacio dijo: «A nosotros no se nos puede hacer un proceso porque no aparezcan esas armas de destrucción masiva». En 2006, Palacio fue nombrada vicepresidenta del Banco Mundial. Luego llegó a la empresa del monopolio del transporte del gas en España, Enagás, igual que, otra ironía del destino, el expresidente del Tribunal de Defensa de la Competencia, Gonzalo Solana. Por entonces, presidía la compañía Antonio Llardén. Como había sido criticado por el PP por ser un cargo «socialista» en Enagás, así quedaron todos contentos. Los que pagábamos el recibo, menos. Una vez más.

Y presten atención a estas historias paralelas. Mercedes Cabrera Calvo-Sotelo fue ministra de Educación con Zapatero. Fue compañera en el Consejo de Ministros de Cristina Garmendia, que era ministra de Ciencia e Innovación. Mercedes Cabrera publicó después un libro sobre Juan March, hombre clave en el golpe de Estado y la Guerra Civil española, que inició la dictadura de Franco. En contraste, Garmendia fichó como consejera de Corporación Financiera Alba, el *holding* de inversión del Grupo March, en el que se integran Banca March y la Fundación Juan March. Hablamos de uno de los principales grupos financieros españoles.

La exministra Cabrera habla en su libro de la siniestra trayectoria del patriarca March, el «pirata de los negocios turbios», como recoge ella haciéndose eco de las páginas de *El Socialista*. Contrabando de armas, servicios a los alemanes durante la guerra… El historiador Ángel Viñas relata que Juan March «facilitó dinero en marzo del 36 para la adquisición de armas en el extranjero». Honorat Bauçà, autor de más libros sobre el tipo en cuestión, sostiene que «sin Juan March no hubiera existido el golpe de 1936». Bauçà cuenta que «sin ningún escrúpulo, la obsesión de March era llegar a ser el más rico del mundo. Empleaba los barcos de la Trasmediterránea para transportar judíos a Nueva York, previo pago del viaje, y de regreso cargaba suministros para los nazis. El primer robo documentado ocurre cuando era monaguillo, con la bandeja de misa. Intentó robar a su padre y a su tío. Juan March es el gran corruptor. Pensaba que toda persona tenía un precio y que solo había que encontrarlo».

La exministra Cabrera, historiadora, fue contundente en su relato sobre March. Cristina Garmendia, exministra de Innovación y Ciencia en ese mismo Gobierno de Zapatero, fichó como consejera del *holding* del Grupo March. También se incorporó al consejo de administración de Gas Natural Fenosa, participada por la Caixa, que después pasó a ser la compañía energética Naturgy. Fue consejera, además, de CaixaBank, y no fueron esos los únicos cargos que ocupó. Garmendia también llegó al consejo de administración de Logista. Es una empresa segregada de Tabacalera en 1999, tras la privatización promovida en tiempos de José María Aznar en 1998. De Tabacalera surgió Altadis y España vio cómo con el tiempo se reducía una empresa de casi 10.000 trabajadores a unos 800. En el consejo de administración de Logista, Cristina Garmendia coincidió con Eduardo Zaplana, ese hombre que se repetía como el ajo cuando había que mezclarse con el dinero. No olvidemos que Eduardo también llegó a la privatizada Telefónica.

Garmendia también fichó por los consejos de administración de Mediaset, el grupo de comunicación del italiano Berlusconi; Seguros Pelayo, donde coincidió con Marcos de Quinto, el ex de Coca-Cola y luego de Ciudadanos, y la compañía Everis, consultora de estrategia y desarrollo de aplicaciones tecnológicas. Llegó a la presidencia de la Fundación Cotec para la Innovación y al Consejo Profesional de la escuela de negocios Esade.

La combinación de eléctricas, banca y política tiene también su espacio para Guillermo de la Dehesa, exsecretario general de Comercio, exsecretario de Estado de Economía con Carlos Solchaga, que también pasó a Unión Fenosa o Gas Madrid, entre las energéticas; terminó dándole a la banca en el Banco Pastor, el Santander o Goldman Sachs, y llegó hasta a Amadeus o Telepizza. Hombre en la importante órbita de los Botín. Y del poder económico desde muy pronto. Igual que los hubo que también gobernaron antes durante el franquismo y terminaron en energéticas, como Antonio Barrera de Irimo, un exministro de Hacienda en Unión Fenosa, o Nemesio Fernández-Cuesta Illana, un exministro de Comercio que fue nombrado presidente de Petronor y también estuvo en los medios como consejero-delegado de Prensa Española, que después sería el grupo Vocento. Su hijo, Nemesio Fernández-Cuesta Luca de Tena, fue subdirector general de Petróleo y Gas en el Ministerio de Industria, estuvo en INH, embrión de Repsol, volvió a la política en el primer Gobierno de José María Aznar como secretario de Estado de Energía con Josep Piqué, pasó otra vez a la empresa privada como presidente de Prensa Española, volvió a Repsol, luego fue presidente de Isolux Corsan… No olvidemos los antepasados: sobrino nieto de Raimundo Fernández-Cuesta, hombre fuerte de la Falange con José Antonio Primo de Rivera, y bisnieto de Torcuato Luca de Tena, fundador del *ABC.* Dicen que el gran impulsor de la liberalización energética en España, de la luz, el gas y los carburantes… Sus críticos le sitúan como uno de los artífices de los Costes de Transición a la Competencia (CTC), una suerte de compensación a las eléctricas por las posibles pérdidas de la apertura del mercado. Otra losa que nos colocaron. Las castas siguieron adelante.

Negocio de armas tomar

La falta de transparencia es una de las características en el mercado de las armas. Puertas giratorias, cobro de comisiones y partidas para Defensa «ocultas» en otros ministerios, como Ciencia y Tecnología, son algunas de las carencias en un comercio tabú. Es un espacio donde las empresas de Estados Unidos encabezan las ventas mundiales con gran diferencia y España aparece en puestos destacados. Según un informe de Amnistía Internacional, nuestro país fue el séptimo exportador mundial de armamento en el periodo 2016-2020. En España hay exministros de Defensa que se han movido entre puestos en la industria y su cargo en el ministerio. El dinero en juego es mucho. Tampoco es casualidad que Estados Unidos o Rusia aparezcan entre las mayores potencias en este comercio, dada su gran implicación en el negocio de las armas.

En España, la empresa con participación pública Defex estuvo pagando comisiones millonarias al menos entre 1991 y 2016 para hacer negocios de armamento con países como Arabia Saudí. Más allá de las acusaciones al rey emérito como comisionista con los países del Golfo, el caso de Defex es otro punto oscuro sobre el que la Fiscalía Anticorrupción ha puesto el foco. El diario *El Mundo* lo llamó «cloaca del Estado», con pelotazos por la venta de armas en el exterior. Había casos en los que el proveedor real se quedaba con menos del 50 % del dinero del contrato. Del resto «chupaban» los corruptos. La antigua cúpula de la entidad, los intermediarios y cuatro sociedades estaban en una presunta trama de sobornos. Los accionistas de Defex son la Sociedad Estatal de Participaciones Industriales (Sepi) y otras privadas, entre las que destacan Maxam Expal e Instalaza. En los órganos de gobierno de estas empresas ha habido personas de la confianza del rey emérito, y del PP y del PSOE.

Según la Fiscalía Anticorrupción, la sociedad con la que España vendía armas tenía «absoluta falta de cualquier sistema de organización y control de los fondos públicos que administraba». Se pagaban comisiones de hasta el 20 % del valor de los contratos y algunas eran acumulativas entre varias personas. Para un «agente comercial» o comisionista conseguidor de Defex en Arabia Saudí se transfirieron 40 millones de dólares a sociedades pantalla en Panamá, Islas Vírgenes Británicas, Islas Caimán y Liechtenstein, entre otros lugares. Esto solo en transferencias directas, sin contratos ni facturas. Defex también pagó otros 60 millones en Suiza a una sociedad domiciliada en las Islas Caimán de la que aún se desconoce quién se beneficiaba en última instancia. No solo Arabia Saudí. Angola, Camerún, Egipto y Brasil son otros de los países en los que se realizan estas operaciones desde una empresa con dinero público.

Las armas mueven mucho dinero. Y hay tela que cortar en España y en el mundo. Cuando en 2022 estallaba la guerra en Ucrania, había potencias con un poderío militar de primer nivel. El Instituto Internacional de Investigación sobre la Paz de Estocolmo recoge cifras que muestran que el comercio de armamento es uno de los negocios más lucrativos del planeta. Las 100 mayores empresas globales de material militar elevaron sus ingresos en 2020 respecto al año anterior y la cifra total de las ventas ascendió a 531.000 millones de dólares. Además, con seis años consecutivos de aumentos. El volumen comercial del centenar de mayores fabricantes de armas creció más de un 15 % en el último lustro. Estados Unidos mantuvo su hegemonía mundial con hasta 41 compañías de su país, incluidas entre esas 100 primeras, que acapararon el 54 % de las ventas totales en ese año: 285.000 millones de dólares. No les extrañe, por tanto, que las empresas de armas se dispararan en las bolsas en cuanto empezó la guerra en territorio ucraniano. Entre ese centenar de empresas, había nueve compañías rusas, que en conjunto vendieron armas por 28.200 millones de dólares en 2020.

Solo al estallar la guerra, con los parqués «premiando» a las compañías armamentísticas, varios países se apresuraron a anunciar el envío de armamento a Ucrania. Alemania, por ejemplo, comunicó que elevaba su presupuesto en Defensa hasta cerca de los 100.000 millones de euros. En nuestro país, la coalición de gobierno PSOE-Unidas Podemos vaciló, pero pronto el presidente, Pedro Sánchez, rectificó y anunció que enviaría armas directamente para los ucranianos, como habían declarado otras naciones. El día anterior, el alto representante de la Unión Europea para Asuntos Exteriores, Josep Borrell, hizo un duro discurso diciendo: «Nos acordaremos de aquellos que en este momento solemne no estén a nuestro lado». España había dicho hasta entonces que enviaría armamento dentro del plan de la UE. Horas después, Sánchez rectificó y ya habló de hacerlo directamente, con «material ofensivo», y como había grupos que ponían en cuestión el compromiso del Gobierno de España, en alusión al PP dijo: «Para mí y para este Gobierno es tan importante la unidad que les anuncio que entregaremos ese material a la resistencia ucraniana».

Estados Unidos es el país que mayor negocio hace con el armamento. Vende y se arma. Solo en 2020 destinó casi tres veces más que la Unión Europea al presupuesto de Defensa. En valores absolutos, fue el país con más gasto en esta materia del mundo, seguido de China, la India y Rusia. España era uno de los países de la UE que menos presupuesto destinaba a defensa. En 2020, era el 0,9 % del PIB, según Eurostat, pero en los últimos cinco años ha aumentado el presupuesto en un 20 %. Como se ve, la carrera armamentística no ha dejado de ser un enorme negocio. Para España, lo es dentro y fuera. La empresa de armamento española juega también su papel en la escena mundial. La venta de armas españolas a Emiratos Árabes Unidos se ha disparado y nuestro país pasaba a ocupar el tercer puesto del *ranking* de vendedores de material de defensa a la monarquía del Golfo, involucrada en ataques a Yemen y en la represión a opositores internos.

Según el informe «Exportaciones españolas de material de defensa», elaborado por la Secretaría de Estado de Comercio, en el primer semestre de 2021 se exportó armamento que aumentó un 37,3 % los datos del primer semestre de 2020. Fue con el Gobierno de socialistas y Podemos. La venta de armas a Arabia Saudí en ese primer semestre de 2021 superaba el conjunto de ventas de todo 2020. Y eso que el Parlamento Europeo había pedido suspender las exportaciones de material militar europeo a Riad. Arabia Saudí fue el primer destino de las exportaciones de armas españolas a países fuera de la OTAN y de la UE en años como 2014, 2015 y 2017. En varias ocasiones, el Gobierno de España se ha negado a informar sobre ventas de material, como los cohetes exportados al régimen de Riad antes de la escalada de los ataques en Yemen.

Eduardo Serra ha ocupado altos cargos en el Ministerio de Defensa con UCD, PSOE y PP. El exministro Serra llegó a declarar que «la defensa es a la sociedad lo que la medicina es al individuo. Es prioritaria, por encima de la Sanidad o la Educación. El mundo no es de Mariquita Pérez». Eduardo Serra es presidente de la consultora Everis, entre otros muchos cargos ocupados tras dejar los cargos de gobiernos. Una investigación de *eldiario.es* reveló que «Everis negoció en secreto en 2017 con el Gobierno de Arabia Saudí la venta de armamento por más de 108 millones de dólares. El negocio, partido en dos contratos distintos, fue aprobado por el Gobierno de Mariano Rajoy (compañero de Serra en el Consejo de Ministros entre 1996 y 2000) a pesar de que Arabia Saudí ya estaba implicada en la guerra de Yemen. Poco tiempo después de la venta de estos morteros y proyectiles a Arabia Saudí, el armamento de Everis y su filial ya estaba siendo utilizado en la guerra yemení. Una investigación de este periódico junto a Greenpeace, publicada, encontró y geolocalizó imágenes de la guardia fronteriza saudí disparando».

El exministro Serra ha criticado públicamente que los Gobiernos estén acomplejados al ocultar partidas que son de Defensa metiéndolas en los gastos de otros ministerios. Eduardo Serra tiene claro que hay intereses electoralistas en ello, porque luego, realmente, todos los Ejecutivos acaban teniendo políticas de Defensa «muy parecidas, salvo con matices». En Industria, Ciencia e Innovación, Asuntos Exteriores e Interior puede haber partidas de este tipo. El presupuesto verdadero en Defensa suele ser más elevado, pero opaco. Ocurre algo similar con el dinero público que se destina a la Casa Real. Más allá de las asignaciones de cada año, hay partidas que afrontan otros ministerios. La opacidad en Defensa está en el gasto y también, como vemos, en las ventas por parte de España. Es un negocio poco publicitado, parece que vergonzante, pero muy lucrativo.

Hay otra característica en estos presupuestos de compra de armas: los compromisos que adquieren los Gobiernos, que compran para ir pagando durante años. Son compras de miles de millones y se van sufragando por periodos. Serra fue uno de los ministros que más expandió ese presupuesto. En su carrera, no solo ha presidido Everis, sino también ha estado en otros cargos de Deutsche Bank, UBS España, Peugeot, Airtel, DigitalEs o la Fundación Transforma. En el diario *El Español* declaró: «Juan Carlos es el español que más ha hecho por la paz y el progreso, ¿cómo le pagamos así? Juzgamos al rey Juan Carlos con criterios de funcionario, me da vergüenza este espectáculo».

Serra es uno de los hombres fundamentales para la adaptación de España a la OTAN. Fue subsecretario de Defensa con el Gobierno de UCD y con el del PSOE de Felipe González. Este último le nombró también secretario de Estado de Defensa. Con Aznar, fue el primer ministro del ramo. En ese ministerio, Eduardo Serra nombró como su número dos a Pedro Morenés, hijo del vizconde de Alesón, que era hijo a su vez del marqués de Grigny, conde del Asalto, grande de España, conde de la Peña del Moro y barón de las Cuatro Torres. Morenés ocupó también otros cargos con Aznar, como el de secretario de Estado de Seguridad cuando Mariano Rajoy era ministro del Interior. Cuando el PP fue desalojado del gobierno, Pedro Morenés cogió la puerta giratoria hacia empresas de armas, para volver después a otro Ejecutivo popular con Rajoy y, posteriormente, de nuevo tuvo actividad empresarial relacionada con Defensa.

Después del Gobierno de José María Aznar, Morenés fichó por puestos directivos en Instalaza, que fue el principal fabricante español de bombas de racimo hasta 2008. Hablamos de proyectiles que liberan gran cantidad de pequeños artefactos que quedan dispersos de forma aleatoria y no siempre explotan en el momento. Algunos permanecen ocultos hasta explotar décadas después. España firmó la Convención de Oslo en 2008 y se comprometió a no emplear ni transferir este armamento. Hasta entonces, nuestro país vendió, y regímenes como el de Gadafi lo usó. Solo en 2008, España vendió armas a Libia por valor de 3,8 millones de euros en la categoría de «bombas, torpedos, cohetes y misiles».

Al llegar la prohibición de las bombas de racimo, Instalaza, la empresa fabricante, interpuso una reclamación contra el Estado en la que pedía ser indemnizada con 40 millones de euros. No se aceptó, pero el abogado del Estado apuntó a otras compensaciones, pues «desde el Ministerio de Defensa se han seguido impulsando contratos de suministro de municiones convencionales y de desmantelamiento de municiones de racimo con Instalaza, que le ha supuesto una facturación no prevista». A esta compañía nunca le ha ido mal con el Gobierno. La publicación *InfoDefensa* informó de que las Fuerzas Armadas españolas «son el primer y principal cliente de Instalaza, habiendo utilizado todos sus productos».

Por supuesto, la compañía Instalaza logró adjudicaciones del Estado y Morenés ya se había incorporado como ministro de Defensa de Rajoy. El diario *El Confidencial* publicó que el Ministerio de Defensa ocultó al menos veintitrés compras de material bélico realizadas a Instalaza, empresa en la que trabajó hasta asumir el cargo Pedro Morenés, y las compras sumaban casi 30 millones de euros. Fueron realizadas en el periodo en el que ya era ministro, tras salir de la empresa. La cifra de ventas de Instalaza aumentó un 110 % de 2010 a 2013. El arma más comprada a la compañía en ese periodo fue el Alcotan 100, un lanzagranadas. Son decenas de millones de euros en gasto. La compañía vende a las Fuerzas Armadas también la granada de mano Alhambra.

Con todo, la opacidad fue recurrente en las adjudicaciones de contratos en el Ministerio de Defensa. Si vemos lo publicado por *eldiario.es,* veintiuno de veintitrés contratos adjudicados por el Ministerio de Defensa con Morenés como ministro se hicieron por el procedimiento negociado sin publicidad. Pedro Morenés no había trabajado antes solo en Instalaza. También en Segur Ibérica y MBDA, el consorcio europeo fabricante de misiles. En total, las empresas con las que había estado vinculado Morenés recibieron 115 millones del Gobierno durante su etapa como ministro. El procedimiento opaco de la negociación no publicitada era el elegido en el 70 % de las adjudicaciones del ministerio en 2014, según una investigación de la Fundación Civio.

En el fabricante de misiles MDBA, Pedro Morenés fue directivo para España. Solo en 2016, la multinacional francesa recibió tres adjudicaciones de Defensa, en julio, por 1,1 millones de euros. De hecho, el extitular de la cartera de Defensa tuvo que abstenerse en la decisión de la compra de fragatas por sus vínculos con esta empresa de misiles, tal y como adelantó *El BOE nuestro de cada día.* En cuanto a SegurIbérica, Morenés era su presidente cuando fue nombrado ministro de Defensa. Ya como miembro del Gobierno de Rajoy, esta empresa se llevó más de 93 millones de euros en adjudicaciones del Ejecutivo. La mitad fue concedida en tres contratos celebrados en vísperas de las elecciones generales de 2015. De hecho, en el último mes de la legislatura, recibió más de 37 millones de euros en adjudicaciones del Gobierno, tal y como adelantó *eldiario.es.*

En 2017, María Dolores de Cospedal lograba ser ministra de Defensa y Pedro Morenés era elegido por Rajoy como embajador de España en Estados Unidos. No era diplomático de carrera, pero sí un gran comercial de armas. Cuando el PP perdió el gobierno, Pedro volvió a España. No tardaría en reincorporarse a la actividad privada. Terminó siendo presidente de Amper. El diario *Público* desveló a finales de 2022 que el grupo logró un contrato con la Dirección General de Armamento y Material del Ministerio de Defensa por más de 3,2 millones de euros. El Gobierno de Rajoy había intervenido antes «garantizando la viabilidad» de la filial Amper Programas de Electrónica y Comunicaciones, cuando el Consejo de Ministros aprobó una venta estratégica para la empresa a través de una serie de contratos con Navantia. Pedro Morenés era el ministro de Defensa. No es el único caso, porque con frecuencia varios exaltos mandos del Ejército han ido de los cargos públicos a las empresas de armamento. Es un escenario en el que se mueven miles de millones de euros y absolutamente necesitado de más transparencia.

Así rescatamos la banca

Érase una vez un país donde hubo entidades financieras que se forraron cometiendo abusos, con políticos que mintieron y ocultaron la realidad. Esa burbuja estalló, el pueblo pagó las pérdidas de miles de millones de euros, los directivos bancarios no fueron a la cárcel, los políticos que habían mentido se colocaron en buenos puestos, la banca siguió batiendo récords de beneficios y los ciudadanos continuaron pagando las deudas, con el añadido de más comisiones bancarias y peores servicios. Esto es así. Se pongan como se pongan. No todos los bancos estaban mal y reventaron, pero sí que el sistema financiero fue rescatado con el enorme sacrificio de la ciudadanía, que, además, a cambio, sufre recortes en su estado del bienestar.

Y no dijeron que fuera a ser así. Con el Gobierno de Aznar, Luis de Guindos negó que hubiera burbuja inmobiliaria. Ya eran años de liberalización del suelo y concesiones del crédito bancario a troche y moche. Después, con entidades financieras ocultando una bomba de relojería, Zapatero dijo en 2007 que «la economía española está en la Champions League» y en 2008 que «quizá España tenga el sistema financiero más sólido de la comunidad internacional. Ha tenido un marco de regulación y de supervisión reconocido internacionalmente por su calidad y por su rigor». Más adelante, cuando llegó el rescate financiero, Rajoy lo negó y pidió «celebrarlo» porque nos habían dado «una línea de crédito en condiciones muy ventajosas». Que no iba a costar «ni un euro» lo dijo él; su vicepresidenta, Soraya Sáenz de Santamaría, y su ministro de Economía, Luis de Guindos. Pedro Solbes, ministro con el PSOE, ya había dicho que las ayudas a la banca no costarían «ni un céntimo». A celebrarlo se fue Rajoy, porque lo anunció y viajó a Polonia para ver un partido de fútbol de la selección española.

Ayudas de decenas de miles de millones de euros para entidades financieras pagadas por usted y por mí. Lo peor de todo es que podría repetirse. Y no lo digo yo. «Si hoy hay una crisis bancaria, tendrán que pagar el Fondo de Garantía de cada país y el contribuyente». Esto lo reconocía recientemente el responsable de los bancos españoles en la Junta Única de Resolución, el organismo europeo que liquida o vende un banco cuando colapsa. Pedro Machado lleva más de veinte años trabajando en regulación y supervisión financiera, en organismos como el Banco Central Europeo. Machado contaba así cómo ha pasado el tiempo y seguimos con ese riesgo, según le relataba en las páginas de *El País* al periodista Íñigo de Barrón, uno de los corresponsales financieros que más sabe de estas cosas, autor de *El hundimiento de la banca,* de *Anatomía de una crisis,* colaborador de *Las mañanas de Cuatro* y de *Las cosas claras,* que también hace poco ha dejado de trabajar en el periódico.

Este responsable de banca le confesaba a Íñigo en *El País* que la situación todavía está como en 2012, en cuanto a esa red de seguridad. Fue el año en el que quebró la mitad del sistema financiero español y la factura de más de decenas de miles de millones de euros de gasto público se la encajaron a los contribuyentes. Machado reconoce que es fundamental que haya un Fondo europeo «imprescindible para dar confianza y evitar crisis de una entidad o del sistema», pero hay algún país europeo que se niega a comprometerse a eso por «el nivel de riesgo que tienen los bancos, que les genera desconfianza, porque creen que todavía es elevado y no quieren avanzar hasta que no se reduzca más». Yo diré más. Un país como Alemania no se fía y sigue creyendo que algunas entidades financieras españolas ocultan una situación peor de la que reconocen. Se niegan a comprometerse a pagar a pachas la factura más allá de un determinado punto.

Entretanto, para que nos quede claro y todos lo sepamos, España lidera el escalafón de los países europeos con más ayudas públicas dadas a la banca y que hemos perdido. Los datos son oficiales, de la oficina europea Eurostat. El dinero que se había perdido hasta finales de 2020 eran 58.415 millones de euros. Y, ojo, se trataba de unos 10.000 millones más que en el ejercicio anterior. La factura total no se conocerá hasta que el Estado venda todas sus acciones en Bankia, donde hay 24.069 millones. Nadie cree que recuperemos todo lo metido allí. Además, los bancos han perdido definitivamente 23.164 millones de euros en el rescate de las antiguas cajas, pero de alguna forma lo sufragan los clientes, puesto que son los que financian a la banca con sus comisiones y demás rendimientos.

Debemos tener en cuenta que en España cargamos con lastres como el llamado banco malo, la Sareb, que hace que la deuda pública aumente en unos 35.000 millones. Es importante saber que, por un parte, Eurostat establece que el impacto de las pérdidas efectivas de las ayudas bancarias cada año se consolidan en nuestro déficit público. Además, suponen recortes. Por ejemplo, los del gasto social, entre 2011 y 2014, fueron de unos 24.000 millones de euros, según Fedea. Cuando vemos que se recorta en Sanidad o Educación, pensemos que también es producto de la administración de nuestro dinero. No nos lo trae Papá Noel, como intentaron vendernos el rescate bancario distintos Gobiernos.

Hay varios hitos importantes en nuestro país, como la creación del FROB, el Fondo de Reestructuración Ordenada Bancaria. Fue en 2009, con el Gobierno de Rodríguez Zapatero, para canalizar los recursos públicos necesarios y gestionar el proceso de «saneamiento» de las entidades financieras. Según datos del Banco de España, a finales de 2016 eran más de 41.000 millones los entregados a entidades financieras. Otro momento destacado para sumar dinero público es el banco malo, creación de 2012, con Rajoy. Su ministro de Economía, Luis de Guindos, aseguró que tendría «una rentabilidad del 15 % en quince años», con un plan de negocio «sólido y prudente», tal y como lo presentó su primera presidenta, Belén Romana, exdirectora general que terminó siendo actual consejera del Banco Santander. Hoy en día, el banco malo acumula decenas de miles de millones en deuda pública, el patrimonio negativo es de 10.529 millones y en 2020 firmaba el peor resultado de su historia, con la pérdida de más de mil millones. Se estima que el agujero aumentará al menos en otros 10.000 millones los próximos años, según la estimación más optimista. Podría ser hasta el doble, porque aquí metieron lo peor que tenían las entidades financieras. Alguien diría que no es ladrillo, sino una especie de gigante con pies de barro.

También puedo afirmar que ha habido ingeniería financiera para ir maquillando pérdidas que están muy lejos de esos beneficios que nos prometieron. El banco malo perdió 261 millones en 2013 y 585 en 2014, pero es que en 2018 ya eran 878 millones de pérdidas anuales, que subieron a 947 millones en 2019 y 1.073 millones en 2020. Esto, sin la transparencia oportuna. En contraste, el banco malo que se creó en Suecia recuperó 50.000 millones de los activos, o el irlandés saldó deudas en 2020 de los 70.000 millones de activos tóxicos que le colocaron. Aquí, en España, se están socializando las pérdidas. Y ellos con ganancias, claro. La cúpula de la Sareb ha cobrado 36,5 millones de euros en sueldos desde su creación en 2012. El salario medio ha rondado los 100.000 euros, que se puede multiplicar más que por siete para los jefes. Las buenas retribuciones a directivos son constantes en este polémico asunto de la banca. Hay casos en los que cobran mucho, pero sus resultados de gestión son nefastos. Dicho esto, lo gordo en el banco malo no es tanto el sueldo de sus administradores como el marrón que nos comemos entre todos.

Es bueno contar la historia de cómo llegamos a los rescates financieros en España. Era 2009, ya cuando De Guindos había negado la burbuja años antes, Aznar había insistido en que «España va bien» con subidas desbocadas del precio de la vivienda, Zapatero había dicho que jugábamos la Liga de Campeones y había afirmado que teníamos una banca chupi guay. Fue ese año cuando quebró la primera entidad, que fue Caja Castilla-La Mancha (CCM). Al frente estaba el socialista Juan Pedro Hernández Moltó, que luego declaró que él no tomaba decisiones, que solo era «un animador sociocultural». Llevaba en el puesto diez años y cobraba 150.000 euros al año por «animar». De director general estaba Ildefonso Ortega, puesto por el PP. La caja arrastraba inversiones ruinosas impulsadas también por los políticos, como el aeropuerto de Ciudad Real, con cientos de millones de euros perdidos en un proyecto que quedaba inutilizado y otro plan de Jauja: lo que dijeron que iba a ser como

Las Vegas en Europa, llamado el complejo del Reino de Don Quijote.

No iba a lomos de Rocinante, sino de la caja que íbamos a pagar entre todos. Hablamos de uno de esos pelotazos que promueven los políticos, una de esas patochadas que nos venden de vez en cuando como centros de atracción, donde poco menos que prometen que fluirá vino de las fuentes y mearemos en retretes de oro. Iba a ser un complejo de ocio en el norte de Ciudad Real, con Harrah's Entertainment, que así sonaba la inversión internacional, pero por allí andaba el Gobierno socialista de la región, el constructor condenado Méndez Pozo o, claro, Caja Castilla-La Mancha. Al final íbamos a pagar todos sin jugar en Las Vegas y no lo sabíamos. Cervantes hubiera hecho que don Quijote les arreara con la lanza a todos estos lumbreras. Decían que el proyecto iba a tener hoteles de cinco estrellas, campos de golf, casino, balneario, *spa*... Harrah's Entertainment anunció que suspendía toda su inversión, el Banco de España intervino la caja de ahorros y les pilló con la idea de jugar en la ruleta, pero para que apoquináramos todos. La sociedad Reino de Don Quijote se declaró en concurso de acreedores. Alonso Quijano, por cierto, nunca fue un rey, aunque sí que vio alguna vez a los fantasmas.

Súmenle a esto una gestión en manos de incompetentes en la caja, que desde el PP de Cospedal también difundieron rumores de que la entidad petaba y la gente retiró el dinero; una supervisión y un control nefastos, la expansión fuera de la comunidad autónoma, que es algo también vivido con otras cajas en España y fue un fiasco... En fin, la quiebra. Zapatero convocó un Consejo de Ministros un domingo, algo insólito en democracia, porque había jornada de Liga, pero parece que ya no estábamos en la Champions, José Luis. ¡Gol en Castilla-La Mancha!

CCM fue la primera en caer y necesitó una línea de liquidez de 9.000 millones. Con aquel tanto en propia meta, además, lo que había en el Fondo de Garantía de las Cajas quedó tiritando, porque perdió casi el 75 % del patrimonio acumulado durante décadas. Había que prepararse con el FROB, porque igual estábamos en la Champions, pero empezaban a caer entidades financieras y había que inyectar miles de millones. Por cierto, los jefes del bluf de Castilla-La Mancha no pisaron la cárcel. Moltó merece mención aparte en este libro, porque también suma puerta giratoria con la eléctrica Iberdrola.

En 2009 había quebrado Caja Castilla-La Mancha, pero los que realmente conocían la realidad, que nos estaban ocultando, sabían que se caería el castillo de naipes de la supuesta «Champions League» bancaria. Muy poco después, en enero de 2010, ponen en Caja Madrid al tándem Rodrigo Rato, por el Partido Popular, como presidente, y al socialista Virgilio Zapatero, como vicepresidente. Allí lo aprobaron por unanimidad entre consejeros de estos partidos, de Izquierda Unida, algún sindicalista... Tenían para repartir. Con buen sueldo y con la «tarjeta black» de la que disfrutaban y que les dejó Miguel Blesa en «herencia recibida». Con el ascenso de Rato, Rajoy evitó poner a Ignacio González, que era a quien quería Esperanza Aguirre. Vaya dos piezas para el *casting:* Rodrigo o «Nacho». Mariano quiso que fuera Rodrigo.

Entre «Guatemala y Guatepeor», Rato ganó una partida más cuando fue aupado a Caja Madrid. Ya venía ganando unas cuantas y cargado de corruptelas que no conocíamos. En la caja de ahorros, que desde hacía tiempo arrastraba despilfarro, financiación de proyectos podridos y partidismo, el llamado «hombre del milagro económico» español tuvo para repartir millones como panes y peces, pero aquello se hundió. La ronda la iba a pagar la ciudadanía, una vez más. Rodrigo Rato no quiso la fusión con La Caixa, entre otras cosas porque temía perder el poder y, además, adónde iba la caja madrileña con estos catalanes. Con la bendición de los que mandaban, montaron un engendro de fusión en ese 2010 entre Caja Madrid y entidades valencianas como Bancaja. Junto con las cajas de Canarias, La Rioja, Ávila, Segovia y Laietana, presumieron de haber creado la mayor caja de ahorros de España con la unión de estas siete, que fue el origen de Bankia, pero en el fondo eran como los siete enanitos. Mucho, mucho, pero terminó en rescate por lo que allí había. Entre otras cosas, demasiado ladrillo, politiquería, financiación de proyectos con más inclinación partidista que sentido común y, en definitiva, casas empezadas por el tejado.

Ya al año siguiente, en 2011, en la nueva entidad recurrieron al capital público a través del FROB por 4.465 millones, pero Bankia inició los trámites para salir a Bolsa. Iban a palmar los que invirtieran. Encima, la campaña de publicidad animaba al populacho a «hacerse banquero». Y tanto. Pero para quedarse con las pérdidas. Bankia empezó a cotizar en julio de 2011. Hubo fiasco en el parqué. Y eso que el Banco de España había auspiciado la fusión con toda la porquería de la burbuja inmobiliaria que escondían. Con el PP presumiendo de haber creado esa súper entidad con pedigrí de dos gobiernos populares en Madrid y Valencia, y con el Gobierno socialista bendiciendo a esa Bankia para cotizar en Bolsa, colocaron acciones para 225.000 clientes. Aún es más vergonzoso que esta justicia tan modélica que tenemos no consideró, nueve años después, que hubiera culpables. La sentencia no encontró responsables del mayor fiasco de la crisis financiera en España.

Lo que España guardó bajo la alfombra se sabía, aunque no nos lo contaban. En año electoral en Estados Unidos, el secretario del Tesoro de Obama, Timothy Geithner, telefoneó repetidas veces a Luis de Guindos para que resolviera lo que pasaba con el banco ese de Madrid. Bankia cotizaba en Bolsa, pero a comienzos de 2012 el ministro de Economía, De Guindos, suelta la bomba porque ve que esconder la basura ya es insostenible. La mierda rebosaba el cubo. En el periódico económico *Financial Times,* en vez de vender discursos triunfalistas de lo bien que estaba la banca española, De Guindos apretó el botón y dijo que los bancos españoles debían hacer provisiones de 50.000 millones de euros para afrontar los préstamos con riesgo en el sector del ladrillo: «Tenemos un problema inmobiliario en España, pero se puede manejar… Estos 50.000 millones suponen el 4 % del PIB de España». Eran tiempos en los que las entidades financieras se resistían a pedir ayudas por temor a quedar estigmatizadas. Por el qué dirán, vaya. Parece que era mejor aparentar que todo iba como la seda. Aunque ya se hablaba de que podíamos ir a saneamientos y a la creación de un banco malo.

Lo del banco de Rato olía muy mal. En 2012, mal y con retraso, habían presentado unas cuentas con supuestos beneficios de 309 millones de euros. Se sabía que no solo en Bankia, sino en más entidades, se cometía el error de no reconocer a tiempo que había un problema de solvencia. Primaban las apariencias y los beneplácitos políticos. Cuando el Estado inyectó los primeros 4.465 millones para recapitalizar la entidad, siguió Rato hasta con la aquiescencia de Zapatero. La gran mayoría del consejo del BFA y de Bankia eran políticos y la gestión, nefasta. Labor del supervisor, también. Mandar a Rato a su casa y no a la cárcel no iba a ser por su propia voluntad. Cuenta alguno de los presentes en una reunión que le montaron que no dejó de mostrar arrogancia.

De Guindos convocó una especie de «encerrona» para «matar al padre», puesto que Rodrigo Rato había sido su jefe.

A comienzos de mayo de ese 2012, el ministro de Economía de Rajoy reunió a los principales banqueros de España, con Rodrigo presente. Delante de Emilio Botín, Isidre Fainé y Francisco González, Rodrigo Rato aún quería tirar para adelante y que le pusieran unos miles de millones más. Mayo de 2012 también consta como el mes en el que Bankia perdió el 83 % de su valor bursátil y en el que se destapa una parte del pastel. Luis de Guindos y el resto de los presentes en esa cita le dijeron a Rato que la entidad no estaba como él decía y le enseñaron la puerta de salida. Aún se fue el tipo del «milagro económico» a ver a Mariano buscando el perdón, el purgatorio, porque quería seguir al frente del banco. El gallego se puso de perfil y le dijo que esas cosas las llevaba Luis. Y ya tal, que todo era verdad, menos alguna cosa. Así que Rato no obtuvo nada esta vez de Rajoy y, en una segunda reunión de súper banqueros, Rodrigo fue apeado del caballo como presidente de Bankia. Se la envainó. Ponían a presidir Bankia a José Ignacio Goirigolzarri, exconsejero delegado del BBVA. Nos dijeron que las pérdidas eran de unos 3.000 millones y luego el rescate supuso casi 20.000 millones más. Total, ya puestos. Bankia fue intervenida con 22.424 millones de euros de los contribuyentes.

Esta intervención tuvo lugar el 7 de mayo de 2012, pero no solo era Bankia. Europa estableció una especie de control remoto de nuestra economía, pidió crear el banco malo para quedarnos con lo peor de la banca y el dinero de los españoles seguiría soltándose para tapar agujeros de capital de las entidades financieras. Era, en definitiva, ese rescate que algunos políticos negaban, pero que seguimos cargando sobre nuestras espaldas. Sin embargo, el 26 de julio de 2012, Rodrigo Rato quiso cabalgar cual Cid después de muerto. Mostró con su esplendor lo que iba a ser su línea argumental del pío, pío, que yo no he sido. A mí que me registren. Rato declaró en el Congreso de los Diputados: «En conciencia, creo que he hecho bien las cosas» y «sin coste alguno para el contribuyente». Toma castaña, por España. Después Rodrigo cobró 522.000 euros del fondo de pensiones de Bankia, donde se embolsaba 2,34 millones al año cuando era presidente. También fue fichado por el Santander como miembro del consejo asesor internacional por unos 200.000 euros anuales con dos reuniones anuales. Además, fichó por Telefónica como consejero asesor para Europa e Iberoamérica. Y fue nombrado miembro del consejo de administración de Servihabitat, la inmobiliaria fundada por La Caixa. Esto sí que era cabalgar para llevárselo muerto.

Nueve años después de la salida a Bolsa de Bankia, la Audiencia Nacional española dejó por escrito en una sentencia que el Banco de España supervisó de manera «exhaustiva», que la entidad recibió el «beneplácito» de la Comisión Nacional del Mercado de Valores, del fondo de rescate del Estado FROB y de la Autoridad Bancaria Europea. Así que fueron absueltos los 34 acusados de esa salida al parqué, incluido Rodrigo Rato. Y circulen. Los inversores fliparon y muchos españoles ya estaban curados de espanto. A esas alturas de la película, con todo lo que los ciudadanos habían visto, ya tenían lo de los casos de corrupción y las absoluciones por desmanes como una constante del día a día. A fuerza de insistir con tanto robo, es como si fuéramos normalizando que hay corrupción, que todos roban o sinsentidos similares. No debiera ser así, pues es tanto como decir: todos contra el fuego, pero el monte es de todos y quema tu parte.

En 2017 sí hubo condenas por el uso de las «tarjetas black» en Caja Madrid y Bankia. Era solo la punta del iceberg. Allí estaban Rato, Miguel Blesa y, en total, más de 70 condenados de PP,

PSOE, IU, UGT, CCOO, la CEOE y hasta el exjefe de la Casa Real, Rafael Spottorno, que gastó 235.818 euros. De una sola vez, Spottorno pudo gastar 6.375 euros en una tienda de ropa del barrio de Salamanca, pero pasó la tarjeta para pagar 15.000 euros en electrodomésticos y menaje del hogar o 500 euros en Ikea. Todo valía. Eso sí, insisto, con las «black» hubo condena más bien por el chocolate del loro. Gorroneo, desvergüenza, descaro, pero los miles de millones no estaban ahí. Aun así, sirvió para que se retrataran sus señores consejeros.

Viendo su vida en «black», con el dinero de todos, vemos, por ejemplo, que Juan Iranzo, que solía ir a tertulias televisivas a defender las bondades del liberalismo, había pasado 8.000 euros en tiendas de lencería femenina, 5.000 euros en joyerías o pagos en salas de fiestas. Bajo el epígrafe «clubs, salas fiesta, pubs, discotecas, bares», Rodrigo Rato gastó más de 2.000 euros en cuatro jornadas consecutivas. Aunque podía darle a las fiestas igual que a los hoteles y balnearios de lujo. Al mismo tiempo, quién sabe si en los días de guardar, Rato también gastó 2.439 euros en Santarrufina, tienda especializada en imaginería religiosa tallada en madera. Vete tú a saber si era porque tenía mucho por lo que pedir perdón y rezar. Que al cielo no iba ya, esto te lo digo yo. Ni con tantos Avemarías como ceros tienen sus tejemanejes.

Peor fue el caso de Miguel Blesa, que tuvo un final dramático. Por la noticia de su suicidio de un tiro. Blesa había sido amigo de José María Aznar y hombre con un tren de vida reflejado en cacerías y lujos, que terminaron fatal. En un tiempo fue el hombre más importante de Caja Madrid, después se le vio como el reflejo del nepotismo, una gestión irresponsable, despreocupada, al servicio de los poderosos y alejada de lo que debía ser la realidad. Cuando se sintió mal ya era tarde. Cuentan que no soportó la presión y se pegó un tiro con una escopeta de caza. Quién sabe si, de haber aguantado, su periplo por los juzgados y las prisiones no hubiera sido ni mucho menos tan insoportable. Descanse en paz. También los preferentistas que fueron muriendo y otros que vivieron un calvario por la venta de estos productos, que fue otro episodio triste, dentro de los que deja una gestión de abuso y reparto impresentable en entidades financieras.

Con los años, hemos ido comprobando que eso de que el rescate no existía o no costaría «ni un céntimo» o «ni un euro» no era verdad. Sorpresa, sorpresa. Quién lo iba a imaginar, mira tú por dónde. En contraste, las entidades entraron en una carrera de fusiones, cierre de sucursales, despido de miles de trabajadores, recorte de servicios a los clientes, subida de las comisiones cobradas o falta de atención a los ancianos, que no siempre pueden adaptarse a las nuevas tecnologías. Hubo entidades que habían caído. Las que se beneficiaron de fusiones y saneamientos pagados por todos ven que los beneficios han ido viento en popa. Sin ir más lejos, la gran banca logró en 2021 el mayor beneficio en la última década con un resultado conjunto de unos 20.000 millones de euros para los cinco bancos del Ibex 35: Santander, BBVA, CaixaBank, Sabadell y Bankinter. La banca española ganó un 45 % más que antes de que llegara la pandemia de COVID-19.

Los casos de desigualdad siguen dándose. Pongamos por caso que el presidente del BBVA ganaba 7,8 millones de euros en ese año y su consejero delegado 6,8 millones. El banco también cerraba alrededor de 500 oficinas y ejecutaba un ERE para casi 3.000 trabajadores. En total, durante 2021, los principales bancos españoles cerraron más de 3.000 oficinas en España el 19,4 % de su red, y finalizaron el ejercicio con alrededor de

12.100 empleados menos, según datos de las siete principales entidades bancarias españolas, recopilados por la agencia Europa Press. Hay más, porque el sector bancario español ha recortado cerca de 135.000 puestos de trabajo durante los últimos doce años. Casi la mitad de los empleados, porque en 2022 hay unos 158.000 trabajadores.

Unos tanto y otros tan poco. Por cierto, tras salir de la política, Pedro Solbes cogió la puerta giratoria de la banca en Barclays y de las eléctricas en Enel, que es la empresa pública italiana que había comprado la española Endesa, completamente privatizada. A Endesa marchó también Elena Salgado por la puerta giratoria. En esta misma energética estuvo Luis de Guindos tras negar la burbuja inmobiliaria con Aznar. Después de dejar a Rajoy, De Guindos inició una carrera en altos puestos de la política económica europea. La española ya la había dejado arreglada, parece ser. Y sin costarnos «ni un euro», ya saben. Sería para él, claro.

«Operación bicho»

«Flipo colorines, tíos. Joder, como sigamos así, nos vamos a hacer los reyes y los amos de la gestión sociosanitaria de Madrid, Comunidad Autónoma, ¿vale? Flipo. Vais a hacer que mi sueño se consiga. ¡Tener mi propia empresa!».

El audio es de Encarnación Burgueño, la hija de uno de los gurús de la privatización sanitaria en Madrid, colocada a dedo para «salvar» a miles de ancianos de morir en las residencias durante la pandemia. Encarna no tenía experiencia. Emprendió por encargo la llamada «Operación bicho», que terminó en catástrofe. Es solo uno de los escándalos con nuestros geriátricos, que detallaré al final de este capítulo.

Empresarios como Florentino Pérez hacen una fortuna en España con las residencias de ancianos. La Iglesia católica es el principal operador de residencias de mayores de nuestro país, pero hace negocio con empresas como la de Florentino, Clece, de manera que tiene contratos, por ejemplo, con las Hermanitas de los Ancianos Desamparados. El sistema de geriátricos español es terreno de juego de los intereses privados. Al mismo tiempo, organismos como Amnistía Internacional han denunciado que hay suculentas ganancias, pero falta que, por lo menos, haya inspecciones. La Administración pública deja mucho que desear en este aspecto. Así pues, existe un tejido de residencias con mucha participación privada, con empleos precarizados y una asistencia a nuestros mayores muy mejorable. Durante la pandemia, fue una catástrofe. 35.000 ancianos habían muerto durante los dos primeros años, con el principal *tsunami* registrado durante la primera ola. La actuación de la Fiscalía y de los gobiernos de distinto signo han quedado muy lejos de las necesidades de investigación y justicia.

Dentro de ese juego de intereses privados en las residencias de ancianos, la Iglesia católica domina el terreno. En muchos casos, porque tiene edificios que pudo obtener con herencias o donaciones y que el clero ha explotado para lucrarse mediante la apertura de geriátricos. En los últimos años ha ido más allá con otro modelo: los acuerdos con empresas privadas. Se da el caso de geriátricos que son propiedad de la Iglesia, pero distintas compañías entran en la gestión. Es el caso de Clece, la firma de Florentino Pérez, presidente del Real Madrid y uno de los hombres más poderosos de España. No es extraño toparse con acuerdos de esta compañía con los Padres Pasionistas, los Padres Agustinos, distintos obispados o las Hermanitas de los Ancianos Desamparados. Puede ocurrir, además, que entre en el negocio de las residencias, como la del Hospital de la Piedad en Benavente (Zamora), después de haberse modificado, y por la vía de urgencia, el Plan General de Ordenación Urbana de la localidad.

Familiares y distintas asociaciones se han quejado en los últimos meses de la excesiva participación de intereses privados en las residencias de ancianos de España, de la falta de investigaciones o de la escasa voluntad de los gobiernos por revertir este *statu quo.* Entretanto, la filial de residencias de ACS, de Florentino Pérez, demandaba a distintas administraciones públicas reclamando más dinero por los gastos que le ocasionó la pandemia. La firma Clece interpuso su recurso contencioso-administrativo en casos donde la Administración pública era propietaria de centros de mayores y la compañía de Florentino gestionaba en régimen de concesión. La empresa defendía que estas instituciones, como los ayuntamientos, tenían que pagar más, pues la crisis sanitaria había supuesto más costes que los contemplados en los contratos suscritos previamente entre ambas partes. Hablamos de un sector, el de las residencias de ancianos, y de un grupo empresarial, ACS, con pingües beneficios.

No es solo la empresa de Florentino Pérez la que tiene cuantiosas inversiones en los centros de nuestros mayores. Nos encontramos también con compañías como DomusVi, Ballesol, Sanitas o La Saleta Care (Colisée), que también han llegado a distintos acuerdos con la Iglesia católica, entre otras acciones dentro del negocio. Son acuerdos que han ido en aumento en los últimos años. Esta alianza entre la Iglesia y las grandes multinacionales del sector residencial se ha ido intensificando durante los últimos años, al mismo tiempo que firmas como Clece o Vitalia Home emprendían ambiciosos planes para expandir este negocio por España. Se produce mientras la esperanza de vida va en aumento, es decir, los ancianos viven más años, la población está cada vez más envejecida, los modos de vida llevan a que más familias recurran a ingresar a sus abuelos en las residencias, pero faltan plazas públicas en un modelo con enorme presencia privada. Orpea, Amavir, Savia, Caser, Aralia, Lonada o Korian son otras empresas en el negocio. Hay otra característica bastante habitual: la importante presencia de inversores extranjeros.

El 71 % de los centros residenciales en España está en manos privadas y el 29 % son públicos con cifras de abril de 2019, de Envejecimiento en Red, una plataforma vinculada al Centro Superior de Investigaciones Científicas. Hay pequeñas y medianas empresas también en el negocio, pero la tendencia es la concentración en menos manos, como en tantas parcelas de un mundo globalizado donde el pez grande, a menudo, se come al chico. El periodista Manuel Rico, autor de *¡Vergüenza! El escándalo de las residencias,* llegó a la conclusión de que los fondos de inversión, multimillonarios y algún empresario corrupto controlan los 13 mayores grupos de residencias en España. De las cinco principales compañías, todas con más de 45 geriátricos, dos tienen como principal accionista a fondos de Jersey (Vitalia Home y Colisée), una a un fondo inglés (DomusVi) y otra a un fondo de pensiones de Canadá (Orpea). Dos grupos están controlados por empresarios implicados en el «caso Gürtel»: el ya condenado Enrique Ortiz (Savia) y el doblemente procesado José Luis Ulibarri (Aralia). Entre los hombres más ricos de España que están en este negocio aparecen Florentino o «los Albertos», en el grupo Clece. También es importante destacar que la gestora de fondos BlackRock es accionista destacado de ACS, la compañía del presidente del Real Madrid.

El tejido de residencias en España hace que nos encontremos ante un modelo con gran presencia de intereses privados, cuya finalidad es el beneficio. Esto no quiere decir que tengan que descuidar por ello la atención, no digo eso, pero el lucro siempre será un objetivo, a diferencia de la gestión pública. En cambio, en este ámbito, la presencia de lo público dista mucho de ser protagonista en nuestro país. Las competencias pertenecen a las comunidades autónomas y se produce un destacado trasvase de fondos desde las arcas públicas a las privadas por el cuidado de nuestros mayores. Por otra parte, hay opacidad. Esos fondos, bancos, compañías de seguros, sociedades varias son los propietarios, pero muchas veces las familias no saben ni en manos de quiénes están realmente sus mayores cuando ese grupo hace balance económico. Es, de hecho, una práctica frecuente en esas inversiones buscar beneficios a corto plazo para desinvertir y que el capital cambie de manos. En la misma línea de fijar criterios para obtener ganancias, en nuestras residencias de ancianos falta personal médico, justo en un ámbito en el que los ancianos son más susceptibles de necesitarlo. A la vez, el personal contratado ha hecho públicas no pocas quejas por ser trabajos de muchas horas y poca remuneración. Esa carga también va en detrimento de los cuidados. Sumémosle a esto que faltan inspecciones en las residencias. España tiene unos dos centenares de inspectores para más de 5.000 centros residenciales.

Este es el telón de fondo en el estallido de la pandemia de coronavirus en España. Si le sumamos la falta de medios y pruebas con la que las residencias de ancianos fueron sorprendidas en la primera ola, no es de extrañar la tragedia vivida. Junto a esto, se establecieron protocolos para no llevar a los mayores a los hospitales, que incrementaron la mortalidad por miles. No se ha investigado debidamente ni se ha hecho justicia, pero es también sangrante que el modelo de negocio no esté mejorando de manera acorde a la catástrofe vivida. Del mismo modo que nuestros sanitarios se quejan de que sectores como la Atención Primaria no hayan mejorado en España, el ámbito de las residencias de ancianos es otro espacio donde queda mucho trabajo por hacer y, sobre todo, voluntad política para hacerlo. Aunque, una vez más, existe mucho poder y dinero en juego. No será fácil que se haga. Entretanto, numerosas familias afrontan pagos de geriátricos con precios notablemente elevados.

Especialmente escandalosa es la denuncia de Amnistía Internacional, basándose en movimientos como la Marea de Residencias, que apunta a que el 89 % de las investigaciones penales de la Fiscalía sobre las muertes en las residencias durante la pandemia han sido archivadas. Amnistía es clara al señalar que ni el Gobierno central ni las comunidades autónomas han querido investigar debidamente. Y, mientras, distintos partidos se han ido pasando la pelota. Amnistía Internacional lamenta que se esté extendiendo la impunidad y, como consecuencia, faltan garantías para no repetir errores en el futuro. Al dolor causado a los familiares se suma la carencia de justicia. Es la impotencia, primero con la falta de asistencia con la que murieron miles de ancianos, y después con la ausencia de investigación y esclarecimiento de los hechos. No han pagado los responsables. Una vez más. Amnistía Internacional España apunta al papel de gobiernos, fiscales y Consejo General del Poder Judicial.

Escándalos especialmente vergonzosos no faltan. El 17 de marzo de 2020, al conocerse el primer caso de muertes masivas por coronavirus en una residencia de la Comunidad de Madrid, en Montehermoso, la presidenta autonómica, Isabel Díaz Ayuso, declaró en una entrevista en Telecinco que era algo aislado y que las residencias estaban medicalizadas.

ISABEL DÍAZ AYUSO: Sí. Lo cierto es que nosotros, dentro de toda la red asistencial que tenemos en la Comunidad de Madrid, en su práctica totalidad, están todas medicalizadas y de esta no sabíamos que estaba en esta situación. Nos han comunicado que, efectivamente, hay ahora mismo diecisiete fallecidos… Pero vamos, yo lo que quiero transmitir es que no es la tónica general ni mucho menos en nuestras residencias.

PERIODISTA: ¿Y qué medidas se pueden tomar en este caso?, ¿qué van a hacer?

cos a los geriátricos, pero no se llevó a cabo. El 12 de marzo de 2020, el consejero Escudero anunció un plan para medicalizar las residencias y que los ancianos iban a ser atendidos allí. Ese día también cuenta la prensa que Antonio Burgueño será el asesor de la Comunidad de Madrid frente al coronavirus. Son palabras. Otra cosa eran los hechos. Cuando Díaz Ayuso habla en la televisión el día 17 no tiene constancia, en absoluto, de que las residencias estén ya «medicalizadas».

Lo más burdo llegó cuando la hija de Burgueño, Encarnación, sin experiencia en la materia, se puso manos a la obra con un plan de salvación de lo más grotesco de la historia de España. Tal y como reveló el diario *El País,* el 25 de marzo de 2020, Encarna Burgueño envió un audio a su socio en un negocio de desfibriladores, Israel Jara, y al gerente de una pequeña empresa de ambulancias, Eduardo Aragonés, al que había metido en este plan de auxilio, porque contaba con algunos vehículos y una pequeña plantilla.

Encarnación Burgueño: A ver, operación bicho al habla. Me acaba de llamar el señor Carlos Mur. Me tenéis que mandar los EPI que necesitéis, ¿vale? Con un margen de dos o tres más por equipo, ¿vale? Los EPI que se necesitan para que a primera hora él decir dónde tenemos que ir a por ellos. ¿Vale? Y mañana por la mañana nos dice. Me ha dicho que hay 10 residencias que están fatal y unas 30 que están mal. O sea, mañana, si acaso, empezaríamos a primera hora de la tarde o en cuanto lo tengamos todo organizado. Lo tengáis todo organizado. ¿Vale? Si no, empezamos haciendo radiografías, que no pasa nada. ¿Vale? Pero por lo menos ir a echarles un cable y a ver cómo lo podéis ir organizando vosotros para que luego hagáis un estudio de demandas e ir mandando lo que necesita cada residencia. ¿Vale? Tenemos un radiólogo voluntario. Para... echarnos un cable.

Radiólogo jubilado. Importante, mandarme los EPI por un correo electrónico, no por WhatsApp. Correo electrónico. Para que le quede constancia a él y poderlo enviar a quien corresponda. ¿Valiendo? Vengaaa, *chao.*

¿Qué podía salir mal? «Operación bicho activada». Al día siguiente Isabel Díaz Ayuso anunció que activaba un plan de choque para salvar a los ancianos de las residencias. El consejero de Sanidad encabezaba la gestión de la crisis en los geriátricos y quedaba relegado Alberto Reyero. Era el consejero de Ciudadanos, partido con el que Ayuso mantenía una constante disputa dentro del Gobierno, y que habló de muertes indignas en las residencias. Solo ese 26 de marzo hubo 1.130 ancianos muertos con COVID-19 en geriátricos. El plan para la «medicalización» de 475 residencias en Madrid con unos 50.000 ancianos era Encarnación, que había captado al gerente de una empresa de ambulancias privadas, Transamed, que tenía cuatro vehículos sanitarios con cuatro médicos, dos enfermeros, siete técnicos de ambulancia y dos coordinadores. La firma tenía sede en Las Navas del Marqués (Ávila). A falta de mayor dispositivo, la «Operación bicho» tuvo su grupo de WhatsApp, al que la hija de Burgueño trasladó sus peripecias como emprendedora de los servicios sanitarios privatizados. El 4 de abril, Encarnación estaba eufórica.

ENCARNACIÓN BURGUEÑO: Flipo colorines, tíos. Flipo colorines de lo que valéis. Joder, como sigamos así nos vamos a hacer los reyes y los amos de la gestión sociosanitaria de Madrid, comunidad autónoma, ¿vale? Flipo. Sois geniales. Vais a hacer que mi sueño se consiga. Que es trabajar en el mundo sociosanitario. Tener mi propia empresa. Gracias. Muchísimas gracias.

Como ella no pisaba ni una residencia, estaba entusiasmada con la oportunidad de amasar dinero, pero los trabajadores se encontraron en los geriátricos cadáveres de ancianos, otros agonizando, los había que pedían auxilio desesperadamente o que estaban aterrorizados. Encarna coordinaba y se dormía: «Me he quedado *sobá,* perdóname».

Los ancianos estaban muriendo por miles en residencias que se convirtieron en auténticas ratoneras. La «Operación bicho» no se detuvo por chapucera. El lunes 6 de abril, el diario *El País* reveló que la hija de Burgueño era la encargada de medicalizar los centros. Inmediatamente después, Encarnación ordenó parar las visitas a los geriátricos. Más de 4.000 mayores habían muerto en residencias de Madrid cuando se detuvo el «plan de choque». El gestor de las ambulancias denunció a Burgueño por impago, hizo concurso de acreedores y los trabajadores no cobraban. La hija del privatizador les dijo que esperasen a que escampara. El 13 de mayo, Mur de Víu fue destituido como director de Coordinación Sociosanitaria de la Comunidad de Madrid. Isabel Díaz Ayuso publicó un tuit: «Carlos Mur ha hecho un gran trabajo en las residencias de mayores, y es una de las personas que más ha contribuido para frenar la crisis en ellas. Este cambio nada tiene que ver con su trabajo; estamos renovando la Consejería y cuento con él».

En febrero de 2022, Pablo Casado fue tumbado por los suyos como líder del Partido Popular tras conocerse que el hermano de Díaz Ayuso cobró, beneficiándose de la contratación a dedo para comprar material sanitario durante los peores días de la primera ola de la pandemia. Ayuso dijo que todo era legal. En el PP se abrió una monumental crisis interna con miles de manifestantes apoyando a Ayuso con fervor frente a la sede de la calle Génova, y pidiendo la dimisión del presidente del partido y de su secretario general. Partidarios de Casado lamentaban en privado que ella contaba con un suculento presupuesto público para tener bien pagados a distintos medios de comunicación muy influyentes. Otros en el partido afirmaban entre bambalinas que Teodoro García Egea iba a beber de su propia medicina y la cúpula «casadista» caería carcomida por el juego sucio. Y cayeron. Pablo Casado se despidió de la Junta Directiva Nacional del PP y convocó un congreso extraordinario donde se esperaba la proclamación de Alberto Núñez Fejóo como nuevo líder popular. Aun así, con Casado despidiéndose y miles de muertes por esclarecer en las residencias de Madrid, Isabel Díaz Ayuso aprovechó esa cita para presumir de su gestión con la COVID-19 y pidió que sus compañeros de partido fueran expulsados de la política. Aún tuvo tiempo Ayuso para inventarse también alguna palabra.

Isabel Díaz Ayuso: Mi Gobierno gestionó con total «pulcridad» en los momentos más duros de la pandemia. ¿Cómo hemos llegado a semejantes acusaciones? Los que se han dedicado a intentar destruirme deben ser apartados, pero yo no estoy con venganzas. No se pueden cerrar las heridas en falso. ¿Cuántas Rita Barberá se puede permitir este partido?

Covid: meter la pata

Las palabras de Fernando Simón, que era el director del Centro de Emergencias y Alertas Sanitarias de España, quedarán ya para la historia. Era 31 de enero de 2020: «España no va a tener, como mucho, más allá de algún caso diagnosticado. Esperamos que no haya transmisión local y, en ese caso, sería muy limitada y muy controlada. Con la información que tenemos ahora mismo, hay indicios de que esta enfermedad sigue sin ser excesivamente transmisible. Por tanto, parece, según el número de casos diagnosticados día a día, que la epidemia comienza a remitir». Simón, un coordinador en rueda de prensa, contó que se investigaban «cinco casos en La Gomera y un caso en Castilla-La Mancha. Once en nuestro país han sido negativos». Concluyó que «con la información que tenemos ahora mismo, hay indicios de que esta enfermedad sigue sin ser excesivamente transmisible». Cuando Fernando Simón restó importancia a lo que pasaba, el coronavirus sumaba al menos 259 muertos oficiales en el mundo, la mayor parte en Wuhan (China), y unos 11.000 contagios. En territorio chino las informaciones circulaban entre los intentos de opacidad por parte de los gobernantes.

En España, como en otros países, sin duda falló la previsión. No fueron «unos pocos casos controlados» ni la pandemia «remitía». A comienzos de 2022, nuestro país superó los 90.000 muertos por coronavirus y seguía sumando cientos de fallecidos cada día. Son las cifras oficiales, porque también queda la polémica sobre el baile y la imprecisión en el recuento de muertos. En cualquier caso, es como si todos los habitantes de la provincia de Soria hubieran fallecido por COVID-19 durante la pandemia hasta comienzos de 2022. Un mazazo con falta de previsión y descoordinación entre autoridades, más allá de los enfrentamientos entre el Gobierno central y los autonómicos que vimos después. En ambas instancias, como también en la europea y la mundial, se falló. Aquí seguimos fallando cuando el presidente Sánchez dio por vencido al virus a pesar de que todavía quedaban varias oleadas. Algunas autonomías, como Madrid, trataban también de imponer el relato de que no hubo fallos por su parte, pero en febrero de 2020 la presidenta madrileña, Díaz Ayuso, dijo en la televisión que estábamos «preparados» y que «el miedo es más peligroso que el propio virus, que normalmente deja síntomas menores que una gripe…».

Las residencias de ancianos fueron una ratonera con muertos abandonados a su suerte. Toca analizar qué se pudo haber prevenido y no obstaculizar las investigaciones. De hecho, semanas antes de reconocer el estallido del virus en España, hubo pacientes en nuestro país que se presentaron en el médico con neumonías atípicas y no se encendía la alarma ni se activaba el protocolo del posible coronavirus. Mi madre fue un caso. Estuvo recibiendo oxígeno y sobrevivió. Sin embargo, el compañero que también recibió esa asistencia murió. No supieron si era coronavirus, porque aún no se hacían esas pruebas. Eso era en Soria. Poco después la provincia vivía una situación alarmante, sin respiradores, mientras iban sumándose los fallecidos. Y es que el 24 de enero, el Ministerio de Sanidad había aprobado hacer pruebas de posible coronavirus a quienes tuvieran síntomas de infección respiratoria y hubieran estado en Wuhan o en contacto con un caso confirmado de COVID-19. Luego se fue ampliando a quienes hubieran viajado a otras zonas de riesgo, pero, para que se hagan una idea, en la Comunidad Valenciana, el 13 de febrero de 2020, un hombre que había viajado a Nepal murió en el hospital un día después de ingresar. Durante tres semanas, un médico que le atendió pidió las pruebas al sospechar que era coronavirus. La respuesta de Salud Pública fue que «no procedían pruebas diagnósticas por no ajustarse a los criterios. La información disponible indicaba que había estado en Nepal y no se tenía noticia de casos en Nepal».

El mismo día 13 de febrero, Fernando Simón dijo: «Es una enfermedad que vamos conociendo poco a poco y no es tan grave como otras que hemos visto en el pasado. La ansiedad que se percibe en la población no es razonable con los datos que tenemos». El 18 y el 19 de febrero, en el Centro Europeo de Control de Enfermedades tampoco se decidió que se hicieran esas pruebas cuando hubiera síntomas sospechosos en el paciente. El 23 de febrero, el Gobierno italiano confinó a 50.000 personas, pero 200 vuelos seguían comunicando España con Italia a diario. El 25 de febrero se amplió el protocolo a «cualquier persona con un cuadro clínico de infección respiratoria aguda de aparición súbita que cursa, entre otros, con fiebre, tos o sensación de falta de aire. A todo caso sospechoso de infección de SARS-Cov-2 se le realizará una PCR». El 26 de febrero, el Ministerio de Sanidad aconsejó no viajar a las regiones italianas de Lombardía, Piamonte, Emilia-Romaña y Véneto, a Japón, Irán, Corea del Sur, Singapur y China. El ministro Salvador Illa afirmó: «No hay prohibición, pero a una zona de riesgo, si no es imprescindible, no vaya». Siguió habiendo vuelos con Italia hasta el 10 de marzo.

Ya en marzo, el día 3, se dijo que el de Valencia era un fallecido por coronavirus. Había pasado demasiado tiempo. El virus estaba extendido. El Ministerio de Sanidad contaba que había faltado algo fundamental, que había que diagnosticar con pruebas PCR y no tenían, igual que pasó en otros países. En España también faltaba material, como respiradores o mascarillas, que fue caldo de cultivo para los especuladores y los conseguidores, mientras los gobernantes emprendían una carrera desesperada por lograr cargamentos o se hacían fotos cuando llegaban. Luego supimos que el hermano de la presidenta madrileña, Tomás Díaz Ayuso, cobró por la llegada de una remesa de tapabocas tras un contrato de emergencia adjudicado a dedo por el Gobierno de su hermana. El foco estaba en los problemas para que llegara material y también en las residencias de ancianos, donde, en regiones como Madrid, murieron nuestros mayores sin asistencia. Ayuso defendió los protocolos, pero se encontró con que, hasta su propio consejero, que era de Ciudadanos, reconoció que no se había actuado convenientemente.

Se entró en la simplificación izquierda-derecha hasta el punto de querer señalar que la culpa era solo de lo que había hecho «un bando». ¿Y si hubo fallos en general? Mediáticamente el asunto se resumió en si el estallido era culpa de las manifestaciones feministas. Y hubo manifestaciones multitudinarias reivindicando el feminismo el 8 de marzo, pero pensar que fue eso lo que hizo que la pandemia se desbocara en España resulta ridículo. Lo cual no quita para reconocer que fue desafortunado celebrar esas marchas, igual que los eventos deportivos con asistencia masiva de espectadores ese día o tantos actos con aglomeraciones a los que todavía no se había puesto coto. Aunque la falta de control era habitual, sobre todo, en la escasez de pruebas, de rastreo, de material, en el desmadre de la movilidad, etc. Se llegó al punto ridículo de que criticaran el 8-M dirigentes de Vox que asistieron con Ortega Smith a uno de sus mítines. Ortega repartió besos y abrazos entre los suyos mientras daba muestras de infección respiratoria. Después supimos que había estado en Italia, donde la situación también se había desbocado. El alto cargo del partido de Abascal dio positivo. Callaron los que habían criticado las celebraciones de las mujeres.

A mí ese 8 de marzo me pilló en Amsterdam y vi manifestaciones feministas masivas con absoluta despreocupación por que hubiera una pandemia. Una pena. Tampoco eran conscientes de lo que venía. Lo mismo vi en museos, con gran asistencia de gente, o en las calles. De hecho, ver a dos o tres personas con mascarilla en el avión hasta nos parecía propio de gente exagerada. También es cierto que yo no dirigía un ministerio, ni una comunidad autónoma, ni un centro de alertas sanitarias. Había información procedente, sobre todo de China, como para que la cosa fuera más preocupante. Vivimos semanas decisivas en la ignorancia y pronto nos llevaron al relato de querer echarle la culpa al de enfrente. Simplificar las causas igual era más conveniente que reconocer que no había respiradores, mascarillas o asistencia en los geriátricos. El 8 de marzo, oficialmente había notificados 374 casos en toda España. En las bases de datos del Instituto de Salud Carlos III la cifra real de contagiados era de 7.909.

El 13 de marzo, el presidente del Gobierno, Pedro Sánchez, anunció el decreto del estado de alarma, en principio por quince días, para limitar la circulación de las personas e ir al confinamiento. Oficialmente, había 132 muertos y más de 5.100 infectados. España era, después de Italia, el país europeo con peor situación, según las cifras oficiales. Por desgracia, los datos eran más graves todavía. Por ejemplo, en las residencias se estaba viviendo una situación monstruosa. En territorio italiano reconocían 1.266 fallecidos. Un día antes del anuncio de Sánchez, Portugal había declarado el estado de alerta sin tener muertos oficialmente y con 112 infectados. El primer ministro, António Costa, compareció el jueves por la noche y anunció que desde el lunes se cerraban todos los centros de enseñanza, los bares y discotecas, las competiciones deportivas se suspendían, se prohibían las visitas a los centros de jubilados...

Pedro Sánchez compareció cerca de las tres y media de la tarde para decir que al día siguiente habría un Consejo de Ministros extraordinario para aprobar esta medida excepcional: «Me gustaría apelar a los compatriotas, la victoria depende de cada ciudadano. El heroísmo consiste también en lavarse las manos, en quedarse en casa y en protegerse uno mismo para proteger al conjunto de la ciudadanía». Además, Sánchez manifestó que el país tardaría «semanas», pero «se vencerá a la pandemia con los menores daños humanos, económicos y sociales si cada uno cumple con su deber». Estábamos comprando geles para las manos y papel del culo masivamente, pero la mascarilla aún no era obligatoria. Tampoco había suficientes. Hubo quejas de desabastecimiento hasta de sanitarios que atendían a los enfermos. Se buscaban mascarillas en el mercado exterior, en países como China, pero no llegaban las necesarias. Tampoco se puso en marcha una industria nacional hasta mucho más tarde.

Ojo, porque no fue hasta el 8 de abril de 2020 cuando el Centro Europeo de Control de Enfermedades comenzó a recomendar las mascarillas obligatorias como «medida complementaria». Dos días después, el Ministerio de Sanidad español las recomendó en el transporte público y donde hubiera aglomeraciones. El 4 de mayo al fin se hicieron obligatorias en los transportes públicos, pero el 12 de mayo de 2020, Fernando Simón advirtió de la inconveniencia de «sobreactuar con las medidas de prevención» y añadió que «la mascarilla es altanamente recomendable en exteriores, pero hay grupos para los que su uso prolongado es inconveniente. La mejor medida es la distancia de seguridad». El 21 de mayo de 2020 entró en vigor finalmente la mascarilla obligatoria. Habían pasados meses desde la confirmación oficial de que el virus circulaba por España. La falta de suministros fue decisiva respecto a las mascarillas, aunque había estudios que ponían el acento en el peligro de los aerosoles como fuente de contagio.

Fue también en estos meses cuando se vio la estrategia de Isabel Díaz Ayuso y su equipo de plantear el contrapunto respecto al Gobierno central. Miguel Ángel Rodríguez, que ya trabajó con Aznar y es un estratega clave para entender los movimientos de la presidenta madrileña, vio en la gestión de la pandemia el momento para catapultar la carrera política de la dirigente del PP. A ella la hicieron enarbolar una especie de bandera de la libertad, opuesta a las decisiones de Moncloa, dejando además en un segundo plano la gestión mortal que se había producido en las residencias de ancianos. A pesar de lo ocurrido en los geriátricos o de las malas cifras de la COVID en la primera comunidad del país, Ayuso aún se atrevería a decir: «Madrid ayudó a espabilar a España». Simbólico es ya para nuestra antología patria el momento «caye borroka», con manifestantes agolpados en barrios ricos de Madrid, burlando las restricciones, y Díaz Ayuso o Almeida haciendo declaraciones de apoyo.

La pandemia era un desafío, no solo para España, sino para la comunidad internacional. Probaba nuestra capacidad para trabajar en equipo, pero el alcalde de la capital, Martínez Almeida, dijo que «los mismos que promovieron caceroladas contra el rey no se pueden quejar de que la gente las haga en la calle Núñez de Balboa. Es una forma de protesta pacífica que inauguró Podemos». Para Ayuso, era culpa del estado de alarma aprobado en sede parlamentaria por «imponer un mando único dictatorial». Era «manifestarse un ratito». Tuvimos que soportar hasta que volviera Esperanza Aguirre para decirnos que no hubo recortes en una comunidad donde, desde que las autonomías asumieron las competencias sanitarias, han ido aumentando los conciertos con la privada y se ha privatizado sin pudor, al mismo tiempo que se recortaba la pública.

Podían haber llamado al orden, desde el primer momento, sin ningún tipo de dudas, pero, aunque ya habían detectado incumplimientos, los alentaron. Mucho escándalo se armó cuando Quim Torra dijo aquello de *apreteu* en Cataluña, pero Díaz Ayuso lanzó la siguiente amenaza: «Esperen a que la gente salga a la calle, porque lo de Núñez de Balboa les va a parecer una broma». No lo dijo un CDR, sino la presidenta madrileña, que pudo aconsejar a su pueblo que respetara las leyes y cuidara su propia salud, pero optó por tensar la cuerda, como quien tira del perrito Pecas. Claro que dirigir una autonomía no es llevar la cuenta de Twitter de una mascota. La presidenta de la región con más muertos y más contagios decidió que la mejor defensa tendría que ser un ataque. Pudo optar por la lealtad y el discurso constructivo, pero decidió hacerle oposición al Gobierno central desde la presidencia autonómica.

De los tiempos del Cojo Manteca, con aquellos golpes con su muleta contra el mobiliario urbano en los años ochenta, pasamos a una curiosa estampa en la España de 2020, con un tipo golpeando una señal y banderas de España contra las medidas que nos protegían a todos. Con el Cojo Manteca y demás adláteres intervenía la Policía. En el barrio de Salamanca de Madrid, las imágenes mostraron a agentes que observaban las estampas con contrastes tragicómicos. Como esos manifestantes jóvenes que gritaban «libertad» y «gobierno asesino», mientras alzaban el brazo haciendo el saludo fascista. Todo en plena orden legal de guardar unos metros entre los seres humanos por aquello de que el coronavirus se contagia y estaba matando a sus compatriotas.

En las redes sociales comenzó a hablarse de manifestantes «cayetanos», hombres con «fachaleco», señoras que golpeaban las señales con cucharas de color plata, jóvenes con bolsas de la compra de ropa de marca, coches de alta gama que pasaban con hombres con megáfono en mano llamando a la movilización, mocasines pisando el asfalto cargados de rabia, vírgenes y crucifijos colgando del cuello de gargantas que insultaban… Eso era, como mínimo, confesión y varios padres nuestros. Podían ver estas imágenes por la televisión familias encerradas en pisos de cuarenta metros cuadrados en Vallecas.

Ayuso pasó el coronavirus y se alojó en los apartamentos Room Mate S. A., de Kike Sarasola. Se armó un buen lío cuando el Portal de Transparencia publicó la adjudicación de un contrato de 565.000 euros a la empresa propietaria del hotel. La Comunidad de Madrid lo atribuyó después a un «error». Se había cambiado y la adjudicación por 240.000 euros era para la Coordinadora del Tercer Sector, para alojar a ancianos. Díaz Ayuso anunció finalmente que pagaría de su bolsillo el alojamiento de lujo en el que estuvo. Allí ordenó trasladar las banderas de España, de la Comunidad de Madrid y una foto saludando al rey, y dio más de una treintena de entrevistas hasta el 11 de abril. Ayuso dijo que no pactaba «con el desastre», que su «error fue fiarse de la izquierda» y que «debemos aprender a convivir con el virus», porque «todos los días hay también atropellos y no por eso prohíbes los coches».

También fue polémico que niños de más de treinta y dos municipios de la región con derecho a beca de comedor, por ser perceptores de la Renta Mínima de Inserción, recibían menús de empresas como Telepizza o Rodilla: «Para ustedes será basura, pero a los niños les encanta», dijo la presidenta en sede parlamentaria ante las acusaciones de la oposición. La dirigente madrileña terminó haciendo campaña electoral con el lema de la libertad. Quedó claro que gestionar una pandemia entre el Gobierno central, que debe liderar, y las comunidades autónomas, que tienen transferidas las competencias sanitarias, podía ser una oportunidad para el trabajo en común o para la confrontación mirando las encuestas de intención de voto.

La llamada desescalada no fue mucho mejor. Moncloa reconoció después que, tras la primera ola, se desescaló «demasiado rápido». Abrir el ocio nocturno empezó a verse en comunidades, antes de volver a cerrar y reconocer que era un punto de expansión del virus. No hubo consenso entre regiones. Madrid no fue ajena, pues tenía la peor situación, y pasó de la fase 2 a la nueva normalidad sin transición. En algo sí hubo bastante parecido: no se reforzó la Sanidad pública como se prometía. Para hacernos una idea, en julio de 2020, España tenía la mitad de los rastreadores recomendados por los estándares internacionales. El verano fue una especie de espejismo antes de llegar a una Navidad donde no se hizo caso a bastantes expertos. Primó que «había que salvar la campaña económicamente», pero la recaída costó miles de muertos. A pesar de la cepa británica, hubo viajes entre comunidades y relajación con los toques de queda o los límites de personas que podían reunirse. Se dice que el ser humano tropieza dos veces en la misma piedra y así fue.

Lo peor es que no se quedó ahí. Lo pagaron los sanitarios, que ya no recibían aplausos a las ocho de la tarde, pero sí a miles de pacientes otra vez en los hospitales.

Hubo fallos en varios países del mundo, pero eso no basta para eludir responsabilidades y, sobre todo, para que se aprenda de los errores. Siete millones y medio de casos notificados a comienzos de 2022 distan mucho de la previsión que hizo Fernando Simón como portavoz de un pequeño departamento ministerial que pasaba inadvertido y que no valoró lo que estaba pasando en China semanas atrás. No se dio cuenta de la que se nos venía encima. Se pensó que podía tener el alcance de otras enfermedades controladas mucho antes con unos centenares de muertos. La COVID-19 presentaba una fuerte carga novedosa, pero inicialmente las informaciones que ya se contaban del extranjero indicaban que había que ser mucho más prudentes y no pensar que teníamos la situación controlada. Después hubo decisiones precipitadas. En todo momento se hicieron afirmaciones con una seguridad que oírlas ahora abruma. Demasiado tajantes en los mensajes a la población para tanta incertidumbre. No iba a ser para tanto, la mascarilla no era obligatoria, todo controlado en las residencias, ya se ha vencido al virus... Desde el presidente del Gobierno hasta el responsable de la coordinación ante la emergencia, pasando por presidentes autonómicos y autoridades internacionales, cometieron errores que ahí quedan. Insisto en que deben analizarse para aprender. Buena parte de los medios de comunicación y de la sociedad también formaron parte de este bochornoso espectáculo.

En medio de todo, quedan las víctimas. En una u otra medida, repartan ustedes como quieran. No solo Sánchez, Fernando Simón o Isabel Díaz Ayuso pudieron actuar de forma cuestionable en algunos aspectos. Pablo Iglesias dejó la Vicepresiden cia de los derechos sociales cuando aún seguía la pandemia para ser candidato de Unidas Podemos en las elecciones madrileñas. El ministro de Sanidad, Salvador Illa, hizo lo propio para ser candidato del PSC en Cataluña. Santiago Abascal se subió al carro de los «conspiranoicos» diciendo que Soros, Bill Gates, chinos y comunistas estaban detrás de lo que estaba ocurriendo... O al menos dejándolo caer ante su parroquia, para ver si Vox arrimaba unos cuantos votos negacionistas a su sardina. En fin, creo que se trata de aspectos lamentables que merecen ser destacados.

Se gestionó, con aciertos y errores, pero la verdad es que afrontar la pandemia ha descansado en exceso sobre el riesgo y el sacrificio de los trabajadores de la Sanidad. Muchos son, incluso, currantes precarios que después de recibir el aplauso desde los balcones pasaron a ser olvidados y recibir la patada en el culo del paro. En España, señoras y señores, el sistema sanitario pivota en exceso en torno a los empleados temporales, a la precariedad. Ojo, que lo mismo pasó con trabajadores del supermercado, limpiadores, transportistas, mensajeros o temporeros del campo. Un día te abastecen y nos dan servicio durante el confinamiento y otro cobran una nómina de mil euros o son enviados a las listas del desempleo. Sanitarios que meten un montón de horas y han firmado varios contratos temporales a lo largo de sus vidas, incluido el tiempo de pandemia, cajeros de media jornada y enorme entereza para aguantarnos... Hablo de personas que han asumido un alto riesgo de contagio para volver a casa con un sueldo ínfimo, miedo a infectar a sus familiares y a perder el empleo, mientras el sistema en el que vivimos lo permitía. Ellos han podido cargar esta crisis del coronavirus sobre sus hombros, mientras otros se han colgado las medallas. O los contratos de emergencia a dedo.

Vamos sobrados de escenas de políticos presumiendo de que ellos lo hicieron mejor que su rival. De eso sobra. Faltan explicaciones y asumir responsabilidades por lo ocurrido. La ausencia de previsión y de material, la ineficacia en la reacción y la reiteración de errores hizo que miles de profesionales sanitarios terminaran jugándosela cada día para salvar vidas. Trabajando sin protección, echando horas hasta terminar agotados, con riesgo de contagio, afrontando una situación crítica y tratando de sacarnos de este atolladero, después de haber sido bastante maltratados en los últimos años... Los mismos sanitarios que sufren severos recortes pagaron la falta de coordinación por parte de unas cuantas administraciones políticas.

Hay, al menos, un par de puntos en los que pueden estar de acuerdo las autoridades internacionales, nacionales y autonómicas: la falta de previsión ante el coronavirus y el gran error de recortar los sistemas de salud, que es nuestro principal seguro de vida. En España, parece haberse abierto una competición entre los que echan la culpa de la crisis de la COVID-19 a las malas previsiones y los que achacan lo que ocurre a los recortes. Me parece una disyuntiva absurda, porque ambos aspectos han influido. Hemos vivido años de tijeretazos en el personal sanitario, en sus salarios, en las camas hospitalarias, en equipamientos, en tiempos de atención a los pacientes y, en definitiva, en respeto a un sistema de Sanidad que está siendo maltratado y precarizado. Por otra parte, las previsiones no fueron las oportunas. No se siguió convenientemente lo que estaba pasando. En China hubo opacidad, sí, pero había ya suficiente información como para pensar que podíamos estar ante una pandemia. Que iba a ser algo más que una enfermedad de uno o dos muertos. También me pregunto cómo se habla tanto de servicios secretos que alertan de determinados peligros y esto parece que ni lo olieron o no se les hizo caso.

Salvavidas y lucro

Las cifras de muertos con coronavirus van aumentando, la incidencia sube o baja, pero en las bolsas las acciones de una empresa farmacéutica pueden subir casi un 70 % en poco más de veinte días tras la aparición de la variante ómicron. Es un ejemplo real. Los inversores especulan con la salud en este mundo capitalista en el que participamos. Se gana mucho dinero, incluso a corto plazo, porque los tiburones bursátiles vislumbran que habrá mayor necesidad de vacunas en un momento dado. ¿Se puede especular con la salud de la humanidad? Sí, ocurre. En las bolsas, la salud puede cotizar al alza o retroceder, con todos los millones que ello implica. Empresas públicas que han podido recibir ayudas y grandes compras por parte de los Estados también pueden enriquecerse y no llevar la vacuna a todos los países del planeta, porque los ricos pagan más. Es la ley capitalista de la oferta y la demanda: el precio para todo, también con la Sanidad. Igual que alguien con seguro privado puede conseguir que le atienda antes un médico, un país rico logra tener vacunas antes que una nación pobre, a pesar de que esta última pueda registrar cifras récord de muertos.

Una nueva variante de la COVID-19 ha traído consigo la subida astronómica en Bolsa de una empresa farmacéutica que produce vacunas. Puede ocurrir y ha ocurrido. Íbamos viendo que la variante se iba controlando o que no era tan grave como se podía pensar y, a continuación, el valor bursátil de esa farmacéutica podía ir perdiendo valor en el mercado. Aquellos que metieron dinero en el parqué y lo retiran se embolsan una pasta. Los inversores ven valor, mucho dinero, cuando un grupo farmacéutico vende vacunas mientras la humanidad se enfrenta al coronavirus. Los que invierten son también humanos, claro que sí, pero hay un elemento comercial en todo esto que, cuanto menos, exige ponerle el foco. ¿Comerciar así con las vacunas es poner precio a las vidas? Las vacunas deberían llegar a todos. Es inmoral que los países pobres no las hayan recibido en la misma cantidad. La ciencia es fundamental para avanzar; por ejemplo, para curarnos de un coronavirus cuyo origen se investiga, pero debe llegar a todos. Más allá de una causa u otra, sin avances científicos no habríamos podido plantar a cara a la pandemia, pero eso no significa mirar para otro lado con el negocio de las farmacéuticas.

Mientras llegamos a saber las causas de la COVID-19 con precisión y los motivos detallados de su expansión, las empresas farmacéuticas nos han ayudado a frenar la pandemia, pero también han conseguido enormes beneficios con denuncias de desigualdad. Amnistía Internacional ha sido muy clara al señalar que, si bien estas empresas se enriquecen, es oportuno exigir la mayor ética y equidad. Esto no significa que la industria que ha hecho el descubrimiento no deba ganar dinero; lo que quiero decir es que debe garantizarse que acceda a vacunarse tanto un niño de África como uno de Estados Unidos. Lo contrario, sin duda, es también un caldo de cultivo para antivacunas y negacionistas. Una mala práctica por parte de la industria o que no haya la mayor transparencia da argumentos hasta a los que ven *chips,* a Soros, Bill Gates, a los comunistas y otros tipos de paranoicos. Por tanto, aunque es muy irrisorio lo de los «conspiranoicos», eso no debe impedir que pongamos el punto de mira en las prácticas de la industria farmacéutica, a las que hay que plantearles exigencias. Amnistía Internacional señala: «Lamentablemente, los inversores con una mayor participación en los fabricantes de las vacunan han hecho poco o nada para garantizar que sus inversiones no vulneren los derechos humanos ni anteponen los beneficios a las personas».

El informe «El dinero manda: la respuesta de la industria farmacéutica a la crisis de las vacunas contra la COVID-19», de esta organización, denuncia la actitud de la industria, «a pesar de los llamamientos urgentes para garantizar la distribución equitativa de las vacunas contra la COVID-19, las empresas farmacéuticas monopolizaron la tecnología, bloquearon y presionaron para evitar que no se compartiera la propiedad intelectual, cobraron precios elevados y priorizaron el suministro a los países ricos». Y en esto los gobernantes no son ajenos, porque los elegimos para tomar decisiones. Sin embargo, el informe dice: «Pese a la multimillonaria financiación pública recibida, estas empresas siguen anteponiendo sus intereses a las responsabilidades que tienen en materia de derechos humanos. Esta es una crisis que ha puesto de manifiesto la inacción de los gobiernos. Las autoridades no han tomado las medidas necesarias para impedir que los desarrolladores de vacunas impidan un acceso más amplio a las vacunas ni promovido las licencias abiertas y no exclusivas que incluyen la transferencia de tecnología y conocimientos. Los gobiernos no deberían dejar en manos de la buena voluntad de la industria farmacéutica la salida de esta crisis y deben actuar».

Estamos hablando de poderes económicos con una enorme influencia, incluso mundial. Detrás de las vacunas están los fondos de inversión más poderosos del planeta. Fondos que pueden ser los mayores accionistas de los principales bancos en España, como así ocurre; estar detrás de un fondo buitre que desahucia a inquilinos o que invierten miles de millones en la vacunación. No lo hacen por altruismo. Sin duda, nos viene bien que haya vacunas para enfrentarnos al coronavirus, pero no perdamos de vista que hay un negocio de miles de millones y los gobiernos democráticos deben exigir que el juego sea limpio y equitativo, para ricos y pobres, transparente y justo. No son cifras irrelevantes. Para que nos hagamos una idea, Pfizer anunciaba en febrero de 2022 que en 2021 duplicó su beneficio neto anual hasta los 19.200 millones de euros gracias a la venta de la vacuna anticovid. La empresa preveía, además, que el Comirnarty, el nombre comercial de la vacuna, le reportaría unos ingresos de 28.000 millones en 2022. Es bueno el descubrimiento de las vacunas, pero tampoco debemos ser ajenos al mercado y a la especulación que ha traído consigo. Amnistía Internacional ha exigido medidas más éticas porque la salud no puede ser una especulación. Y si así ocurre, hay que denunciarlo.

¿Quién está detrás de las vacunas? Esto dice Amnistía Internacional: «En el informe de septiembre de 2021 identificamos los diez mayores inversores institucionales en AstraZeneca, Johnson & Johnson, Moderna, Novavax, Pfizer y BioNTech. Se trataba, principalmente, de gestoras de activos y bancos con sede en Estados Unidos y sumaban participaciones por valor de más de 250.000 millones de dólares norteamericanos. En concreto, estas empresas (ordenadas según el importe total de sus participaciones en los desarrolladores occidentales de las vacunas) son: Vanguard Group Inc., Blackrock Inc., State Street Corp., Capital Group Cos Inc., Wellington Management Group LLP, Baillie Gifford, Bank of America Corp, Morgan Stanley, Bank of New York Mellon y UBS. El inversor institucional más importante es Vanguard Group Inc., que posee acciones de AstraZeneca, Johnson & Johnson, Moderna, Novavax y Pfizer, cuyo valor total supera los 66.000 millones de dólares. En el momento de elaboración de ese informe, BlackRock Inc. tenía más de 62.000 millones de dólares invertidos en las seis empresas. El importe total del conjunto de sus participaciones, así como el volumen agregado de sus carteras en todo el sector, coloca a estos inversores en una posición relevante en esas compañías y les permite influir en sus decisiones comerciales».

Un nombre como el de BlackRock seguro que les suena, porque es la mayor gestora de fondos del planeta, primer accionista en los principales bancos de España, con inversiones en el ladrillo, en medios o en sanidad en todo el mundo. Ha sido noticia en nuestro país desde hace algunos años. No es para menos. Tiene miles de millones invertidos en la banca española y en varias de las principales empresas de nuestro país. Capaz de tener una posición potente en el Santander, BBVA, Banco Sabadell, Bankinter, CaixaBank, Telefónica, Repsol, ACS, OHL, Gamesa, Técnicas Reunidas... Como ven, la banca, la construcción, las energéticas o las telecomunicaciones no se le resisten. No solo en España. Cito lo de aquí para que nos resulte más cercano, pero su expansión va muchísimo más allá. Nos encontramos ante fondos muy poderosos, influyentes en los Gobiernos, que no dejan pasar sectores como los mencionados o deciden operaciones en la deuda, la industria o la salud.

BlackRock está en las vacunas, pero puede negociar acuerdos que determinen el cambio climático, con fuertes intereses e inversiones en los combustibles fósiles y al mismo tiempo en otras empresas que reduzcan las emisiones de carbono. Pueden poner una vela a Dios y otra al diablo, pero el negocio, la rentabilidad, siempre está por encima, porque buscan beneficios. BlackRock gestiona billones de dólares de clientes. En realidad, son gestoras de fondos que pueden decidir indirectamente sobre el planeta, dado su poder económico y su influencia. Su máximo dirigente, Larry Fink, puede recibir la visita del presidente español, Pedro Sánchez, como así ocurrió en Estados Unidos, o tener intereses determinantes en las entidades financieras o de la vivienda en España. Esto en nuestro país, porque también posee acciones en fabricantes de armas en Estados Unidos, por citar solo algunos ejemplos. Es un nombre al que se acercan mandatarios de un mundo globalizado, pues la geopolítica está también en los intereses económicos. Poderoso caballero es don dinero.

Amnistía Internacional señalaba en su informe: «Lamentablemente, la COVID-19 y la falta de rendición de cuentas por parte de las empresas farmacéuticas han puesto de manifiesto las lagunas de nuestras normas y criterios para garantizar que los actores empresariales cumplen con sus responsabilidades en materia de derechos humanos. Los Principios Rectores de la ONU sobre las Empresas y los Derechos Humanos describen las responsabilidades de las empresas con arreglo al derecho internacional». Amnistía ha exigido «medidas urgentes para establecer a nivel nacional e internacional normas coherentes y legalmente exigibles para garantizar la rendición de cuentas de los actores empresariales, incluidos los de la industria farmacéutica», por aspectos como que «las empresas deben cambiar radicalmente su enfoque con respecto a la asignación de las dosis, la fijación de precios y el aprovechamiento compartido de la propiedad intelectual y la tecnología, y anteponer los derechos humanos a los beneficios. La única manera de que los desarrolladores de las vacunas cumplan realmente con sus responsabilidades en materia de derechos humanos es mediante una distribución y una fijación de precios justos». Prima el beneficio y los gobernantes no son inocentes: «La responsabilidad recae especialmente en los Estados en los que los desarrolladores de las vacunas tienen su sede o realizan su actividad, como países de la Unión Europea, Reino Unido, Estados Unidos y China. La emergencia global de salud relativa a la COVID-19 sigue evolucionando sin que se vislumbre el final». Amnistía Internacional denuncia que «todos los seres humanos tienen derecho a disfrutar del derecho a la salud. Los Estados tienen la obligación de garantizar la disponibilidad, accesibilidad, aceptabilidad y buena calidad de los centros, bienes y servicios médicos —incluidos los medicamentos— para todas las personas, sin discriminación, con independencia del lugar de residencia o su nivel de ingresos. El acceso a una vacuna contra la COVID-19 que sea segura y eficaz es un aspecto fundamental del derecho de toda persona».

Alguien puede pensar que soy ingenuo al plantear que no primará siempre el negocio. En el mundo en el que nos hemos instalado es posible que siempre mande el dinero, por desgracia, pero no tiene por qué ser así. Los criterios económicos no siempre se han impuesto. Podemos prestar atención a la historia de otras enfermedades. Por ejemplo, la poliomielitis, cuando era considerada el problema de salud pública más peligroso en Estados Unidos. En el mundo, el virus de la polio paralizaba o mataba a cientos de miles de niños cada año. Era una de las enfermedades más letales, sobre todo para los chavales. Un mal incurable. El virólogo estadounidense Jonas Salk dio con una de las primeras vacunas eficaces para la inmunización contra un virus en general. Fue decisiva en la campaña mundial de erradicación de la polio. Salk había trabajado desde 1942 en la inmunización contra la gripe en la Escuela de Salud Pública de la Universidad de Michigan. En los años cincuenta anunció que su equipo había conseguido la primera vacuna contra la poliomielitis. Por entonces, la televisión era otro de esos avances de la humanidad. Jonas Salk era noticia por algo mucho más importante que poder ver programas por la tele. A Salk le preguntaron algo determinante: quién sería el dueño de la patente. Él respondió de una forma que ya es historia en el mundo de la ciencia y de la humanidad: «Bueno, yo diría que la gente. No hay patente. ¿Acaso se puede patentar el sol?».

Jonas Salk, hijo de una familia pobre que a duras penas pudo escolarizarlo con ayudas cuando era pequeño, siguió investigando. Sus últimas tareas iban encaminadas a buscar la vacuna contra el SIDA. Salk murió anciano, de un ataque al corazón. Esta es, sin duda, una historia que nada tiene que ver con las decenas de miles de millones que ganan hoy en día las multinacionales farmacéuticas y sus especuladores. Quizá se podría establecer un término medio entre el altruismo, patentes, unas ciertas ganancias y la opulencia. Salk había sido «el vencedor» en una carrera por la vacuna contra la polio que tenía investigando a algunos de los mejores científicos del mundo. La poliomelitis era una enfermedad que incluso alcanzó al presidente de Estados Unidos Franklin D. Roosevelt, que fundó una organización para patrocinar el desarrollo de una vacuna. Antes de que Salk diera con el descubrimiento histórico, las epidemias anuales de polio eran cada vez peores. De hecho, un año antes, se produjo el peor brote de la historia en territorio estadounidense. El historiador William O'Neill narró: «La reacción pública fue similar a la de una plaga». El investigador norteamericano Jonas Salk fue el héroe de un programa que, como contó O'Neill, «fue el más elaborado de su tipo en la historia, con 20.000 médicos y agentes de la salud pública, 64.000 académicos y 20.000 voluntarios». Y hubo más, porque en el comité de prueba se superó la cifra de 1.800.000 niños. Y Salk no obró el milagro, sino el avance científico, que no quiso patentar, de igual forma que la patente del sol no la tiene ni Dios.

Podemos seguir en Estados Unidos para ver que, como denuncia Amnistía Internacional, hoy en día «Pfizer es una empresa multinacional farmacéutica con sede en Nueva York, asociada con el desarrollador de vacunas BioNTech, establecido en Mainz (Alemania). Pfizer se ha beneficiado indirectamente de las ventas anticipadas y la financiación pública de su empresa asociada, BioNTech, que ha recibido una subvención de 443 millones de dólares estadounidenses (375 millones de euros) del Ministerio Federal de Educación e Investigación de Alemania para apoyar el programa de vacunas contra la COVID-19». En septiembre de 2021, Amnistía Internacional concluyó que «Pfizer-BioNTech había antepuesto el beneficio a la salud de las personas al favorecer las entregas a países de ingreso alto. En septiembre, habían entregado el 79,9 % de su producción a este grupo de países y solo el 2 % a países de ingreso mediano y bajo. Pfizer-BioNTech no ha publicado su política de fijación de precios ni divulgado sus costes de investigación, desarrollo o producción. Si Pfizer-BioNTech vendió vacunas a la Unión Africana a un precio de coste de 6,75 dólares estadounidenses la unidad, las empresas obtuvieron un beneficio de más del 400 % por cada dosis que vendieron a Taiwán a 35 dólares. Igualmente, Pfizer-BioNTech podría haber obtenido beneficios de hasta 29.500 millones de dólares gracias al acuerdo establecido con la Unión Europea, que comprendía hasta 1.800 millones de dosis».

Los intereses económicos de las empresas no son algo baladí. Estamos hablando, insisto, del peligro que supone que el beneficio se anteponga a la transparencia y a la equidad cuando se trata de derechos humanos y de la salvación de vidas. Ante esto, los Gobiernos no pueden permanecer impasibles o ser marionetas de los grandes agentes económicos si priorizan las ganancias, mientras los ciudadanos, que han elegido a esos gobernantes, son simplemente quienes reciben las vacunas, sin capacidad de influir en «el mercado». Que ya es de por sí chocante que hablando de derechos humanos tengamos que decir que operan en los mercados. Amnistía Internacional dice que hay que «garantizar el grado en el que las empresas publican sus gastos de investigación y desarrollo, sus costes medios de producción y sus márgenes de beneficio; aplican precios justos, y se abstienen de aprovecharse de los apuros de los Gobiernos para obtener beneficios excesivos», y es exigible que «no tengan en cuenta solo sus intereses económicos y la viabilidad económica, sino que aborden también los posibles efectos adversos del lucro», porque «las inversiones en vacunas caras reducen la capacidad de los Estados de financiar otras vías esenciales de lucha contra la pandemia, como, por ejemplo, invertir en hospitales».

¿Deben obtener beneficio las empresas? Sí, lo afirmo. ¿Y los científicos? Sí, faltaría más. Lo que pasa es que, como dice Amnistía Internacional, «los márgenes de beneficio deben mantenerse en niveles razonables para que no constituyan un obstáculo al acceso a las vacunas. En el marco de la pandemia, estos márgenes no son razonables cuando hay una diferencia importante entre los precios que una empresa aplica a sus vacunas, por un lado, y los costes de desarrollo, producción y transporte de las vacunas por el otro. Además, la transparencia en la fijación de precios es esencial para garantizar unas negociaciones de contratos justas». El oscurantismo, la falta de transparencia, ha predominado a lo largo de toda la pandemia. Tanto en la gestión política como en las operaciones con las empresas de varios tipos. Desde las farmacéuticas a las de material sanitario. No en todos los casos, pero sí en demasiados.

En 2021 se produjeron 10.000 millones de dosis de vacunas contra la COVID-19. Sin embargo, el informe de Amnistía revela que poco más del 4 % de la población de países de bajos ingresos se había vacunado con pauta completa a finales de ese mismo año. En 2021, Pfizer, BioNTech y Moderna previeron unos ingresos de hasta 54.000 millones de dólares y, sin embargo, suministraron menos del 2 % de sus vacunas a países de bajos ingresos. Las empresas chinas Sinovac y Sinopharm hicieron algo igual o peor. Para ver cómo los criterios económicos se han impuesto, partimos del objetivo de la OMS de vacunar al 70 % de la población mundial antes de mediados de 2022. La empresa de análisis e información de carácter científico Airfinity hizo este balance a fecha 31 de diciembre de 2021: AstraZeneca produjo algo menos de 2.400 millones de dosis de vacunas en 2021, de las cuales suministró el 1,7 % a países de bajos ingresos. Moderna produjo 673 millones de dosis en 2021, de las cuales distribuyó el 2 % a esos países. Pfizer-BioNTech produjo 2.400 millones de dosis en 2021, de las cuales distribuyó el 1 % a países de bajos ingresos. Sinopharm produjo algo más de 2.200 millones de dosis en 2021, la mayor parte suministradas en China, y solo proporcionó el 1,5 % de las dosis a países de bajos ingresos. Sinovac produjo más de 2.400 millones de dosis en 2021, gran parte para China. La empresa suministró el 0,4 % de las dosis a dichos países. Johnson & Johnson produjo algo más de 300 millones de dosis en 2021, de las cuales distribuyó el 20 % a países de bajos ingresos.

La OMS y otros actores han puesto en marcha, con muy escaso éxito, varias iniciativas para intentar que los Estados y las empresas pongan en común sus recursos con el fin de acelerar la distribución equitativa de las vacunas contra la COVID-19. El Mecanismo COVAX actúa como un sistema global de compra y distribución a través del cual las dosis disponibles se asignan a los países participantes, con independencia de su nivel de ingresos. Su objetivo era haber facilitado 2.000 millones de dosis para finales de 2021, pero en enero de 2022 solo se había alcanzado la mitad de esa cifra. El Acceso Mancomunado a Tecnología contra la COVID-19 (C-TAP), dirigido por la OMS, se creó para poner en común la propiedad intelectual, los datos y los procesos de fabricación, otorgar licencias para la producción a otros fabricantes y facilitar la transferencia de tecnología. Hasta la fecha, absolutamente ningún fabricante de vacunas ha compartido las patentes o los conocimientos técnicos a través del C-TAP. En abril de 2021, la OMS anunció que facilitaría también el establecimiento de centros de transferencia de tecnología para las vacunas de ARN mensajero (ARNm) y ofrecería la formación adecuada a los fabricantes de los países de ingreso mediano y bajo. En junio de 2021, esta misma organización anunció que el primer centro se establecería en Sudáfrica.

La microbióloga hondureña María Elena Bottazzi y su equipo han desarrollado una nueva vacuna contra la COVID-19 que ofrecen al mundo libre de patentes. La inyección se llama Corbevax y hay muchos fabricantes capaces de elaborarla. En el diario *El País* le preguntaban a María Elena:

PREGUNTA: Al principio se calculó que la vacuna de Moderna costaba unos 21 euros; la de Pfizer, 15; y la de AstraZeneca, tres euros. ¿Cuánto costará la suya?

BOTTAZZI: En el rango de lo que cuestan las vacunas contra la hepatitis B: entre un dólar y medio y dos dólares (alrededor de un euro y medio).

María Elena Bottazzi codirige el Centro de Desarrollo de Vacunas del Hospital Infantil de Texas y la Escuela Baylor de Medicina, dos instituciones sin ánimo de lucro ubicadas en Houston. María Elena decía más: «Las multinacionales tienen que responder ante sus inversionistas, pero hay que recordar que han recibido enormes subsidios públicos. En Estados Unidos, la Operación Warp Speed del Gobierno contribuyó a estas compañías con cientos de millones. Deberían ser más altruistas al calcular sus ganancias y cómo permitir mejorar la accesibilidad pública global. Al final, somos los ciudadanos los que contribuimos con impuestos para que el Gobierno de Estados Unidos dé subsidios a estas compañías. Es dinero público y estamos hablando de una emergencia por una pandemia global».

Según las cifras de la consultora Airfinity, con un negocio que no existía en 2020, las vacunas del COVID-19 aportarán en 2022 unos 75.000 millones de euros a los grandes fabricantes. Casi un 30 % más que la estimación de lo facturado por estas compañías en 2021. Prácticamente la mitad de la cuota de mercado corresponde a la vacuna del consorcio Pfizer-BioNTech, que el pasado ejercicio podría haber facturado de forma conjunta 33.250 millones y en 2022 engordar sus ingresos un 13,6 % hasta los 37.700 millones, gracias a su versión de ARN mensajero. Le sigue en ese *ranking* la estadounidense Moderna, que crecerá en ingresos un 51,7 %, hasta los 22.750 millones a finales de 2022, una cifra muy relevante teniendo en cuenta que es el primer producto en el mercado de esta *biotec*. El siguiente en importancia será Novavax, que ha comenzado a cerrar contratos tras las primeras autorizaciones sanitarias de su alternativa basada en adenovirus. Se prevé que pueda ingresar en su primer año 4.150 millones. AstraZeneca aumentará su negocio hasta 3.820 millones, un 14,3 % más. Johnson & Johnson ingresará unos 3.130 millones por su versión monodosis, un 43,3 % más. Sputnik V, del instituto ruso Gamaleya, mejorará su distribución un 44,9 %, hasta los 3.510 millones. El 70 % de las vacunas que se distribuirán en el mundo en 2022 provendrán de cuatro compañías: Pfizer-BioNTech, AstraZeneca y las chinas Sinovac y Sinopharm.

Hasta ahora hemos hablado de las empresas que fabrican vacunas, pero el negocio va mucho más allá. Están los llamados *lobbies,* grupos de presión, grandes gestoras de fondos, etc. En definitiva, es el negocio de las empresas farmacéuticas y de la Sanidad... Es una cadena con una enorme capacidad de influir en las políticas de salud pública de los Gobiernos. Esto ocurre en las cúpulas, porque cada día, a pie de calle, existe una ingente «tropa» de visitadores sanitarios que se reúnen con médicos. Laboratorios que hacen llegar sus «cariños» a los miembros del sistema sanitario. No se trata de demonizar, sino de ser conscientes del poder de esta industria. Siguen las cotizaciones en Bolsa, la especulación y el mercado. Salvan vidas, sí, pero también existe el negocio que los poderes públicos deben controlar para que sea lo más justo posible.

Hoy son las vacunas, pero si hablamos solo de la pandemia, también se pone el punto de mira en píldoras, tratamientos de anticuerpos monoclonales, ensayos preclínicos que podrían reducir las hospitalizaciones, tratamientos preventivos y profilácticos de laboratorio... Avances para la humanidad, pero vistos también como negocio. Pueden ayudarnos a mejorar, pero los números en los balances y en los índices bursátiles no deben primar sobre las vidas de todas las personas, vivan donde vivan. Del mismo modo, el reparto de la riqueza debe ser lo más proporcionado posible. Y si no ocurre, habrá que denunciarlo. Los primeros que lo hacen son muchos investigadores. Sin ellos tampoco avanzaría la ciencia, pero en muchos casos lamentan su precariedad, sus contratos inestables y sus bajos sueldos.

Los científicos y los investigadores nos ayudan. Que primen los derechos humanos. Con la industria farmacéutica se puede mejorar. En los primeros años de la COVID-19 sumamos millones de muertos en el mundo. El lucro para algunas empresas es muy jugoso. Al mismo tiempo, no debemos olvidar que las vacunas salvaron millones de vidas. Que su venta sea justa.

Polarizados

Para muchos, la pandemia del coronavirus ha quedado simplificada en un Ayuso contra Sánchez, Sánchez contra Ayuso, en si el Gobierno central lo hacía mejor o peor que el de la Comunidad de Madrid, si Díaz Ayuso es mala, si el malo es Pedro Sánchez, si la culpa la tiene Moncloa, si la tiene el Gobierno madrileño, si estos lo hacen mal o si los otros lo hubieran hecho peor. Lamentable. Como dirían en el pueblo, «vuelta la burra al trigo». El enfrentamiento parece que es una especie de cortina de humo que impide la gestión y el análisis responsable. Más que nada, y no es poca cosa, para enfrentarnos a algo tan serio y para intentar aprender de los errores. El «y tú más» solo nos lleva a la desidia. A seguir cavando la misma trinchera ante algo tan tremendo como una pandemia que ha costado la vida a tantas personas. Hasta en esto el resultado es dramático, porque hemos sido incapaces de valorar una cifra concreta de muertos.

No se trata de optar por la equidistancia entre Sánchez y Ayuso o entre el Gobierno central y el madrileño. No va de eso. Lo justo es reconocer que ha habido errores en distintos ámbitos y tener capacidad de detectarlos, sobre todo, para intentar aprender de ellos. Al mismo tiempo, sería oportuno que se hiciera justicia. Son muchas las familias que han perdido a seres queridos. Más allá de que, parece obvio, la pandemia también ha sido terreno abonado para la estrategia política en forma de «politiquería». El *marketing* electoralista no debe engañar a los ciudadanos. Somos los primeros que debemos exigir explicaciones a unos y otros. No caer en el enfrentamiento estéril, que beneficia a los de siempre. No se trata de ser tratados como borreguitos, cada uno meterse en un rebaño y de ahí hasta donde nos lleven. Una sociedad adulta, madura y avanzada pide cuentas, las analiza y exige saldarlas. En la medida de lo posible. Hay aspectos irrecuperables, como las vidas de las personas. Precisamente, solo por eso, en estos temas, como una pandemia, se ve la altura política y ciudadana. No podemos dejarnos engañar.

Gestionar algo tan duro como la crisis de la COVID no es fácil en absoluto. Es complicado para un gobernante. De entrada, lo que sí se puede evitar es convertirlo en un terreno enfangado donde chapotear para sacar un puñado de votos. Para muchos familiares, es especialmente asqueroso ver cómo han perdido a los suyos o estaban a punto de perderlos y el debate político anda en quién lleva razón o quién lo hizo mejor y peor, como si de una competición se tratara. Puestos a simplificar entre unos y otros, lo más sencillo es tener un bueno y un malo de la película. Para unos el bueno era Sánchez y la mala Ayuso, o al revés. Qué pereza. Y así con el pin pan pun meses y meses. La pandemia como caldo de cultivo de argumentarios políticos, mítines electorales, propaganda partidista, postureo y réditos demoscópicos. Los hay más centrados en contar votantes que los muertos e infectados. Es una vergonzante lectura que también nos queda en esta historia. No es justo que generalicemos, porque ha habido y hay dirigentes y, sobre todo, profesionales de la ciencia, de la sanidad y de una serie de profesiones fundamentales, que han tirado del carro. Otros han puesto palos en las ruedas.

El panorama cuando se hace «politiquería» me lleva a recordar algunas historias de la vida cotidiana en las que también nos polarizamos, enfrentándonos hasta el absurdo. No nos importan tanto los hechos como ser hinchas de los nuestros o de los que consideramos que son «los nuestros», a diferencia de los suyos, los otros, los rivales, los adversarios. No es tan importante quiénes somos como contra quién estamos. No vale tanto dónde estoy, sino con quién. ¿Hasta qué punto estamos dispuestos a defender esas posiciones, aunque sepamos que no son las más justas? ¿Cuánto pierde el individuo, si acaba siendo una pieza más de una cadena? ¿Cuánto interesa que no pensemos por nosotros mismos y que seamos solo partes de una maquinaria? Pensar, ser críticos, autocríticos, detectar errores, propios y ajenos, es algo que el ser humano, como racional e inteligente, debe poner por encima del seguidismo y el «forofismo».

Contaré una historieta que puede servirnos de comparativa y para la reflexión. La hemos vivido, si no así, parecida. Pongamos por caso que se produce en un barrio de España. Dos conocidos coinciden en el bar viendo un partido de fútbol. Uno es del Madrid y otro del Barça. El resultado es de empate a cero, pero en el minuto ochenta y nueve hay un penalti que decanta la victoria del equipo rival. La tele ofrece la repetición de la jugada y se ve claramente que el delantero se ha tirado, incluso fuera del área. Los vecinos, que se llevan aparentemente bien, que suelen cruzarse en la calle y hablar de sus cosas a menudo, son incapaces de ponerse de acuerdo. Las imágenes de la televisión son claras, el penalti ha sido injusto. Pongamos por caso que no hay VAR, aunque a veces incluso con esta tecnología hemos sido incapaces de ponernos de acuerdo. En nuestra historia, el partido termina con una victoria merced a un clamoroso error arbitral. Victoria con penalti injusto y en el último minuto. Uno de los dos conocidos celebra el triunfo, pero se niega a reconocer que el jugador de su equipo ha hecho lo que comúnmente se conoce como un «piscinazo». Trampa, vaya.

Nuestro buen amigo es incapaz de asumir ante el otro lo que han captado las cámaras: no era penalti. Los dos terminan discutiendo. Es más, lejos de ponerse de acuerdo con lo que tiene ante sus ojos, el forofo comienza a reprocharle al otro que, «para robo de partido, el que nos hicisteis vosotros aquella vez, porque eso sí que fue un atraco, que siempre compráis a los árbitros». El compañero de bar echará mano de «ese partido que os llevó a ganar la Liga robándola sí que fue un auténtico escándalo y no esto». «Pues anda que esa otra vez que vosotros…». Los dos terminan enzarzados. Hasta hoy se llevaban bien, es posible que mañana se les haya pasado, pero está por ver si son capaces de compartir lo que puede verse claramente ante sus ojos. Incapaces de asumir que dos más dos son cuatro, aunque vaya en contra de sus intereses. Las imágenes son claras, ¿su capacidad de crítica a partir de esa repetición de la jugada también?

Al día siguiente, los dos vecinos volverán a encontrarse. Han tenido tiempo de ver, de nuevo, la repetición de la jugada; han visto también las tertulias de los programas deportivos, que, sin lugar a dudas, coinciden en el clamoroso error arbitral; han visto ante sus ojos la moviola, que no deja lugar a dudas; han leído las crónicas de la prensa, pero los colegas del Madrid y del Barça no se ponen de acuerdo. Uno insiste en que su equipo ha ganado y, en absoluto, reconoce que ha sido injusto. Es más, insiste en responderle al otro con un «y tú más». La conversación vuelve a subir de tono y termina en una disputa compitiendo por mostrar qué equipo de los dos ha robado más en su historia. A lo mejor hasta dejan de hablarse.

Puede ocurrir, igualmente, en la tertulia televisiva. Deportiva o política. También puede haberlos que defienden el bulo sin complejos. No ha sido penalti, todo el mundo puede verlo, lo muestran claramente las cámaras; pero algunos incluso defenderán lo indefendible. Con la misma soltura que podrían intentar convencernos de que los niños recién nacidos vienen con la cigüeña, que los trajo de París. Los hay que niegan la realidad porque son incapaces de verla, pero los hay que se empecinan en la mentira porque les conviene. Por un interés determinado. Habitualmente ligado a contraprestaciones económicas. Directas o indirectas. Poderoso caballero es don dinero. Los hay que creen que todo se compra y todo se vende. Que todo tiene un precio.

¿Vivimos algo parecido en la política y en la sociedad?, ¿hasta qué punto el sectarismo y la incapacidad de autocrítica nos llevan a reconocer los errores propios o de los nuestros?, ¿aunque sean clamorosos?, ¿aunque llueva y veamos que llueve, pero, con nuestro espíritu hincha, no lo asumamos, y como quien ve llover? No me dirán que nunca han asistido a ese momento en el que uno saca a la palestra la corrupción en el PP y otro responde algo así como un «pues anda que el PSOE y los ERE de Andalucía…». Hablo, en cierta forma, de una especie de «futbolización» de la política y de la sociedad que nos lleva a tomarnos todo como si fuera un Madrid contra el Barça con la máxima rivalidad, con una cerrazón que ofusca la capacidad de autocrítica. Evidentemente, no todos los madridistas y los culés son así; me refiero a lo peor de cada casa y he recurrido al ejemplo de ambos equipos porque son históricamente eternos rivales. Podría haber puesto un montón de ejemplos, ya lo sabemos.

Llevado esto al terreno de la política, ¿hasta qué punto los partidos políticos fomentan esta especie de «forofismo»?, ¿se considera que es mejor tener rebaños que siguen al pastor antes que personas que activan su inteligencia y su capacidad de ser críticos?, ¿puede que sea más cómodo que todos sigan el mismo camino y sean previsibles cual ovejitas a las que se oye venir con su cencerro? Si todas van en la misma dirección, agrupadas, sin destacar, ¿mayor comodidad para los pastores? No hablo ya del famoso dicho de que «los trapos sucios se lavan en casa». No. Me refiero a aquellas conductas partidistas que impiden lavarlos. Mejor esconder la ropa sucia, que se amontone, antes que lavarla. Y, si alguien osa decir que la ropa está manchada, que se atenga a las consecuencias.

Volviendo al ejemplo de las apacibles ovejitas, cada rebaño suele tener sus perros. Los canes se muestran, amenazan o muerden para que las ovejas no se aparten del redil. Los adorables chuchos son fieles al pastor, que es quien les da de comer o una palmada si se portan bien. Los pastores premian a los perros que cumplen su tarea de evitar que haya ovejas «descarriadas». Ellas que balen, pero no demasiado. Que no se alejen de la senda marcada. Todo claro. Ay de aquella ovejita que ose transitar por otro camino... Puede que esa vereda lleve realmente a mejores pastos, pero la hierba elegida es la que ha escogido el pastor y no hay más que hablar. Todos a comer de ella y, no solo eso, a decirle lo buena que está y a darle las gracias. El que no lo haga se quedará sin sustento que llevarse a la boca. Es otra historieta, pero sabemos de lo que estoy hablando. El individuo como ser inteligente que queda anulado y se acomoda a la deriva del rebaño. Lo contrario puede llevarle al aislamiento y a ser mordido por los chuchos que están al servicio del amo.

La pandemia de coronavirus es ya algo histórico y creo que nos ha mostrado con toda su crudeza esa polarización, dejando como secundario lo más importante. Nos arrastran a eso. Nos dejamos arrastrar a eso. Y, por desgracia, esto ocurre en otras muchas facetas la vida. Por eso creo que siempre es el momento de reivindicar el sentido crítico, tener personalidad, convivir, tener lazos comunes, pero sin renunciar a nuestra independencia. Cada uno somos un ser humano único e irrepetible. No somos ovejas con las que completar un rebaño que bala detrás de un alegre pastorcillo. Tienen sus perros, sin duda. Y caminar por tu cuenta, a veces, puede ser muy duro, pero la libertad empieza cuando uno no renuncia a sus principios. Convertirse en un número está lejos del comportamiento de las personas como seres racionales. Algunos quisieran que fuéramos simples comparsas, bultos serviles con carne y con ojos.

¿Qué vida llevas?

Me gusta contar que, más de una vez, cuando algunas personas me han saludado por la calle después de que me quitaran de algún programa de la televisión, me decían con cariño: «¡Es que hablabas muy claro!». Y a veces he respondido y otras no, pero siempre pienso que de eso se trata. Hablar claro es la esencia para que a uno se le entienda. También es caldo de cultivo, no soy ingenuo, para que algunos quieran quitarte de la circulación, porque lo que dices les molesta. Dicho esto, me quedaré con lo que decía Antonio Machado: «La verdad es lo que es y sigue siendo verdad, aunque se piense al revés». Viene al pelo para defender los fundamentos del periodismo, ahora que corren tiempos en los que contar «lo que es» o «lo que pasa» no es tan fácil.

La preponderancia de criterios económicos, en un caso, o de complacer al poder político, en otros, hace que la intromisión en las bases del periodismo vaya en aumento. A menudo, incluso, los dos factores que mencionaba están relacionados. Predomina el intercambio de favores. Esto es algo unido a personas dispuestas a entrar en ese juego, carentes de preparación para el puesto que desempeñan, de principios o de ambas cosas. Ocurre en algunas de las más importantes empresas periodísticas, privadas y públicas. Son malas prácticas empresariales que conciben la libertad de prensa al servicio de determinados intereses que no siempre son los de la ciudadanía.

En ese intercambio de favores, se vulneran normativas, crece la concentración de grandes medios en pocas manos, los vetos, la censura, la autocensura, las medias verdades, la mentira… En definitiva, se extiende el capitalismo de amiguetes en el periodismo, al mismo tiempo que la precariedad y el chalaneo del periodista a su servicio. ¿Quién pierde? La sociedad. La función del periodista que cuenta «lo que es» debería suponer un control del poder establecido que traiga aire fresco, abra ventanas y contribuya a ventilar la casa. Hay quien, por el contrario, quiere que la porquería permanezca oculta, mientras se lucra pisando la moqueta como si todo fuera su propio palacio. Hay quien concibe la empresa periodística como satisfacción de su vanidad, mantener un puesto, un mero balance económico, la cotización en Bolsa o el bonus al final de cada ejercicio. Hay razones variopintas y algunos hasta representan todos los supuestos.

Claro que también hay buenas noticias. Por supuesto que hay buenos periodistas y empresas sanas y saneadas, que cuidan la comunicación como un ejercicio de responsabilidad con la gente, que informan, que entretienen, que mejoran la convivencia, que son valientes, que investigan, que arriesgan, que fomentan el espíritu crítico, que abren nuevos caminos y que demuestran a los buitres y a los censores de nuestro siglo que no pueden ponerle puertas al campo.

Algunas veces he comenzado las conferencias ante el público con un anuncio: traigo dos noticias, una buena y otra mala. Lo puedo reproducir aquí. Primero lo negativo, para remontar y ser optimistas con lo positivo. La noticia mala es que en la comunicación todo está muy controlado. Más aún a determinado nivel. Los poderes económicos y políticos se aplican concienzudamente para controlar el mensaje. La noticia buena es la creatividad e imaginación de cada uno de nosotros. Es más, los avances tecnológicos pueden ser un buen aliado. Siempre habrá un poder que intentará controlar, que ostentará tal capacidad de vigilancia que puede influir y determinar el alcance de lo que digamos, aunque sea por la vía más tecnológica. De acuerdo. Las redes tampoco son nuestras. También hay poderes que las controlan, pero nuestro empuje debe ser el ariete que intente vencer esas resistencias.

Me gusta decir que el principal activo que tenemos cada uno de nosotros son nuestras ideas. Imaginar, crear. El tiempo nos irá mostrando que, muchas veces, ganan aquellos que fueron capaces de inventar, de innovar, de mejorar... Lo digo yo, que vi cómo me duchaban calentando el agua en una gran lata de conservas. Del mismo modo que ahora aún me maravillo de poder darle al grifo del agua caliente para asearme cada día, pienso que soy de una generación que no sabía lo que era un teléfono móvil y hoy vive pegada a él, pero que también tenía la televisión en blanco y negro, pero hoy puede llevar toda la tele en ese celular. No sabíamos ni imaginábamos lo que iban a ser Youtube, Twitter, Facebook ni cualquiera de las redes sociales, pero hoy podemos afirmar que tampoco tenemos ni pajolera idea de lo que será la comunicación en los próximos años. Todo avanza a un ritmo vertiginoso. Por eso podemos proponernos ser creativos en esa esfera.

Antes, buena parte de las esperanzas para ser comunicador dependían de que te fichara un medio de comunicación: conseguir unas prácticas, algunos incluso las hicimos sin cobrar, luego nos pagaron algo, luego enlazamos contratos temporales, trabajamos unos cuantos años de noche, otros tantos los fines de semana, dimos tumbos de unos medios a otros... Y esto no lo pudimos hacer todos, porque muchos se quedaron en la estacada y tenían un enorme talento. Hoy en día, la tecnología permite que haya más espacio para las iniciativas personales. Para el «háztelo tú mismo», que se decía en tiempos de los *punkis* (intenta hacerte con una guitarra, aunque sea mala, y empieza a tocar, aunque no tengas ni puñetera idea). Intenta aprender, échale horas. Suple con entusiasmo la falta de conocimiento hasta que lo tengas. Empéñate en estudiar. Ponle ganas. Acércate a los que sepan, pregúntales, sé humilde ante lo que te puedan decir.

Siempre me gusta recurrir a la música, a la pintura o al teatro como vías para poner ejemplos de aprendizaje. Soy de los que se compró la guitarra eléctrica sin saber hacer ni un solo acorde. Con ganas, metiendo horas y con buenos amigos que me enseñaron, llegué incluso a tocar en concierto algunos años después con el ídolo musical de la época, que era Rosendo. Aunque esto no es lo principal que quería contar. En el *rock,* que es lo que más me gusta, los hay enormemente virtuosos de la guitarra. Es muy bueno tener esa habilidad e intentar perfeccionarla. Eso sí, conozco a muchos de esos que tienen una gran técnica, pero les falta gusto, pasión, conectar, transmitir emociones determinadas. En sentido contrario, hay también un montón de gente que, sin tocar tan bien, llegaron muy lejos porque conectaban, tenían su punto, su rollo, atraían a un público. En definitiva, lo mejor es saber, pero sin descuidar que no hay que ser un pedante y lo fundamental es conectar, compartir, que ese conocimiento llegue al público: comunicar.

También los hay que cumplían todas las condiciones hasta aquí descritas, pero no tuvieron una oportunidad. Ninguna compañía les firmó la grabación de un disco o firmaron, pero no apostaron decididamente por ellos y no les promocionaron o distribuyeron bien. En fin, cabrían un montón de supuestos. En lo que sí quiero incidir es en el vector de la creatividad. Vuelvo, por eso, a aquello de intentar «hacértelo tú mismo». Hoy tampoco necesitamos ya que nos contraten en un gran medio. Hay iniciativas más personales que se pueden llevar a cabo y en las que radica buena parte del futuro. Esto puede ser. Quizá sea también una gran noticia para el público. Aquí puede radicar un mayor espacio para la pluralidad, para que haya más voces, para que, quién sabe, no todas estén tan controladas. Dejando bien claro, eso sí, que hasta el espacio tecnológico, igual que el radioeléctrico o el audiovisual, siempre tiene un control. El poder puede estar en quien maneja el algoritmo o en quien decide desde determinados despachos, pero nuestro empeño es empujar.

En ese empuje es determinante la creatividad, y en ser creativos importa mucho tener un punto de originalidad. Intentar aportar algo distinto. Me gusta recurrir a la pintura cuando hablo de esto, igual que podría seguir recurriendo a la música, pero empezaré por los pintores. Hay un libro que recomiendo con firmeza, *Cartas a Theo,* de Vincent Van Gogh. Sin duda, uno de los grandes creadores de la historia de la humanidad. Su final es trágico, pero quedémonos con el entusiasmo y sus ideas por lo siguiente. Al leer la obra, uno ve cómo uno de los grandes impresionistas de la historia, Vincent, comienza copiando los cuadros más realistas. Primero se esfuerza con eso, después irá desarrollando su propio estilo. La evolución llegó a ser increíble. Partiendo de lo que ya estaba inventado, con vocación de aplicar su personalidad. En este caso llegó a ser histórico. No descubro nada, pero, además de que el libro es conmovedor, nos muestra cómo alguien puede llegar a ser tan original iniciándose en lo básico y ya muy visto. Por eso, cuando decía que lo mismo podría ejemplificarse con la música, podríamos recurrir perfectamente, salvando las distancias, a tantas bandas míticas que comenzaron aprendiendo a tocar canciones ya inventadas, para después ir evolucionando en su propio estilo. Ojo, es algo que puede llevar bastantes años. En el caso del ámbito musical, hacer versiones de otros está en los inicios de cualquier grupo o solista. A partir de ahí, puede llegar o no la magia del sello más personal. Otro tanto puede ocurrir para los comunicadores. Se puede aprender, imitar incluso, a algunos de lo que ya lo son o fueron, pero lo recomendable es siempre la vocación de aplicarle un estilo propio. Aprendizaje, pasión y ganas de evolucionar, de mejorar, pueden hacernos diferentes y darle un punto de calidad.

Decía también que me parece oportuno recurrir al teatro, porque es un buen escenario, si no el mejor, para la expresividad. La comunicación no existe si no llegamos, si no contamos historias para un público. Lo contrario es estar ensimismado en uno mismo, escucharse, ser un engolado, un pedante, un cargante, un tipo repelente e insoportable. Comunicar es llegar, conectar, hablar para los demás. Creo que la sociedad está necesitada de mensajes y de mensajeros que pongan las demandas sociales por encima de los intereses de los medios y de sus periodistas. Esa comunión con el espectador tiene su base en eso, en querer contar aquello que tiene interés para la audiencia, aunque sean dos personas, pero pensando en ellas y en contarles lo que puede interesarle al pueblo. Por eso, las artes escénicas marcan un punto de referencia para la expresión, para ese enlace fundamental entre mensajero y receptor. Ser expresivo, tener presente que ante ti hay un público, es fundamental. Y por expresividad no aludo solo a una gestualidad. No. Es expresar en el amplio sentido del término de llegar, conectar. Lo contrario es una endogamia.

Quien tiene una idea, tiene un tesoro. Quien logra hacer que esas ideas lleguen disfrutará de esa «riqueza». Hay tesoros que están ahí, pero permanecen escondidos, bajo tierra, siempre. Si conseguimos que afloren, será cuando podamos abrir la tapa del cofre y disfrutar de lo que guarda en su interior. Además, de nada servirán esas monedas de oro si seguimos con ellas encerrados en la cueva. Será necesario salir y será la sociedad quien les dará su valor. Con ese oro, encerrados en la caverna, será como si nos lo comemos o nos sirve para jugar al parchís. Es el mundo quien lo valora. De por sí, con nosotros mismos, no sirve para nada. Valga este ejemplo sobre los cuentos que leíamos de tesoros y descubrimientos, por si puede serviros. Por cierto, me faltaba una pieza fundamental en este reparto: ojo con los ladrones. Los que roban ideas también están muy presentes en el sector. Es algo muy habitual en este mundo en el que, todos sabemos, también proliferan los mangantes.

Otro de los riesgos del tiempo que vivimos es cómo distintos partidos o corrientes políticas pueden mediatizar el discurso, el debate social. Hay buenos ejemplos en las redes sociales, donde cientos de cuentas pueden dedicarse a «machacar» a quien consideren contrario a sus intereses. Muchos de esos perfiles, por cierto, lo hacen desde el anonimato. Hay incluso «granjas de trolls y bots» contratadas para intentar redirigir a la opinión pública. Antes te «ponían a parir» o te podían «lapidar» en la plaza del pueblo. Ahora puede hacerse en una red social, incluso por una palabra clave o si alguien da la orden de hacerlo. Digo esto por destacar que no todo el monte es orégano en el jardín de las redes sociales. También tiene sus elementos perniciosos. Hay grupos que se dedican a esto. Como también hay cuentas influyentes que, desde su perfil, actúan como meros palmeros elogiando, ensalzando, pidiendo honores a una parte, con el sentido de la crítica anulado, y viendo solo bondades en un lado y maldades en el otro. Es una influencia sectaria nada beneficiosa para el sentido común, que debe ser decir lo que está mal, para intentar mejorarlo, lo haga quien lo haga.

Igual que existe el interés empresarial de arrimar el ascua a determinada sardina para proteger sus ventajas desde los medios, también se da por parte de organizaciones políticas. Tratar al público como una especie de rebaño al que solo lleguen determinados mensajes es una perversión de los medios de comunicación social si previamente ha habido un compromiso con la pluralidad. Por eso, es también muy importante el sentido crítico del lector. Los hay que conectan con aquello que realmente quieren escuchar. Prefieren un medio determinado, porque solo habla mal de unos y bien de otros. Allá ellos. Una audiencia cultivada, con un sentido crítico del mensaje, supera esa comunicación sectaria y exige mensajes que le cuenten la realidad en el amplio sentido de la palabra, no solo de parte. Decir lo que la gente quiere oír, ya sea los de su partido o ideología, es otra cosa. Es caer en lo manipulado, en la alteración del sentido más básico de lo que es comunicarse, porque solo ofrece un punto de vista parcial de las cosas.

Ahora bien, conviene no ser ingenuo y saber que esto existe, que hay líneas editoriales declaradas en los medios, declaraciones de intenciones sobre lo que van a contar y unas veces se cumplen y otras muchas no. Del mismo modo que hay medios decididamente creados para un fin ideológico concreto o para captar a determinado público. Es legítima la comunicación de nichos, de «ir a por tal público», pero no debe disfrazarse como pluralidad si no la hay. De igual manera, el cliente claro que tiene la libertad de elegir uno u otro medio, pero, como ser inteligente que es, debe tener capacidad de crítica. Otra cosa será que renuncie a ella. Ser críticos nos protege, entre otras cosas, de estar «teledirigidos», de conductas mediáticas que pueden, por ejemplo, aupar determinados sentimientos incluso a sabiendas de que pueden ser falsos o vacíos.

No al rebaño, a ser solo parte de. No al miedo a tener un punto de vista propio. No a actuar como autómatas. Sí a comportarnos como seres dotados de inteligencia. Incluso cuando existe el miedo a no formar parte de un todo, de una manada, de un determinado colectivo como manera de ser imprescindible. Lastres, peligros de un tiempo vertiginoso, con prisas, con miedos, atolondrado o que puede llevarnos a ser simples borregos: oír, no escuchar; ver, no observar; hablar, no decir; tocar, no sentir; oler, no respirar; comer, no degustar… En definitiva, renunciar a nuestros sentimientos. El cinismo se ha instalado como conducta predominante en muchas parcelas de la sociedad. Ocultamos lo que realmente pensamos o sentimos por interés o como modo de protegernos. Ser cínico se decide, pero también se sufre, porque no sabemos qué será mentira y qué será verdad. ¿Me está mintiendo o realmente es así? Nos hace más vulnerables e inseguros. Es una tendencia muy marcada en nuestra época, aunque negarlo está también en la propia esencia de lo cínico. Frente a eso, tengamos autonomía, sin renunciar a socializarnos, pero siendo nosotros mismos, sin ser ingenuos. Cada uno de nosotros es irrepetible. A pesar de los codazos o de las puñaladas, podemos escribir nuestras propias páginas de nuestra propia historia y compartirlas. Sin ingenuidad, conociendo los riesgos que se corren, pero compartir es vivir. Lo contrario es ser como una piedra.

Termino recordando unas palabras de Machado, don Antonio, que defendía el periodismo como el oficio de cumplir «humildemente y, a veces, a costa de grandes sacrificios, con la misión de velar por los intereses comunes y contribuir a crear la vida ciudadana como un espejo, acaso el más fiel, de la conciencia colectiva». Y, por último, mencionaré a mi abuelo Vidal. Él en el pueblo no solía saludar diciendo «hola», sino ¿QUÉ VIDA LLEVAS? Quizá sin quererlo eran unas palabras muy sabias. Me parece que, en algo tan sencillo como este saludo está la esencia de todo. Por encima de todo, lo más importante es la vida que llevemos. Intentemos ser felices y tengamos salud. Es lo que deseo, que la respuesta sea positiva cuando preguntemos: «¿Qué vida llevas?».